가사문학 장르론

박연호 지음

머리말

남원에서 생활하게 되면서 참 열심히도 담양엘 다녔다. 아마도 한 학기에 7~8번은 담양에 갔을 것이다. 석·박사논문의 주제가 모두 가사문학이면서도 박사학위를 받고 서남대학에 내려오기 전까지 한 번도 문학작품이 생성된 공간을 본 적이 없었기 때문이다.

1998년 1학기 화창했던 어느 날, 그날도 여느 때와 마찬가지로 국문과 학생들과 함께 면앙정에 올라 가사문학과 송순의 <면앙정가>에 대해서 이야기하고 있었다. 그런데 이야기가 끝날 무렵 학생들 틈에서 이야기를 듣고 있던 중년의 신사가 필자에게 물었다. "가사가 뭡니까?" 필자는 "예?"라고 반문한 후, 재차 묻는 그 분의 질문에 아무것도 대답할 수 없었다. 필자는 그때까지 가사로 간주되던 <관동별곡>이나 <면앙정가>를 그냥 연구했을 뿐, 가사가 무엇인지에 대해서는 별반 고민해 본 적이 없었기 때문이다.

석·박사논문을 모두 가사를 주제로 썼고 대학에서 가사문학을 강의하고 있었던, 이른바 가사문학 주전공자로 자부하던 필자가 가사가 무엇이냐고 묻는 일반인의 질문에 제대로 대답할 수 없었다는 사실은 그야말로 충격이었다. 학교에 돌아와서도 그 질문에 대한 답을 계속 생각했지만 그럴수록 가사에 대해 아는 것이 거의 없다는 사실만이 더욱더 또렷하게 확인될 뿐이었다. 결국 공부를 처음부터 다시 해야겠다는 결론에 이르게 되었고, 그 시작을 "가사가 뭡니까?"라는 질문으로 잡았다.

이 책에 수록된 일련의 논문들은 세 가지 목표 하에서 기획·집필되었다. 하나는 서정, 서사, 주제, 극 등의 4대 장르와 가사의 관계, 즉 이론적 장르로서의 가사의 장르적 특성을 규명하는 것이었다. 또 하나는 가사를 가사로 인식하고 창작, 향유하게 하는 것이 무엇인가? 즉 역사적 장르로서의 가사의 특성- 기대지평 -을 규명하는 것이었다. 그리고 마지막 하나는 이상의 연구결과를 토대로 가사문학의 역사적 전개 과정을 이해하는 것이었다.

역사적 장르로서의 가사의 장르적 특성에 대해서는 담양을 답사하고 <면앙정삼십영>이나 <식영정이십영> 등 누정을 배경으로 노래한 한시와 <면앙정가>, <성산별곡> 등의 가사 작품을 비교해 보면서 관심을 갖게 되었다. 필자의 주전공인 가사문학이 가장 활발하게 창작되고 유통·향유되었던 지역에서 생활할 수 있는 것은 무엇보다 기쁘고 복된 일이라고 생각한다.

가사 장르론에 처음 손을 대겠다고 했을 때, 고전시가를 함께 공부하는 주변의 많은 사람들이 장르론에서 손을 뗄 것을 권고했다. 장르론이라는 것이 명쾌한 결과가 나오기도 힘들뿐만 아니라, 결과도 더디게 나오며, 치러야할 고생에 비해 결과가 하잘 것 없다는 것이 그 이유였다. 게다가 문학전공자 누구에게든 시비의 대상이 될 수 있다는 점도 장르연구를 만류하는 또 하나의 중요한 이유였다.

하지만 가사 주전공자라는 스스로의 족쇄가 도망갈 여지를 주지 않았고, 그간의 연구를 모아 보잘것없는 책을 내는 상황에까지 이르게 된 것이다.

가사문학 장르론은 학부에서 정재호 선생님과 김흥규 선생님의 강의를 통해 처음 접했다. 두 분의 강의를 통해 가사문학을 단일장르로 규정하는 데 문제가 있다는 사실과 가사문학의 장르적 특성이 시기에 따라 다양하게 변화된다는 사실을 알게 되었다. 그리고 장르론을 공부하는 과정에서 가사문학뿐만 아니라 역사적 장르와 이론적 장르가 1:1 대응을 이룰 아무런 논리적 필연성이 없다는 사실도 성기옥 선생님의 연구 성과를 통해 확인할 수 있었다. 또한 각 장르의 개념에 대한 구체적인 지식은 조동일 선생님의 연구 성과에 힘입은 바 크다. 그 동안의 연구결과를 돌이켜 보며 선학들의 그늘의 크기를 새삼 깨닫게 된다.

가사 장르론을 시작하면서 처음에는 서정이나 서사 등에 관한 개념에 매달렸으며, 이것들을 이해하는 데도 많은 시간이 소용되었다. 그러나 그 결과는 서구의 장르체계가 서구인들의 문학에 대한 인식을 반영하고 있으며, 가사를 서정이나 서사 등 서구장르 체계 중 어느 것에 귀속시키는 것은 '가사가 뭡니까?'라는 물음에 대한 답이 될 수 없다는 것에 대한 깨달음뿐이었다. 가사는 한 가지 장르에 대응되지도 않을뿐더러, 시조나 고소설을 서정이나 서사로 규정하는 것과 마찬가지로, 서정이나 서사 등 서구의 장르 개념 중 어느 것으로 규정하든 그것은 가사라는 역사적 장르를 설명해 주기에는 너무 포괄적이기 때문이다. 이처럼 가사 장르론은 이론적 장르의 차원이 아닌 역사적 장르의 차원에서 접근해야 한다는 사실을 깨닫는 데도 또 많은 시간을 허비해야만 했다.

일련의 시행착오를 겪으면서 많은 시간을 허비했지만, 그렇다고 소득이 전혀 없었던 것은 아니다. 가장 큰 소득은 서정이니 서사니 하는 개념들은 서구에서 문학의 범위가 넓어지면서, 그것들을 이론적으로 분류하고 구획하기 위해 단계적으로 첨가되었다는 점에서, 서구의 장르체계는 지극히 귀납적이라는 사실을 알게 되었다는 점이다.

때문에 — 적어도 서정이나 서사 등 서구의 장르개념을 사용하여 장르론을 전개할 경우 — 가장 중요한 것은 장르이론이나 장르체계를 새롭게 수립하는 것이 아니라 각 개념들이 갖고 있는 기대지평을 정확하게 이해하는 것이라고 생각한다. 장르론에서 흔히 통용되는 3분법이나 4분법의 각 장르 장르개념들은 서구문학을 분류하기 위해 그네들의 문학적 전통 속에서 형성된 개념이기 때문이다.

따라서 서구장르론을 이해하기 위해서는, 서구 장르론이나 장르체계의 문제점을 지적하기 전에, 각 개념들이 형성되어 온 역사를 이해하고, 그들은 왜 문학장르를 그렇게 생각해왔으며 지금도 여전히 그렇게 생각하는지를 이해하는 것이 선결과제인 것이다.

　동아시아 문학의 장르체계를 세우는 일도 마찬가지이다. 동아시아에서의 문학에 대한 전통적인 인식태도, 문학 분류의 역사 등에 대한 이해가 전제되어야만, 장르론적 측면에서 동아시아 문학을 이해할 수 있을 뿐만 아니라, 지금의 서구중심적인 장르체계에서 벗어나 새로운 지평에서 진정한 동아시아 문학의 장르체계도 수립할 수 있을 것이다.

　그동안의 연구결과를 모아보니 논문마다 중복되는 부분도 있고, 필요한 것이 누락된 부분도 있었다. 그럼에도 불구하고 달리 손을 보지 않고 책으로 묶은 것은 당시의 연구수준을 그대로 보여줌으로서 생각이 바뀌는 과정을 공유하는 것도 의미가 있다고 생각했기 때문이다.

　이 책은 가사문학의 장르적 특성을 통시적·공시적으로 고찰할 목적으로 기획되었다. 그동안 발표했던 논문 6편과 인권환 선생님 정년기념 논문집에 실릴 논문 1편, 그리고 새로 첨가한 1편의 논문은 이와 같은 기획 하에서 집필된 것이다. 그리고 이상의 논의를 종합하고, 논문마다 다르게 사용된 개념어 문제를 해명하기 위해 결론을 대신할 수 있는 글을 첨부하였다.

　본서에서는 전체를 3부로 나누어 수록하였다.

　1부에서는 조선전기 가사의 장르적 특성과 시상전개방식을 살펴보았다. 이 시기의 가사는 대부분 화자의 정서와 내면을 표출하는 데 초점을 맞추고 있다는 점에서, '정서와 내면의 표출'이라 명명하였다.

　2부는 조선중기 가사의 장르적 특성과 시상전개방식을 다루었다. 17세기 가사문학에서는 경험적 현실을 제시하려는 경향이 강하고, 조선후기 가사에서 사용된 서술기법들이 대부분 이 시기에 개발되었다. 이 시기에 개발된 다양한 서술기법들은 '경험적 현실'로 관심의 범위가 전환·확대되고, 그것을 '객관적으로 제시'하려는 과정에서 나타났다. 때문에 '경험적 현실의 제시'를 2부의 제목으로 삼았다.

3부에서는 조선후기 가사의 장르적 특성과 시상전개방식을 살펴보았다. 조선후기는 17세기에 고안한 다양한 서술방식을 더욱 확장시키고, 주제와 내용, 장르적 성격 등의 측면에서 대단히 개방적이고 포용적인 것이 특성이다. 이에 '확장과 포용'으로 이 시기를 규정하였다.

여러 해 동안 가사 장르론을 연구해왔지만, 지금도 '이것이 가사다'라고 속 시원히 규정할 수 있는 단계까지 도달하지는 못했다. 다만 '가사가 뭡니까?'라는 질문에 답하기 위해 무엇이 필요한가에 대해 흐릿하나마 방향을 잡게 되었다고 스스로 생각할 뿐이다. 그럼에도 불구하고 그간의 연구들을 묶어 책으로 내게 된 것은 부족하나마 필자의 생각을 일차적으로 정리해보고 싶었기 때문이다. 또한 이렇게 함으로서 잠시 숨을 고르고 기왕의 연구를 반성하는 것이 우둔한 필자가 조금이라도 시행착오를 줄이는 방법이라 생각했기 때문이기도 하다.

이후에도 지금까지 그랬던 것처럼 조금 더디더라도 '가사가 뭡니까'라는 질문에 답하기 위해 노력한다면 가사의 실체를 좀더 또렷하게 이해할 수 있을 것이다. 현재의 확신이 안고 있는 오류를 인정하고 고칠 수 있는 용기만 있다면…

생각을 공유하며 함께 고민해주신 윤재민 선생님을 비롯한 고려대학교 금요토론회 회원들, 함께 작품을 읽으며 격려해 주신 신경숙 선생님과 장정수 선배님, 늘 곁에서 한결같이 믿어주시고 힘을 주시는 어머니와 아내, 지훈이와 지연이, 그리고 이 책을 출판하는 데 도움을 주신 도서출판 다운샘 관계자 여러분 모두에게 감사를 드린다.

2003년 여름 남원에서

• 차례 •

머리말 • 3

1부 조선전기 - 정서와 내면의 표출

장르구분의 指標와 歌辭의 장르적 성격

  1. 서론 15
  2. 기존 논의의 검토 16
  3. 장르구분의 지표 24
  4. 가사의 장르적 성격 30
    1) 주제구현방식 31
    2) 개별 작품의 장르귀속 42
  5. 결론 57

가사의 장르적 성격과 미적구현방식

  1. 서론 61
  2. 기존논의의 검토 62
  3. 가사의 장르적 성격 69
  4. <서호별곡>의 시상전개방식 71
  5. 결론 83

2부 조선중기 - 경험적 현실의 제시

장르론적 측면에서 본 17세기 강호가사의 추이

  1. 문제제기 87
  2. 장르적 성격 88

  1) 서술태도 ··· 90
   (1) 공간구성 ·· 91
   (2) 생활양태 ·· 102
  2) '기(記)'양식의 수용 ································· 115
 3. 결론 ··· 123

17세기 가사의 장르적 특성

 1. 서론 ··· 127
 2. 서술태도 ··· 129
  1) 직접 제시 ·· 130
  2) 장면화 ··· 138
 3. 주제구현방식 ·· 141
  1) 대립적 시상의 병치 ······························· 143
  2) 시상의 인과적 나열 ······························· 147
  3) 사건의 순차적 제시 ······························· 148
 4. 결론 ··· 152

3부 조선후기 - 확장과 포용

玉局齋 歌辭의 장르적 성격과 그 의미

 1. 서론 ··· 157
 2. 장르적 성격 ·· 159
  1) 民謠形式의 使用 ···································· 161
   (1) 水路朝天行船曲 ································ 161
   (2) 招魂辭 ··· 164
   (3) 說場歌 ··· 167
  2) 口碑敍事物의 歌辭化 ····························· 170
   (1) 林川別曲 ··· 170
   (2) 淳昌歌 ··· 174

(3) 鑿井歌 ……………………………………… 178
3. 결론 ………………………………………………… 187

조선후기 서사가사의 범위와 출현동인

1. 문제제기 …………………………………………… 191
2. 서사의 개념 ………………………………………… 192
3. 기존 논의의 검토 …………………………………… 197
4. 서사가사의 범위 …………………………………… 201
　　1) <원한가> 계열 ………………………………… 203
　　2) <우부가> 계열 ………………………………… 206
　　3) <임천별곡> …………………………………… 213
　　4) <居士歌> 계열 ………………………………… 215
5. 서사가사의 출현동인 ……………………………… 227
6. 결론 ………………………………………………… 235

조선후기 가사의 장르적 특성

1. 서론 ………………………………………………… 239
2. 장르분화의 차원 …………………………………… 240
3. 장르분화의 원인과 향방 …………………………… 247
　　1) 서정 - 억압된 정서의 표출 …………………… 252
　　2) 주제 - 경험적 사실과 당위의 제시 …………… 253
　　3) 서사 - 구비서사물의 가사화 …………………… 257
4. 시상전개방식 ……………………………………… 261
　　1) 서정 - 상사별곡 ……………………………… 262
　　2) 주제 - 금강별곡 ……………………………… 263
　　3) 서사 - 노처녀가 ……………………………… 265
5. 결론 ………………………………………………… 266

寓話歌辭 〈鷄恨歌〉 硏究

1. 序論 ··· 269
2. 葛藤樣相과 登場人物의 象徵性 ······························ 270
   1) 事件의 意味 ··· 272
      (1) 닭의 苦難 ··· 272
      (2) 닭의 죽음 ··· 274
      (3) 주인집의 상황 ······································· 275
      (4) 닭장(닭부부)의 상황 ······························ 277
   2) 登場人物의 象徵性 ······································· 278
3. <鷄恨歌>의 産出基盤 ··· 284
   1) <장끼전>의 영향 ··· 285
   2) 서사화 경향 ·· 288
4. 結論 ··· 292

결론을 대신하여

1. 개념어 ··· 295
2. 장르의 개념과 관계 ·· 296
3. 가사 장르의 역사적 전개 ··································· 300
4. 시상전개방식 ·· 303

참고문헌 ··· 306
찾아보기 ··· 313

1부
조선전기 - 정서와 내면의 표출

- 장르구분의 指標와 歌辭의 장르적 성격
- 가사의 장르적 성격과 미적 구현 방식

장르구분의 指標와 歌辭의 장르적 성격

1. 서론

본 논의의 목적은 두 가지이다. 그 동안의 많은 반론에도 불구하고 아직까지도 이론적 장르의 측면에서 가사를 교술갈래 또는 주제적 양식으로 보는 견해가 가장 지배적인 영향력을 발휘하는 것으로 보인다.

이글의 첫 번째 목적은 이와 같은 가사의 장르적 성격에 대한 일반적 견해를 재고하는 데 있다.1) 이에 2장과 3장에서는 가사의 장르적 성격과 장르구분의 지표에 관한 기존논의를 검토함으로서 가사의 장르적 성격에 대한 일반적 인식을 재고하는 데 초점을 맞추었다. 이를 통해 가사를 특정한 단일 장르에 가둬놓음으로서 발생하는 해석상의 편향성을 해소하는 데 일조할 수 있으리라 생각한다.

두 번째 목적은 가사를 다른 무엇이 아닌 가사로 인식하게 하는 것 -기대지평-이 무엇인가를 규명하는 것이다. 이것이 바로 본 논의의 궁극적 목적이다. 장르론의 근본적 목적은 개별작품 내지 작품군을 단순히 분류하는 데 있는 것이 아니라 특정 역사적 장르 전체, 나아가

---

1) 이 글에서 가사의 장르적 성격에 관한 논의 중 특히 교술이나 주제적 양식 등으로 규정한 논의에 초점을 맞춘 것은 이 때문이다.

개별 작품을 보다 근본적인 차원에서 이해하고 해석할 수 있는 기반을 마련하는 데 있다.

이런 점에서 볼 때, 가사의 장르적 성격을 이론적 장르의 차원에서 규정하는 것은 가사의 본질적 특성을 이해하는 데 명백한 한계를 갖는다. 가사를 서정이나 교술 등 어떤 장르에 귀속시키는 것으로는 다른 역사적 장르와의 변별적 특성뿐만 아니라 개별 작품의 이해에도 별 도움을 주지 못하기 때문이다. 따라서 가사의 장르논의는 이론적 장르의 차원보다는 가사의 기대지평을 해명하는 데 초점이 맞추어져야 한다고 생각한다.

필자는 가사의 기대지평을 형성하는 중요한 요소 중 하나가 주제구현방식이라고 생각한다. 이에 4장에서는 2장과 3장의 논의를 구체적인 작품을 통해 검증하고, 더불어 가사의 주제구현방식에 대해서 논의할 것이다.

2. 기존 논의의 검토

가사의 장르적 성격에 대해서는 아직까지도 명확하게 규명되지 못하고 있다. 그것은 가사의 장르적 개방성에 기인하기도 하지만, 개별 가사 작품들의 내적 공통점 − 역사적 장르로서의 가사의 특성 −을 규정하기 어렵다는 데 원인이 있다.

장덕순은 가사를 주관적 서정적 가사와 객관적 서사적 가사(수필)로 양분함으로서,[2] 작품에 따라 다른 장르에 귀속된다고 보았다. 그러나 최근에는 가사를 교술(敎述)이나 전술(傳述), 주제적 양식 등 단일 장르로 규정하는 것이 일반적이다.

---

2) 장덕순, 『국문학통론』(신구문화사, 1963), 40면.

먼저 조동일은 가사를 교술장르로 규정하고, 교술장르를 '비전환표현(非轉換表現)', '작품 외적 세계의 개입으로 이루어지는 자아의 세계화'로 정의하였다. '자아의 세계화'는 '작품 내적 자아가 작품 내적 세계의 객관성을 자기대로 변화시키는 데 이르지 않고 오히려 작품 내적 세계의 객관성은 작품외적 세계에 의해 보장되며, 작품 내적 세계는 작품외적 세계를 그대로 작품에다 옮겨놓아 이루어진 것'[3]을 의미한다. 즉 서정과 교술은 작품 내적 세계(事·物)의 의미가 작품 내적 자아의 요구에 따라 전환되었는가의 여부에 따라 구분된다. 따라서 가사의 장르규정에 대한 조동일 교수의 논의의 타당성은 전환여부를 살펴보면 자연스럽게 검증될 수 있다고 본다.

김병국은 프라이[4]의 이론에 의거, 가사는 에포스에 해당되는 그 무엇이며, '교술' 내지 교시적인 내용으로 볼 때, 주제적 장르에 속한다고 하였다.[5] 그리고 헤르나디의 문학적 진술양식(시점)의 측면에서 볼 때, 가사는 서정적, 서사적, 극적, 주제적 양식의 본질에서 볼 수 있다고 하였다.[6]

그런데 여기에서 '~의 본질'이라는 말이 장르의 성격을 결정하는 핵심적 요소인지, 아니면 부차적인 요소인지 명확하지 않다. 만일 후자의 의미로 사용된 것이라면, 가사는 다양한 진술방식을 갖고 있는 에포스*epos*에 해당한다.

---

3) 조동일, 「자아와 세계의 소설적 대결에 관한 시론」, 『東西文化』 7(계명대 동서문화연구소, 1974). 『한국문학의 갈래이론』(집문당, 1992)에 재수록. 여기서는 후자를 참고했음. 198면.
4) Nothrop Frye, *Anatomy of Criticism*, princeton:N.J., Princeton University Press, 1957. 임철규 譯, 『批評의 解剖』(한길사, 1982).
5) 김병국, 「장르론적 관심과 가사의 문학성」, 『현상과 인식』(1977 겨울). 『한국 고전문학의 비평적 이해』(서울대출판부, 1995)에 「가사의 장르적 성격과 문학성」으로 재수록. 여기서는 후자를 참고했음. 165~166면.
6) 김병국, 앞의 논문, 167~168면.

또 다른 문제는 주제적 장르의 개념이다. 프라이는 서정시와 에포스를 포괄하는 개념으로 주제적 장르라는 개념을 사용하고 있다. 따라서 김병국의 논리대로 한다면 가사는 주제적 양식 중 에포스에 해당한다는 의미가 된다. 하지만 김병국이 지적한 바, 프라이는 호머의 서사시를 염두에 두고 에포스를 논의하고 있으며, 가사는 서사시와 완전히 다른 갈래이다.

김학성은 애초 「가사의 장르성격 재론」[7]에서 문학을 형식과 정신으로 나누고, 서정적·서사적·극적 형식과 서정적·서사적·극적 정신을 조합하여 9가지 장르로 나눈 기야르Guèrard의 장르이론에 의거, 가사는 서정의 형식에 각각 서정적, 서사적, 교술적 정신이 투영되었다고 하였다.[8] 그리고 「歌辭의 實現化過程과 近代的 指向」에서는 헤르나디의 진술방식의 측면에서 볼 때, 가사는 본질적으로 주제적 양식에 기반하면서 때로는 의사 서정적 양식(<사미인곡>)을, 때로는 의사 서사적 양식(<관동별곡>)을, 때로는 의사 극적 양식(<속미인곡>)을 보이기도 한다고 하였다.[9]

김병국과 김학성의 논의에서 지적할 수 있는 공통적인 문제는 '주제적thematic 양식'과 '서정적lyric 양식'의 개념이다. 이들은 헤르나디의 주석적authorial 시점과 사적private 시점을 각각 '작가가 독자에게 공개적으로 말하기'와 '작가가 비공개적으로 은밀하게 말하기'로 이해하고, 곧바로 주제적 양식과 서정적 양식에 적용시키고 있다. 그러나 '시인이 독자에게 직접 공개적인 목소리로 말하는 방식'은 프라이가 규정한

---

[7] 김학성, 「가사의 장르성격 재론」(백영정병욱선생환갑기념논총, 1982). 『國文學의 探究』(성균관대학교출판부, 1987)에 재수록. 여기서는 후자를 참고했음.
[8] 그러나 김학성이 말하는 '정신'의 개념은 Guèrard의 개념과 다르다. 뒤의 각주 65) 참고.
[9] 김학성, 앞의 책, 147면.

에픽*epic*과 에포스의 제시형식에 해당한다.10) '은밀하게 말하기'도 헤르나디의 서정적 양식과는 거리가 멀다.11)

가사의 창작 목적을 '교시적 목적(敎示的 目的)'으로 본 성호경의 견해도 이상의 논자와 동일하다고 할 수 있다.12)

성무경은 장르 문제를 서구 장르론의 전통인 모방론에서 벗어나 양식론의 차원에서 접근해야 한다는 전제 하에서 논의를 시작하고 있다. 그의 논의는 헤르나디의 장르론을 변형시킨 것이라 할 수 있으며, 헤르나디의 이론을 김병국과 동일한 방식으로 이해하고 있다는 점에서 근본적인 문제가 있다.

그는 헤르나디의 '액션*action*'과 '비젼*vision*'을 '행동하기'와 '보여주기'로 번역하고, 헤르나디가 이것들을 모든 문학적 진술 양식을 포괄하는 양극단에 놓은 것으로 이해하였다. 그리고 '보여주기'를 '노래하기'로 대치하여 '행동하기'와 대칭되는 환기방식으로 설정한 후 논의를 전개하고 있다.13)

---

10) 프라이에 의하면, 서사적인 내용이 작중인물의 언어를 통해 인쇄물로 독자에게 전달되면 fiction이며, 작자의 목소리로 낭독을 통해 청자에게 전달되면 에포스이다.
11) 이 문제는 뒤에서 자세히 논의될 것이다.
12) 성호경, 「16世紀 國語詩歌의 硏究」(서울대 박사논문, 1986), 93면. 성호경은 시를 표현목적에 따라 정서적 체험의 표현을 주된 목적으로 하는 '표현적 목적(表現的 目的)'과 지식의 전달을 주된 목적으로 하는 '교시적 목적(敎示的 目的)', 독자로 하여금 진리를 받아들이고 실천하도록 권고·설득할 것을 목적으로 하는 '요구적 목적(要求的 目的)'으로 나누었다. 이중 '표현적 목적(表現的 目的)'은 서정적 양식에, 나머지는 교술이나 주제적 양식에 대응된다.
13) '행동하기'는 희곡이라는 예술적 범위 내에 있는 양식이므로 문학의 경계를 구분 짓는 기준으로 합당하지만, '보여주기'는 비예술적인 언어로부터 구분 짓는 기준으로 사용할 수 없고, 언어적 국면에 기반하고 있지 못하며, 미적 가치가 투영된 개념이라는 점에서 부적절하다고 하였다. 성무경, 「歌辭의 存在樣式 硏究」(성균관대 박사논문, 1997), 30면.

그는 진술방식을 기준으로 장르를 서정, 서사, 전술, 희곡으로 구분하였다. 이 중 희곡은 '행동하기'의 진술요건인 '대화(행동언어)'를, 나머지 셋은 '서술(서술언어)'을 양식적 원리의 본질로 삼는다는 점에서 구분된다. 서정은 서술의 억제를 통해 '노래하기'에 접근하는 진술양식이며, 전술은 '노래하기'라는 환기방식이 '서술의 입체화'가 일어나지 않도록 방해하고 있어서 '서술의 평면적 확장'을 이룰 수 있게 하며, 서사는 '대화'가 개입함으로서 '행동하기'라는 환기방식이 '서술의 평면화'가 일어나지 않도록 방해하고 있어서 '서술의 입체적 확장'을 이룰 수 있게 한다고 규정하였다. 가사는 이 중 '전술'에 속한다고 하였다.[14]

한편 서정과 전술은 '실존적 성향의 인격적 서술자 목소리'로 진술되는 반면, 서사는 '신빙성 없는 서술자의 목소리'로 진술된다는 점에서 구분된다고 하였다.

그의 논의에서 먼저 지적될 것은, 헤르나디는 '액션 action'과 '비젼 vision'을 문학적 진술 양식(담화양식)의 개념으로 사용하지 않았으며, 이것들을 '행동하기'와 '보여주기'로 번역한 것도 잘못이라는 점이다.

헤르나디에 의하면 문학적 환기방식은 비젼의 제시 presentation of vision 와 행위의 재현 representation of action이라는 담화양식 내에 모두 포괄되며, 이것을 벗어나면 문학으로서 존재할 수 없다고 하였다.[15] 한편 주제적인 작품은 비젼을 제시하고, 서정시는 비젼을 설정하며, 극은 행위(사건)를 재현하고, 서사물은 행위(사건)를 상상하게 한다고 하였다. 그리고 표를 통해 이상의 내용을 *thematic mode — vision, dramatic mode — action, lyric mode — enacted vision, narrative mode — envisioned action*의 관계로 나타내

---

14) 성무경, 앞의 논문, 29~36면.
15) Paul Hernadi, *Beyond Genre*, Cornell University press, 1972, 156면과 160면의 표 참조.

고 있다.[16]

한편 성무경은 '노래하기'를 시행발화에 의한 서술의 억제로 설명하고 있으며,[17] '행동하기'는 '대화'의 지배성 여부에 근거한 개념으로 보인다. 그러나 '서술의 억제'와 '대화'가 어떤 근거에서 대립(또는 대칭)되는 개념이며, 이러한 규정에 근거한 '노래하기'와 '행동하기'가 모든 문학적 진술양식을 포괄할 수 있는지 의문이다.

그가 서정 양식의 본질적 특성으로 제시한 '서술의 억제'는 람핑의 '시행발화-시행을 통한 개별발화'[18]에 근거한 개념으로, '시행의 분절을 통한 통사적 의미구조의 차단'을 의미한다. 즉 서정시는 통사적 의미구조가 차단되는 지점에서 서정성이라는 심미적 직관이 작용한다는 것이다.[19]

람핑이 제시한 이론[20]의 타당성은 차치하고라도, 시조가 서정적 양

---

16) Hernadi, 앞의 책, 165~166면. 김병국은 이를 ① 작자의 주제적 몰시가 우세한 주제적 양식 ② 작중 인물간의 극적 재현을 실연하는 극적 양식 ③ 작자 및 작중 인물의 이중적 시점을 교체해 가는 서사적 양식 ④ 작자의 비공개적 사적 시점을 견지하는 서정적 양식으로 이해하였다[김병국, 앞의 책, 167면].
  한편 김학성은 ① '보여주기', ② '행동하기', ③ '행동화된 보여주기', ④ '시각화된 행위'로 번역하고, 헤르나디가 이것들을 인간이 세계를 환기하는 기본방식이라고 주장한 것으로 이해하고 있다. 또한 ①은 작자가 독자에게 직접 말하는 방식, ②는 작자는 숨고 등장인물 상호간에 말하는 방식, ③은 작자가 비공개적으로 은밀하게 말하는 방식, ④는 작자가 독자에게 직접 말하기도 하고 혹은 등장인물을 통해 간접적으로 말하기도 하는 이중적 방식을 사용하는 것으로 이해하였다[김학성, 앞의 책, 145면의 註7)]. 이후 성무경을 비롯한 대부분의 연구자들이 김학성의 논의를 무비판적으로 수용하고 있다. 두 연구자가 헤르나디의 이론을 오역하거나 곡해한 부분에 대해서는 본문에서 구체적으로 지적될 것이다.
17) 성무경, 앞의 논문, 49~53면.
18) '시행발화'와 '개별발화'의 개념에 대해서는 디이터 람핑 저, 장영태 옮김, 『서정시 : 이론과 역사』(문학과지성사, 1994) 참조.
19) 성무경, 앞의 논문, 45면.

식일 수 있는 것은 '서술의 억제'라는 양식적 특성 때문이 아니다. 그것은 시조의 핵심인 종장이 '소음보(少音步<감탄구>)-과음보(過音步)-평음보(平音步)-소음보(少音步<의지 또는 감탄>)'라는 특수한 형식을 통해, 초·중장을 포괄·종합하면서 화자의 정서나 내면을 표출하고 있기 때문이다.[21]

즉 시조가 서정적 양식일 수 있는 근거는 형식 자체가 아니라 그러한 형식이 지향하는 주제적 특성에 있는 것이다. '시행의 분절을 통한 통사적 의미구조의 차단'은 비교적 짧은 많은 서정시가 사용하는 정서 표출방식이긴 해도, 모든 서정시가 이런 방식으로만 정서를 표출해야 할 필연성은 없다.[22]

한편 서술의 확장과 억제, 대화의 개입 여부 등을 기준으로 서정, 전술, 서사를 나눈 것도 문제이다. '시행의 분절을 통한 통사적 의미구조의 차단'은 가사를 포함한 운문의 일반적인 특성이며, 대화가 개입된다고 해서 모두 서사가 되는 것도 아니기 때문이다.

---

20) 람핑의 기본전제는 서정시를 양태적 차원에서 규정할 수 있다는 것이다. 하지만 서정적 양식은 양태적 차원이 아닌 주제적 차원에서 규정된 개념이라는 점에서 근본적인 문제점을 안고 있다. 더구나 람핑의 이론은 근대 이후 독일 서정시를 분석한 결과로 근대적 압운과 행의 구분이 확연했던 근대 이후의 서구시에는 적용될 수 있을지 모르나, 행의 구분이 모호한 근대 이전의 시에는 적용할 수 없다.
21) 시조의 형식원리에 대해서는 김홍규, 『한국문학의 이해』(민음사, 1986), 45면. 김열규, 「한국시가의 서정의 몇 국면」, 『고전시가론』(새문사, 1984). 참조.
22) "즌 서리 빠진 후의 山빗치 錦繡로다 / 黃雲은 또 엇지 萬頃의 편 거지요 / 漁笛도 興을 계워 둘롤 딴라 브니는다" <俛仰亭歌>
　인용문은 <면앙정가>의 일부로 가을의 정경을 노래한 부분으로, 각 시행의 통사적 의미구조가 모두 차단되어 있다. 뒤에서 구체적으로 언급될 터이지만, 가사는 보통 이런 방식으로 부분적인 시상을 형성해 나가며, 이런 것들이 모여 전체의 시상을 구축한다.

또한 서술자 목소리의 신빙성 여부도 서정 및 전술과 서사를 구분하는 기준이 될 수 없다. <착정가>나 <계한가>와 같이 용이나 닭이 서술자인 경우는 물론이고 <노처녀가>나 <덴동어미화전가> 등의 서술자를 신빙성 있는 서술자라고 볼 수는 없기 때문이다.

 이상에서 제기된 문제점들은 성기옥이 지적한 바,23) 하나의 역사적 장르는 반드시 하나의 이론적 장르에 귀속되어야 한다는 시각에 근본적인 원인이 있는 것이다.

 서구문학의 전통 속에서 서정적 양식(또는 서정시)으로 규정되는 찬가ode나 목가시pastoral, 애가elegy 등은 애초 내용 즉 주제에 따라 역사적 장르의 이름을 부여한 것일 뿐 형식과는 관련이 없다. 14행이라는 형식에 의해 분류된 소네트sonnet는 한 가지 장르로 규정되지 않는다. 이는 서정적 양식 또는 주제적 양식이 애초 형식이 아닌 주제에 의해 분류되었으며, 서정(抒情)에 대한 우리의 기대지평도 그와 동일한 차원 — 즉 주제의 차원 — 에서 형성된 것임을 의미한다.

 가사의 장르규정이 혼선을 거듭하고 있는 것은 바로 이점을 간과했기 때문이다. 향가를 비롯하여 시조나 가사에 이르기까지 우리의 국문시가는 형식에 의해 이름이 부여되었다. 그럼에도 불구하고 일반적으로 시조는 서정적 양식(또는 서정시), 가사는 주제적 양식(또는 교술 내지 전술)으로 규정되고 있는 것이다.24)

---

23) 성기옥, 「국문학 연구의 과제와 전망 -국문학의 범위와 장르 문제를 중심으로-」, 『이화어문논집』12집 (이화여대 한국어문연구소, 1992), 521~526면. 성기옥은 서정, 서사, 희곡, 교술 등의 장르류로부터 개별문학에서 나타나는 장르종이 분화된 것이 아니라는 점을 들어 하나의 장르종을 하나의 장르류에 대응시키는 기존 시각의 오류를 지적하고, 가사를 서정적 양식과 주제적 양식이 복합된, 복합성 장르로 규정하였다.
24) 여기에서 시조를 서정적 양식으로 귀속시키는 것은 별 무리가 없다고 본다. 앞에서 언급한 바, 시조는 작품의 중심인 종장에서 감탄사를 동반하며 주체의 정서나 내면을 표출하는 방식을 사용하기 때문이다.

3. 장르구분의 지표

장르문제는 크게 내용과 형식의 문제로 나눌 수 있다. 장르내용은 문학의 대상 또는 지각양식과 관련되어 있다. 이 경우 서정은 주관적, 실존적 내부세계의 정조나 내성(內省)을, 서사는 객관적 외부세계에 대한 관찰을, 극은 행위를 대상으로 한다. 반면에 장르형식은 담화양식이나 시점, 제시형식 등과 관련되어 있다. 이 경우 서정은 독백적으로 직접 제시하고, 서사는 혼합화법에 의해 서술적으로 보고·표상하며, 극은 인물시각적 화법에 의한 대화를 통해 보여주는 것으로 정리할 수 있다.[25]

하지만 개별 작품이 각 장르의 특성에 꼭 맞는 내용과 형식을 갖고 있는 경우는 거의 없다. 서정, 서사, 극 등을 이념형, 또는 이론적 장르라고 명명하는 이유도 여기에 있다. 더구나 가사처럼 장르개방성과 복합성이 강한 경우에는 장르귀속의 문제가 더 복잡하다.

장르는 역사적으로 형성되어온 기대지평에 기반한다. 즉 장르 구분의 역사는 기대지평에 대한 해명의 역사라고 할 수 있다. 기대지평을 충족시킬 수 없는 장르의 개념은 공허한 이론에 불과하다. 따라서 각 장르의 개념을 이해하기 위해서는 먼저 장르 구분의 역사적 전개과정을 살펴볼 필요가 있다.

제라르 쥬네트는 삼분법(三分法)의 근원을 플라톤과 아리스토텔레스의 시학에 두는 것은 잘못이라고 지적하고 있다. 이들은 문학을 모방 - 인간 행위의 모방, 행동하는 인간의 모방 -이라고 규정했기 때문에, 극- 특히 비극 -이나 서사시 등 재현적 장르[26]만을 문학의 범위

---

25) 이상은 헤르나디, 앞의 책에 소개된 제설을 정리한 것임.
26) 플라톤은 시를 사건의 재현으로 정의하고 있으며, 아리스토텔레스는 시를 운문으로 된 모방예술이라고 정의하고 있다. 제라르 쥬네트, 최애리

에 포함시켰다. 따라서 서정시와 같은 비재현적 장르는 애초부터 관심의 영역에서 배제될 수밖에 없었다.27) 그리고 극과 서사시는 인간의 행위를 모방 또는 재현하는 방식 - 양태적 특성(언표행위, 디에게시스 *diegesis*와 미메시스*mimesis*) - 에 따라 구분된 것이다.28)

서정시는 18세기에 바퇴가 모방이라는 문학의 원리를 서정시까지 확대함으로서 제 3의 독립된 장르로 설정될 수 있었다. 즉 서정시의 장르규정은 앞서 언급한 바, 애초부터 양태적 차원이 아닌 '감정의 모방'이라는 주제적 차원에서 이루어진 것이다.29) 그리고 가장 늦게 제 4장르로 제안된 주제적 장르는 주제적 차원에서 서정시와 구별하기 위해 설정된 것이다.

주지하다시피 3분법이든 4분법이든 현재의 장르이론은 문학을 분류하는 서구인들의 인식을 벗어날 수 없다. 어떤 새로운 틀을 만들어 내든 서구의 용어와 개념을 사용하는 한 동양 문학을 분류하는 데는 근본적인 한계가 있을 수밖에 없는 것이다. 따라서 현재 상황에서는 새로운 틀을 만들어 내는 것도 중요하지만, 서구 장르론의 전통 속에서 각각의 개념들을 보다 정확하게 파악하고 적용하는 것이 중요하다고 본다.

역, 「原텍스트 序說」, 김현 編, 『장르의 이론』(문학과 지성사, 1987), 60면. 여기에서 재현이나 모방은 '인간의 행위', 또는 '행동하는 인간'의 모방 내지 재현을 의미한다.
27) 플라톤은 'diegesis'와 'mimesis' 양자와 이것이 혼합된 것, 아리스토텔레스는 서사시, 극시, 디튜람*Dithyramb*시 등 각각 셋으로 나누었다. diegesis는 서정시로 볼 수 있는 근거가 아무 것도 없으며, 디오니서스Dionysus신에게 바치는 찬가인 디튜람시도 서정시를 모두 포괄하지는 못한다. 더구나 이것들은 문학의 범위에서 제외됐기 때문에 구체적인 언급도 없다.
28) 재현적 장르는 위대한 장르로, 그 외의 것들은 보잘 것 없는 불완전한 시로 간주했다.
29) 이상은 제라르 쥬네트의 앞의 논문을 정리한 것임.

서구 장르규정의 역사적 전개 과정과 장르의 다층적 성격을 가장 잘 반영하고 있는 것이 프라이와 헤르나디의 이론이다.

프라이는 문학의 장르를 플롯*plot*의 지배를 받는 서사적*fictional* 장르와 플롯의 지배를 받지 않는 주제적*thematic* 장르로 나누었다. 그리고 각각은 다시 제시형식에 따라 서사적 장르는 에픽과 드라마*drama*로, 주제적 장르는 리릭*lyric*과 에포스*epos*로 나누었다.30)

헤르나디는 프라이와는 다른 차원에서 장르론을 전개하고 있지만, 문학 장르를 행위 또는 사건을 표현하는 것(서사적 양식, 극적 양식)과 비젼을 표현하는 것(서정적 양식, 주제적 양식)으로 구분한다는 점에서 공통점이 발견된다. 또한 서사적 양식과 극적 양식은 시점에 따라, 서정적 양식과 주제적 양식은 비젼*vision*의 성격에 따라 구분하고 있다.31)

이상에서 볼 때, 문학 장르는 플롯의 지배를 받는 것(극적 양식, 서사적 양식)과 그렇지 않은 것(주제적 양식, 서정적 양식)으로 나눌 수 있다. 그리고 각각은 다시 내부적으로 상대적인 특성에 따라 구분된다.

먼저 플롯의 지배를 받는 극적 양식과 서사적 양식은 시점에 의해

---

30) N. Frye著, 임철규 譯, 앞의 책, 344~350면. epic과 *epos*는 시인이 청중에게 직접 전달하는 제시형식을 사용하는 반면, lyric과 drama는 청중에게 직접 전달하는 방식을 피한다는 점에서 각각 구별하고 있다. 하지만 하위 장르의 분류 기준으로 사용된 제시형식은 우리문학의 현실에는 맞지 않음으로 하위 분류는 헤르나디의 이론을 수용하겠다.
31) 헤르나디는 주제적 양식에 금언, 설명적 대화, 풍유극, 우화 등을, 서정적 양식에는 가요시, 객관적 상관물, 준극적 독백, 명상적 시 등을 포함시키고 있는데, 이것들은 대부분 독립적인 역사적 장르에 해당한다. 반면, 서사적 양식은 개관, 내면독백, 대용화법, 직접화법 등을, 극적 양식에는 극 속의 주제적 진술, 독백, 코러스와 코러스 인물, 순수한 대화 등을 포함시키고 있는데, 이는 각각 소설과 고대극의 발화양식을 시점에 따라 나눈 것이다. 즉 서사적 양식과 극적 양식은 전통적인 방식에 따라 시점이라는 양태적 특성에 의해 나눈 반면, 주제적 양식과 서정적 양식은 vision의 종류라는 주제적 특성에 의거하여 나누고 있음을 알 수 있다. 헤르나디, 앞의 책, 166면의 표 참조.

확연히 구분된다. 서사적 양식은 서술자와 인물의 시점이 교체되는 이중적 시점이 필수적이며, 극적 양식은 서술자는 필요 없고,[32] 인물의 시점만이 나타나는 인물쌍방적 시점이 필수적인 조건이 된다. 플롯의 지배를 받는다는 것은 플롯이 없이는 작품 자체가 존재할 수 없으며, 그것이 주제를 구현하는 지배적인 원리로 작용한다는 것을 의미한다.

일반적으로 플롯은 작가가 이야기story를 구성하는 사건들의 순서나 비중, 성격 등을 인위적으로 조작함으로서 자신의 의도를 드러내는 전략 또는 사건의 구조를 의미한다.

이야기를 구성하는 요소는 사건event이다. 사건은 행동적active 사건과 상태적stative 사건으로 나뉜다. 하지만 사건만으로는 이야기가 되지 못한다. 이야기는 적어도 한 개 이상의 행동적 사건과 두 개 이상의 상태적 사건이 시간의 연쇄, 인과관계, 전도(顚倒)의 조건을 충족시킬 때 성립될 수 있다. 즉 적어도 하나의 상태적 사건이 하나의 행동적 사건을 통해 다른 하나의 상태적 사건으로 바뀌어야 이야기가 될 수 있는 것이다. 이것을 최소스토리minimal story라고 한다.[33]

---

32) 고대의 희랍극들은 코러스chorus를 통해 등장인물 이외의 목소리를 개입시키긴 했지만, 이후 코러스가 소거되면서 인물간의 대화만이 남게 되었다. 따라서 극은 서술자가 필요 없는 등장인물들만의 발화로 이루어지는 장르라 할 수 있다.
33) 스토리의 개념에 대한 논의는 아래 책을 참고할 것.
Shlomith Rimmon-Kenan 著(1983), 崔翔圭 譯,『小說의 詩學』(文學과 知性社, 1985).
Gerald Prince 著(1982), 崔翔圭 譯,『서사학 -서사물의 형식과 기능』(文學과 知性社, 1988).
Seymour Chatman 著(1980), 한용환 옮김,『이야기와 談論 - 영화와 소설의 서사구조』(고려원, 1991).
Steven Cohan & Linda M. Shires 지음(1991), 임병권·이호 옮김,『이야기하기의 이론 -소설과 영화의 문화기호학』(한나래, 1997).
Shlomith Rimmon-Kenan은 스토리를 형성하는 최소 요건으로서 시간의 연속성만 있으면 충분하다고 하지만[앞의 책, 36면], 사건을 '하나의 사서사물은 복수의 최소스토리가 인과적 연쇄를 통해 구조적으로 완결된, 처음과 중간, 끝을 가진 전완체(全完體)를 말한다. 복수의 최소스토리를 갖고 있다고 하더라도 모두 서사적 양식이나 극적 양식이 되는 것은 아니다. 설명적인 글에서는 예화나 삽화의 형태로 스토리가 삽입될 수도 있고, 독립된 스토리들이 인과관계가 없이 나열된 경우도 있는데, 이런 경우에는 작품 전체를 통어하는 플롯을 갖지 못하기 때문이다.

가사에서는 초기부터 스토리가 발견된다. 하지만 플롯으로까지 발전한 예는 드물다. 전기가사 중 <상춘곡>에서 화자의 일상생활을 서술한 부분이나 <관동별곡>의 꿈 부분뿐만 아니라 조선후기 가사에는 많은 스토리가 존재한다. 하지만 그것들은 독립적이고 개별적인 일화나 삽화의 수준에서 머물 뿐 플롯으로까지 발전한 예34)는 매우 드물다. 따라서 대부분의 가사작품들은 서정적 양식이나 주제적 양식에 해당된다고 할 수 있다.

서정적 양식과 주제적 양식을 본격적이고 구체적으로 구분한 사람이 헤르나디이다. 헤르나디는 서정적 양식은 비젼을 설정하며, 주제적 양식은 비젼을 제시한다고 하였다. 그리고 서정적 양식과 주제적 양식은 네 가지 시점35)을 모두 사용할 수 있지만, 사적*private* 시점과 주석적 *authorial* 시점으로 서술될 때 각각 장르적 순수성이 가장 강하다고 하였다.36)

여기에서 비젼*vision*은 말 그대로 '통찰력'을 의미한다. 즉 서정적 양

　　태로부터 또 하나의 사태로의 변화'[앞의 책, 31면]로 규정하고 있기 때문에 인과관계와 전도를 포함하고 있다고 볼 수 있다.
34) <노처녀가>(고대본), <거사가>, <신가전>, <원한가>, <계한가> 등.
35) 사적 시점, 주석적 시점, 이중적 시점, 인물쌍방적 시점.
36) 헤르나디, 앞의 책, 166면의 표 참조.

식은 화자의 개별적인 내면37)을 표현함으로서 새로운 비젼을 만들어 나가는 반면, 주제적 양식은 이미 명확하게 환기된 비젼— 객관적 사실이나 진리, 또는 그렇게 인식되고 있는 것 —을 단지 제시한다는 것이다.

한편 사적 시점이란 개인적인 목소리를 가리키며, 구체적으로는 '특정한 개인의 개별적인 시각이나 관점을 반영한 목소리'를 의미한다. 서사적 양식이나 극적 양식에서 인물의 독백도 이런 점에서 사적 시점에 해당한다.

반면에 주석적 시점은 작가의 권위에 기댄 목소리를 가리키며, 구체적으로는 '특정한 개인으로 지정할 수 없거나 지정할 필요가 없는 존재의 목소리'를 의미한다.

헤르나디는 순수한 주제적 제시란 "어떤 관념을 특정한 사건이나 말하고 있는 특정한 목소리에 관련시키지 않고서도 그 관념을 표상하는 것"이라고 규정하였다.38) 여기에서 '특정한 목소리에 관련시키지 않고서도 그 관념을 표상하는' 존재의 시점이 바로 주석적 시점이다. 서사적 양식에서 서술자의 개관(槪觀)이나 극적 양식의 코러스는 특정인물과 연관되지 않은 목소리만으로 존재한다는 점에서 주석적 시점에 해당한다고 하였다.

즉 주석적 시점이란 문학작품에서 발화의 주체를 확인하거나 규정할 필요가 없는 존재의 시점이라 할 수 있다. 그는 또한 단정적 담화 — 입증될 수 있는 것으로 보여지는 사실들을 비예술적인 언어로 제시하는 것39) —에 가까울수록 주제적 양식의 순수성은 강화된다고 보았다.

---

37) 인간의 의식적 또는 잠재의식적인 정신의 실존적 깊이로부터 발생할 수 있는 것. 헤르나디, 앞의 책, 163~164면.
38) 헤르나디, 앞의 책, 156면.
39) 헤르나디, 앞의 책, 156면.

서정적 양식과 주제적 양식에만 한정할 경우 조동일의 '서정'과 '교술'은 헤르나디의 서정적 양식, 주제적 양식과 유사하다. 특히 객관세계의 사물이나 사실을 시인의 의도에 따라 의미를 변형시키지 않고 그대로 제시하는 것이라는 '교술'은 단정적 담화로 명확하게 환기된 비전을 제시하는 주제적 양식의 개념과 거의 동일하다.

그러나 두 이론의 의미실질은 상당히 다르다. 헤르나디는 무언극과 더불어 단정적 담화 *assertive discourse*를 예술의 영역에서 제외하고 있으며, 다만 그것에 가까울수록 장르적 순수성이 강화된다고 하였다. 반면에 조동일은 이것을 교술갈래의 절대적인 조건으로 규정하고 있는 것이다. 이 때문에 조동일의 '교술'이라는 개념은 문학과 비문학의 경계에서 방황할 수밖에 없으며, 적용범위도 대단히 협소할 수밖에 없는 것이다.

이상에서는 각 장르의 본질적인 요소(최소한의 조건)를 살펴보았다. 4장에서는 이상의 논의를 토대로 가사의 장르적 성격을 살펴보기로 하겠다.

4. 가사의 장르적 성격

일군의 작품들을 하나의 역사적 장르로 규정하기 위해서는 장르발생초기부터 소멸할 때까지 다른 역사적 갈래들과 변별되면서 지속되는 어떤 공통적인 특성을 갖고 있어야만 한다. 그러한 특징은 다양한 차원에서 나타날 수 있다.

일반적으로 가사는 분량의 제한이 없는 4음보 연속체이고, 현재형으로 서술되며 1인칭 시점으로 서술되는 것으로 정의되고 있다. 그러나 4음보는 시조를 비롯한 조선조 시가의 일반적 율격에 해당하며, 정형률의 분량의 제한이 없는 연속체라는 것도 한시를 비롯한 한문학 작품들에서는 흔히 나타나는 현상이다. 따라서 이상의 규정들은 가사만의 배타적인 특성이 되지 못한다.

한편 조동일의 "첫째, 있었던 일을, 둘째, 확장적 문체로, 일회적으로, 평면적으로 서술해, 셋째, 알려주어서 주장한다"라는 정의40)는 개별 작품에 적용했을 때 너무 많은 예외가 존재한다는 점에서 가사의 장르적 특성으로 받아들이기 힘들다.41)

역사적 갈래로서 가사의 장르적 성격은 독특한 주제구현 방식에서 나타난다. 이에 본 장에서는 가사의 주제구현방식을 고찰하고, 더불어 앞장에서 검토한 이론적 장르의 귀속문제도 검증해 보기로 하겠다.

1) 주제구현방식

결론부터 말한다면, 가사의 주제구현방식은 부분의 독립과 나열, 통합이라 할 수 있다. 가사는 크고 작은 단락뿐만 아니라 단락을 구성하는 부분들이 독립적으로 나열되어 있다. 이와 관련하여 "가사의 시상전개, 의미구성방식은 '독립성이 강한 부분들의 집적(集積)'으로서의 모습을 다분히 보이며, 이는 '부가작용(附加作用)'을 구성원리로 하는 것이다"42)라는 성호경의 언급은 부분의 독립과 나열의 원리를 적실하

---

40) 조동일, 앞의 논문, 61면.
41) 여기에서 둘째 규정을 제외한 나머지 규정은 동의하기 힘들다. 먼저 모든 가사가 있었던 일을 서술했다고 볼 수는 없다. 또한 '알려주어서 주장한다'는 규정은 가사에만 해당되는 특성이 아니라는 점에서 문제가 있다. 조선전기 시조는 대부분 주자학적 이념의 전달과 전파를 목적으로 하고 있으며, 어떤 사실을 알려주어 주장하는 것은 서정이나 서사, 극 등으로도 가능하기 때문이다. 또한 모든 가사가 알려주어서 주장할 목적으로 창작되었다고 보기도 힘들다.
42) 그는 16세기 가사를 대상으로, 이 작품들에서 두드러지게 나타나는 '片句현상'과 <매창월가>·<서호별곡> 등에서 나타나는 분연체의 흔적

게 간파한 논의라 할 수 있다.

가사는 편구(片句)나 분연체의 흔적이 나타나는 단위보다 작은 부분에서부터 부분의 독립성이 나타난다. 그리고 단순한 '부가(附加)나 집적(集積)'을 넘어 독립적으로 나열된 부분이 다시 보다 큰 독립된 단위의 단락을 이루며 통합·완결되고, 이것들이 다시 전체적으로 통합된다.

먼저 <성산별곡(星山別曲)>을 보자. <성산별곡>은 서사-본사-결사로 구성되어 있다. 서사(序詞)에서는 화자가 주인에게 세속을 마다하고 적막산중에 거하는 이유를 물음으로서 식영정 주인의 고답적이고 탈속한 면모를 부각시키고 있다.

본사는 다시 세 단락으로 나눌 수 있다. 첫 번째 단락에서는 구름과 창계(滄溪)를 형상화하고 있는데, 구름과 창계는 각각 독립적으로 완결된 시상을 형성하고 있다. 두 번째 단락은 구체적인 경물들을 매개로 식영정 주변의 승경이 형상화되어 있다. 두 번째 단락은 마지막 부분에서 늙은 중에게 "山翁(산옹)의 이 富貴(부귀)를 놈다려 헌ᄉ마오 瓊瑤窟(경요굴) 銀世界(은세계)를 츳ᄌ리 잇실셰라"라고 하여, 식영정 주변의 선적 이미지를 부각시킴으로서 시상을 완결시키고 있다. 세 번째 단락에서는 세태에 대한 탄식과 화자의 갈등이 표출되어 있는데, 여기에서도 "人心(인심)이 ᄂᆞᆽᄐᆞ야 보도록 새롭거놀 世事(세사)는 구롬이라 머흐도 머흘시고"라고 하여, 부정적 세태를 포괄적으로 개탄함으로서 시상을 완결시키고 있다.

앞서 지적한 바, 첫 번째와 두 번째 단락의 승경들은 구체적인 경물을 매개로 형상화되어 있는데, 이것들은 대부분 <식영정잡영(息影亭雜詠)>과 <식영정잡영차운(息影亭雜詠次韻)>, <서하당잡영(棲霞堂雜詠)>에서 노래된 승경들과 일치한다.[43)]

들을 근거로 부분의 독립성을 이야기하고 있다. 성호경, 「16世紀 國語詩歌의 硏究」(서울대 박사논문, 1986), 112~119면.

이와 같은 특성은 송순의 <면앙정가(俛仰亭歌)>44)뿐만 아니라 17세기 박인로의 <독락당(獨樂堂)>45)에서도 나타나는 것으로 보아 누정 주변을 노래한 강호가사의 전통적인 주제구현방식으로 보인다. <성산별곡>과 <면앙정가>, <독락당> 등의 승경들이 개별적으로 독립적인 시상을 구축하며 나열된 것은 바로 이 때문이다. 작가는 이것들을 나름의 의도에 따라 의미를 부여하고 재조직한 것이다.

<성산별곡>에서 경물들을 매개로 형상화된 승경들은 선경(仙境)의 이미지로 나타난다. 독립적으로 나열된 仙境의 이미지들은 시간적(사계)·공간적(상 → 하, 식영정 → 서하당 → 창계 → 환벽당) 질서에 따라 교직되어 식영정 일대를 일정한 형태를 갖춘 선계(仙界)로 형상화한다.

즉 본사의 첫 번째와 두 번째 단락에 경물을 매개로 제시된 선경(仙

---

43) 구름과 창계(滄溪) : <서석한운(瑞石閒雲)>〔식영정잡영차운(息影亭雜詠次韻)〕, <창계백파(蒼溪白波)>〔식영정잡영(息影亭雜詠)〕.
  봄 : <도화경(桃花逕)>, <방초주(芳草洲)>〔식영정잡영(息影亭雜詠)〕.
  여름 : <수함관어(水檻觀魚)>, <부용당(芙蓉塘)>, <노자암(鸕鷀巖)>, <자미탄(紫微灘)>, <석정납량(石亭納凉)>〔식영정잡영(息影亭雜詠)〕, <연지(蓮池)>〔서하당잡영(棲霞堂雜詠)〕.
  가을 : <조대쌍송(釣臺雙松)>, <송담범주(松潭泛舟)>, <환벽영추(環碧靈秋)>, <평교목적(平郊牧笛)>, <학동모연(鶴洞暮烟)>〔식영정잡영(息影亭雜詠)〕.
  겨울 : <창송청설(蒼松晴雪)>과 <단교귀승(短橋歸僧)>〔식영정잡영(息影亭雜詠)〕.
44) <면앙정가>에서 노래한 승경들도 김하서(金河西)를 비롯한 여러 사람이 면앙정 주변의 승경을 30가지로 나누어 노래한 <면앙정삼십영(俛仰亭三十詠)>과 대부분 일치한다.
45) <독락당(獨樂堂)>에서 노래된 경물들도 소재(穌齋) 노수신(盧守愼 ; 1515~1590)의 <옥산십사영(玉山十四詠)>(『소재집(穌齋集)』 권5)과 첨모당(瞻慕堂) 임운(林芸 ; 1517~1572)의 <앙차박근사재계현자계십육절운(仰次朴近思齋繼賢紫溪十六絶韻)>(『첨모당집(瞻慕堂集)』 권1)에서 노래한 경물들과 대부분 일치한다.

境의 이미지는 선계라는 보다 큰 이미지로 포괄됨으로서 구조적으로 통합되는 것이다. 그리고 선계의 이미지는 본사 서두에 제시된 식영정 주인의 이미지와 융합되어 식영정 주인의 탈속하고 고답적인 면모(仙風)를 부각시킨다. 그리고 이상은 세 번째 단락에 제시된 화자의 세속적 갈등과 극명하게 대조된다.

결사는 화자가 식영정 주인을 진선(眞仙)이라고 함으로서, 본사 첫 번째 단락과 두 번째 단락에서 전개해온 선계와 신선의 이미지를 확실하게 부각시킨다. 그리고 화자도 선계에의 지향을 통해 본사 세 번째 단락에서 노정된 세속적 갈등을 해결한다. 즉 결사는 본사에서 전개해 온 시상을 부각, 통합, 완결시킴으로서 주제를 구현하고 있는 것이다.

<관동별곡(關東別曲)>도 마찬가지 형식으로 주제를 구현하고 있다.
서사에서는 관동지방으로 떠나게된 계기를 간략하게 제시하고 성은(聖恩)에 감사한다는 화자의 직접적 정서표출로 시상을 완결시키고 있다.

본사는 '원주-내금강-동해(해금강~강릉)'의 순서로 서술되어 있다. 원주에서는 원주에 도착해서의 감회, 임금에 대한 그리움과 급장유(汲長孺) 같은 관료가 되겠다는 의지라는 두 가지 독립된 시상이 나열되어 있다.

내금강은 '만폭동-금강대-향로봉(진헐대)-개심대-비로봉-사자봉-불정대'의 순서로 서술되어 있다. 먼저 '만폭동-금강대-진헐대(정양사)'는 각각 독립된 시상을 형성하며, 진헐대에 이르러 "廬山(여산) 眞面目(진면목)이 여긔야 다 뵈ᄂᆞ다 어화 造化翁(조화옹)이 헌ᄉᆞ토 헌ᄉᆞ할샤"라는 화자의 직접적인 정서표출을 통해 보다 큰 이미지로 통합, 완결된다. 세 곳이 하나의 시상으로 묶인 것은 지리적 근접성[46] 때

---

46) 금강대는 만폭동으로 들어가는 초입에 있으며, 정양사는 금강대 아래쪽에 있다.

문이다.

 이후에 제시된 '개심대-비로봉-사자봉-불정대' 등도 각각 독립적인 시상을 형성하며 나열되어 있다. 내금강의 마지막 경유지인 불정대에서는 "李謫仙(이적선) 이제 이셔 고텨 議論(의논) ᄒ게 되면 廬山(여산)이 여긔도곤 낫단 말 못ᄒ려니"라고 하여, 화자의 직접적인 정서를 표출함으로서 내금강 전체에 대한 시상을 완결시킨다.

 동해는 '총석정-삼일포-의상대-경포호-경포대-망양정'을 배경으로 하고 있으며, 각 경유지는 독립된 시상으로 형상화되어 있다. 동해는 바닷가라는 공간적 배경뿐만 아니라, 선계(仙界)지향이라는 공통점에 의해 하나로 묶일 수 있다.[47]

 그리고 본사의 마지막 부분에서 "英雄(영웅)은 어디 가며 四仙(사선)은 긔 뉘러니 아미나 맛나보아 옛 긔별 뭇쟈ᄒ니 仙山(선산) 東海(동해)예 갈 길히 머도 멀샤"라고 하여, 화자의 선계지향을 부각시킴으로서 전체적인 시상을 완결시키고 있다.

 이러한 갈망은 결사로 이어져 꿈을 통해 해결된다. 꿈속에서 경험한 일은 삽화형식으로 서술되어 있다. 화자는 신선과의 대화를 통해 자신의 존재적 근원과 사대부 관료로서의 본분을 깨닫고, 삶에 대한 새로운 희망과 의지를 다지게 된다. 마지막 3행[48]은 이러한 변화를 상징적으로 나타낸다. 관료로서의 이상과 선계는 본사에서 지속적으로 추구된 것이며, 이것이 결사의 꿈을 통해 성취된다는 점에서 결사는 본사의 주제적 지향을 부각, 완결시키고 있다고 할 수 있다.

---

47) 망양정에서는 '낮-밤-새벽'으로 이어지는 시간적 질서에 의해 연속성을 획득하고 있다.
48) 나도 ᄌᆷ을 ᄭᅵ여 바다ᄒᆞᆯ 구버 보니 / 기픠를 모르거니 ᄀᆞᆺ인들 엇디 알리 / 明月이 千山萬落의 아니 비췬 ᄃᆡ 업다.

<사미인곡>도 서사-본사-결사로 나눌 수 있다. 서사에서는 님의 사랑을 받으며 행복하게 지냈던 과거와 님에게 버림받아 님을 그리워하며 외롭게 지내는 현재 상황을 대비시킴으로서 본사에서 비극적인 정서가 표출될 수 있는 계기를 마련하고 있다.

본사의 서두에서는 님과 이별하고 3년이 지난 현재의 자신의 초췌한 모습과 비극적 정서를 노래하고 있다. 이어서 사계(四季)의 상황과 정서를 나열하고 있다. 여기에서는 계절별로 화자의 비극적 정서를 촉발시키는 상황과 그로 인한 비극적 정서를 독립적으로 완결된 시상으로 형상화하고 있다.

결사에서는 님을 향한 사랑의 절대성과 무조건성, 영원성을 부각시킴으로서 본사에서 나열한 그리움의 정서들을 통합, 완결시키고 있다. 결사는 이 작품의 주제라는 점에서 본사의 각 단락은 주제에 의해 통합되는 것이다.

여기에서도 서사와 결사, 본사의 각 단락들은 독립적으로 완결된[49] 시상을 형성하며 나열되어 있다. 그러나 이것들은 단순한 나열이나 부연이 아니다. 서사에서 촉발된 화자의 정서는 본사에서 사계(四季)를 따라 나열, 확산되다가 결사에서 최고조를 이루며 완결된다. 즉 <사미인곡>은 님에 대한 그리움의 정서를 점진적으로 증폭시키며 구체화시켜 나가는 것이다.

---

49) 각 단락의 마지막 부분은 화자의 직접적 정서 표출로 완결되어 있다.
　　서사 : 늙거야 무스 일로 외오 두고 그리는고.
　　본사
　　① 서두 : 人生은 有限혼디 시룸도 그지 업다.
　　② 사계 : <봄> - 님이 너를 보고 엇더타 너기실고. <여름> - 니거든 여러 두고 날인가 반기실가. <가을> - 深山 窮谷 졈낫 7티 밍그쇼셔. <겨울> - 鴦衾도 추도 출샤 이 밤은 언제 샐고.
　　결사 : 님이야 날인 줄 모르셔도 내 님 조추려 후노라.

<속미인곡>도 여타의 작품들과 마찬가지로 나열과 통합의 원리에 의거하고 있다. 서사에서는 이별의 계기가 제시되어 있고, 본사에서는 그로 인한 그리움, 외로움의 정서를 점증시키며 표출하고 있다. 결사에서는 본사에서 점증시켜온 정서를 최대한 증폭시킴으로서 마무리하고 있다.

　본사는 '산 → 강(낮) → 처소(밤 → 새벽)' 등 공간적, 시간적 배경을 따라 화자의 정서를 표출하고 있다. 각 시간이나 공간에서의 시상은 독립적으로 나열되어 있다. 시상은 낮과 밤이라는 시간적 단위로 완결되어 있다.[50]

　결사에서는 사후에 비현실적인 방법을 통해서라도 님과 해후하고 싶다는 열망을 표출하는 것으로 마무리함으로써, 본사에서 전개된 화자의 열망을 화자의 님에 대한 사랑의 절실함과 영원함으로 포괄하고 있다.

　즉 <속미인곡>도 <사미인곡>과 마찬가지로 서사의 서술을 계기로 촉발된 화자의 정서가 본사에서 시·공간적 질서에 따라 나열, 확장되다가 결사에서 최고조로 고양되면서 갈무리된다.

　다음은 조선후기 가사의 주제구현방식을 살펴보자. 여기에서는 조선후기 가사 중 상당한 비중을 차지하는 기행가사, 교훈가사, 애정가사 등과 서사(적) 가사의 일부를 살펴보도록 하겠다.

　먼저 기행가사는 부분의 독립성이 현저하게 강화된다. 19세기에 집중적으로 창작된 기행가사 중 이상수(李象秀 ; 1820~1882)의 <금강별곡>(1856)을 대상으로 주제구현방식을 살펴보자

　서사에서는 조선의 명산을 나열하고, 그 중 금강산이 제일임을 이야

---

50) 낮 : 님다히 消息이 더옥 아득 흐더이고. 밤 : 어엿븐 그림재 날조출 뿐이로다.

기한다. 이어서 '병진년 모츈 삼월 이십일일'에 벗들과 화자가 금강산으로 여행을 가게 된 동기와 행장이 서술되어 있다.

이어서 금강산까지의 여정이 날짜별로 서술되어 있는데, '다락원-영평 금수정-김화, 금성-마리촌-단발령'의 여정에서 본 풍물들을 차례대로 나열, 서술하고 있다. 금강산에서의 여정도 마찬가지로 경유지의 순서에 따라 서술되어 있다. 그리고 모든 경물들은 '장관(壯觀)'과 '감동(感動)'으로 요약할 수 있다. 즉 각 경물들은 독립적인 시상을 형성하며 나열되어 있지만, 이것들은 모두 '장관'과 '감동'이라는 하나의 주제로 수렴된다.

작은 비중을 차지하긴 하지만 이 작품에서 또 하나의 흐름을 형성하는 것은 경유지에서 겪은 화자의 경험이다. 험한 여정에서 겪었던 고난과 에피소드들을 경물에 대한 서술 사이사이에 삽입함으로서 독자로 하여금 경물뿐만 아니라 여정에서 맞닥뜨릴 수 있는 다양한 정보를 제공하고 있는데, 이것들도 건물과 더불어 낯선 경험으로 수렴된다. 개별적인 경물들은 독립된 시상으로 나열되고, 단락을 이루며 하나의 통합된 시상을 형성한다.51)

결사에서는 "어화 구경이여 평싱 장관 ᄒ엿고나 …중략… 아마도 해

---

51) 긔이ᄒᆞᆫ 봉만들이 남딕로 버러스니 / 웃둑웃둑 안진 봉이 **십왕봉**이 그 아닌가 / 그 압ᄒᆡ **동ᄌᆞ봉**은 져근 키로 뫼신 거동 / ᄯᅩ 그 뒤에 **판관봉**은 죄인 추열 ᄒᆞ는 거동 / **사자봉**은 건너 편의 ᄶᅡᆯ을 쎄야 손에 든 듯 / **죄인봉**은 사자 압헤 뒤로 결박 ᄒᆞ는 모양 / ᄯᅩ 건너 주룽주룽 죄인 잡아 온다하네 / 져승을 몰나더니 지옥이 여긔로다 / …중략… / 이러ᄒᆞᆫ 조흔 명산 이졔야 보겟고나

인용문에서 각 봉우리들은 대부분 4구 1행씩 독립된 시상을 형성하며, 이것들이 통합되어 지옥의 형상이라는 보다 큰 시상을 형성한다. 그리고 이것들은 궁극적으로 금강산 전체의 '장관(壯觀)'이라는 전체적인 시상에 수렴된다.

동 졔일 명산 금강산이라 ᄒᆞ노라"라고 하여, 지금까지 전개한 시상을 마무리한다.

다음으로 교훈가사는 오륜만으로 이루어진 것이 있고, 경신과 치산까지 포괄하는 경우가 있다. 또한 이것들은 하나의 작품으로 이루어진 경우도 있고, 『초당문답(草堂問答)』처럼 세목별로 나뉘어 독립된 작품들의 연작 형태로 창작된 경우도 있다.

전자의 예로는 <오륜가>(고대본)가 있으며, 후자의 예로는 배이도의 <훈가이담>을 들 수 있다. 여기에서도 가사의 주제구현방식은 전기 가사의 그것과 동일하다. 동일한 내용이 항목별로 독립된 작품이 될 수 있다는 점 자체가 이미 부분의 독립성을 반증하며, 모든 항목을 하나의 작품에 수렴한 경우에도 각각의 항목들은 독립된 시상을 형성한다. 뿐만 아니라 개별항목을 노래한 작품들의 각 부분들도 독립된 시상을 형성한다.

<훈가이담>에서 오륜의 각 항목은 윤리의 당위성+부생모육지은(父生母育之恩)+부정적 행위와 그 원인+윤리수행의 촉구의 순서로 서술되어 있다. 개별적인 항목은 몇 개의 독립된 단락으로 나뉘고 이것들은 모두 해당 윤리항목의 준수 촉구라는 개별항목의 주제로 수렴된다. 그리고 개별 항목들이 모여 전체를 구성한다. 즉 독립된 개별 항목들은 전체의 주제로 통합·수렴되는 것이다.[52]

애정가사는 기다림과 그리움의 정서를 최대한 표출할 수 있는 요소들의 집적이라고 할 수 있다. 따라서 <사미인곡>과 유사한 방식으로 시상을 전개하고 있다.[53]

---

[52] 교훈가사에 대해서는 박연호, 「朝鮮後期 敎訓歌辭 硏究」(고려대 박사논문, 1997) 참조.
[53] 애정가사에 대해서는 박연호, 「愛情歌辭의 構成과 展開方式」(고려대 석사논문, 1993) 참고.

다음은 서사(적)가사로 논의되는 <노처녀가>와 <덴동어미화전가>를 살펴보기로 하자.

<노처녀가>는 '신세한탄—형제와의 비교(한탄)—행색과 행실 나열—신세한탄—형님의 결혼—출가기대—아우의 결혼—심리적 갈등—자신의 결혼을 직접 나서 해결할 것을 생각—점을 침— 꿈 속의 결혼—개소리에 각몽—안타까움—모의 결혼—김도령과 혼인 성사—정상인이 됨'의 순서로 서술되어 있다.

여기에서 화자의 정서를 표현한 부분들은 주제구현방식이 애정가사와 대동소이하다. 각 화소가 독립적인 시상을 형성하고 있으며, 행위나 상황을 나열함으로서 하나의 단락을 형성한다는 점에서 부분의 독립과 나열의 원리를 발견할 수 있다.

<노처녀가>는 크게 세 부분으로 나뉜다. 첫 번째 부분은 서두부터 혼인결심 이전까지로, 이 부분의 개별 단락들은 욕망의 좌절로 인한 갈등으로 통합·수렴된다. 두 번째 부분인 화자의 결심부터 모의결혼까지에서는 각 단락들이 욕망의 추구로 통합·수렴된다. 그리고 세 번째 부분인 김도령과의 혼인과 결말까지에서는 각 단락이 욕망의 성취로 요약된다. <노처녀가>의 세 부분은 '노처녀의 욕망(慾望)'이라는 주제로 통합된다. 따라서 가사의 주제구현방식에 따르고 있다고 할 수 있다.

<덴동어미화전가>도 마찬가지이다. <덴동어미화전가>는 '청춘과부의 갈등—덴동어미의 설득—청춘과부의 회심'으로 정리할 수 있다. 그리고 덴동어미의 설득은 덴동어미가 자신의 일생을 액자(큰 액자)의 형태로 이야기하고 있다. 덴동어미의 일생이라는 액자는 다시 '혼인—고난—상부'의 동일한 구조를 가진 4개의 액자(작은 액자)가 나열된 이중 액자구조로 되어 있다.

작은 액자들은 인과적 연쇄가 없이 독립적으로 나열되어 있다.[54] 즉 작은 액자는 하나의 독립된 일화들로 부분(또는 단락)의 독립성이라는 가사의 주제구현방식에 따르고 있음을 알 수 있다. 그리고 독립된 작은 액자들은 개가의 부당성이라는 덴동어미 이야기의 주제로 통합·수렴된다. 따라서 주제적 통합이라는 가사의 주제구현방식에도 부합된다.

이상에서 살펴 본 바, 가사는 서사에서 본사를 전개할 수 있는 계기를 마련하고, 본사에서는 사물이나 정서, 이념, 상황, 사건 등 다양한 소재를 제시함으로서 시상을 확장시켜 나간다. 본사에서 선택된 소재들은 작가의 의도에 따라 의미가 변형되기도 하고, 의미변형이 없이 제시되기도 한다. 중요한 것은 이것들이 개별적으로 독립적인 시상을 형성하며 나열된다는 것이다.(부분의 독립과 나열)
 그리고 개별적인 시상들은 독립적으로 또는 2개 이상이 모여 하나의 단락을 형성한다. 사물이나 정서, 이념 등은 대게 2개 이상의 독립적인 시상이 통합되어 보다 큰 시상을 형성하며 하나의 독립된 단락을 형성하고, 상황이나 사건은 보통 하나의 시상만으로 하나의 독립적인 단락을 형성한다. 각 단락의 시상은 화자의 직접적 정서표출이나 평가를 통해 완결된다.(부분의 통합과 단락의 독립) 단락들도 2개 이상이 나열되어 보다 큰 시상을 형성하며 본사를 이루기도 하고, 하나의 단락만으로 본사를 형성하기도 한다.(단락의 나열).
 결사에서는 본사에서 전개해 온 시상을 통합 또는 응축함으로서 주제를 구체화한다.(주제적 통합). 가사는 현재화법으로 주인물 시점에 의거하여 시상을 나열, 통합해 나가는 장르라 할 수 있다.

---

54) 작은 액자들은 서로 인과적으로 연쇄되어 있지는 않지만 덴동어미의 상황이 점점 악화된다는 점에서 대등한 화소의 단순 나열과는 차이가 있다.

가사는 정서, 사물, 사실, 이념, 사건 등 무엇이든 소재로 선택할 수 있으며, 이것들을 소재로 형성된 독립된 시상은 시간적·공간적 질서에 따라 나열되기도 하고, 그것과 관계없이 나열되기도 한다. 소재나 표현목적, 시·공간적 질서는 화자의 의도에 따라 임의적으로 선택된 것이라는 점에서 가사는 근본적으로 소재와 표현대상, 시간적 공간적 질서에 의해 제약을 받지 않는다. 그리고 독립된 시상들은 정서나 이미지, 이념, 상황 등 표현대상의 공통점에 의해 통합된다.

즉 가사는 시공간적 질서뿐만 아니라 소재 및 표현대상에 있어서도 제약을 받지 않는다. 이것이 바로 가사의 개방성이다. 가사가 주로 개별적인 정서나 윤리, 사실 등을 표현대상으로 한 것은 이것들이 현재 시제로 시간적·공간적 제약을 받지 않고 나열될 수 있는 것이기 때문이다. 가사에서 기행이나 도통, 世系, 교훈 등을 주제로 한 작품들이 비교적 오랜 생명력을 유지할 수 있었던 이유도 바로 이러한 가사의 장르적 성격에 기인한다고 볼 수 있다.

2) 개별 작품의 장르귀속

본 절에서는 이론적 장르의 측면에서 개별 작품들이 어떤 장르에 귀속될 수 있는지를 살펴보기로 하겠다.

먼저 <성산별곡>은 플롯의 지배를 받고 있지 않다는 점에서 서사나 극적 양식과는 거리가 멀다. 따라서 서정적 양식이나 주제적 양식에 속할 것이다. 앞서 언급한 바, 서정과 주제적 양식은 표현대상에 의해 구분된다. 따라서 이 작품이 무엇을 표현하고 있는가를 살펴보면 장르 귀속문제가 해결될 수 있다고 본다.

앞에서 필자는 가사가 부분의 독립과 나열을 본질적인 구성방식으로 갖고 있음을 지적한 바 있다. 이는 가사의 장르적 성격이 독립된 부분의 장르적 성격과 밀접하게 관련되어 있음을 의미한다. 따라서 이 작품의 장르적 성격은 개별적인 경물들을 노래한 부분과 각 단락의 장르적 성격을 살펴본 후 한 편의 완결된 작품으로서의 장르적 성격을 고찰하는 것이 순서라고 생각한다.

김병국은 <성산별곡>을 '시인이 독자에게 직접 공개적인 목소리'로 말하고 있다는 점에서 주제적 양식의 본질에서 볼 수 있다고 하였다. 이것은 "棲霞堂(서하당) 息影亭(식영정) 主人(주인)아 니 말 듯소 … 중략 … 寂寞(적막) 山中(산중)의 들고 아니 나시ᄂ고"에서 시인인 정철이 서하당 식영정 주인에게 물어보는 형식으로 서술된 것에 근거한 것으로 보인다.

하지만 서사의 물음은 본사(식영정 주인과 식영정 주변에 대한 찬양)를 이끌어내기 위한 장치일 뿐,[55] 작품의 초점은 본사와 결사에 있다. 더구나 '시인이 독자에게 직접 공개적인 목소리로 말하기'는 주제적 양식의 개념과도 거리가 멀다.

작품의 문면에 독자를 상정한 발화가 제시되어 있다고 해도 이것을 근거로 주제적 양식이나 교술갈래로 규정할 수는 없다. <상춘곡>도 서두의 "紅塵(홍진)에 뭇친 분네 이 내 生涯(생애) 엇더ᄒ고"라는 구절을 근거로 남에게 알려줄 목적으로 창작되었다는 주장이 있다.

이 구절은 '紅塵(홍진)에 뭇친 분네'라는 실질적인 독자(청자)를 향한 발화로 볼 수도 있고, 자기 자신의 정신적 우월감을 표출하는 발화로 볼 수도 있다. 그것을 어떻게 보느냐는 수용자의 몫이며, 이렇게 다르게 이해될 수 있다는 것은 '공개적 발화' 여부가 장르 귀속의 기준이 될 수 없음을 의미한다. 더구나 독자(청자)를 상정한 발화는 시조에서도 흔히 사용된다[56]는 점에서 독자(청자)를 상정한 공개적 발화의 여

---

55) 이 작품의 문답은 자문자답이라는 점에서 정상적인 대화가 아니다.
56) 아래의 시조들은 모두 문면에 청자를 상정하고 있다.

부가 장르구분의 기준이 될 수 없음은 더욱 분명해진다.

한편 <성산별곡>이 조동일의 교술갈래 개념 - 비전환표현 -에 부합되려면, 여기에서 노래된 경물이나 행위들이 자아가 요구하는 의미로 전환되지 않고 경물이나 행위 그 자체의 사전적 의미만을 갖고 있어야 한다. 그러나 <성산별곡>에 제시된 경물들은 자아의 요구에 따라 의미가 전환되어 있다. 이 작품에 제시된 경물들은 대부분 식영정 주인을 찬양하거나 화자의 흥취를 표현하기 위한 객관적 상관물이기 때문이다.

식영정 주인을 찬양하기 위한 객관적 상관물로 가장 먼저 제시된 것은 "天邊(천변)의 쩟눈 구름"[서석한운(瑞石閒雲)]이다. 구름은 "瑞石(서석)을 집을 삼아 나는 둣 드는" 존재로, 세속을 벗어나 어떤 것에도 구속되거나 구애받지 않고 절대자유를 누리는 존재로 의미가 전환되어 있다. 그리고 이것은 "主人(주인)과 엇더훈고"라는 말을 통해 식영정 주인의 이미지로 전이된다. "잇눈 둣 펴치는 둣" 야단스럽게 흐르는 '창계(蒼溪)'[창계백파(蒼溪白波)]와 "無心(무심)코 閒暇(한가)"한 淸江(청강)의 '오리'[백사수압(白沙睡鴨)]도 구름과 동일한 차원에서 이해할 수 있다.

그 외 <식영정잡영(息影亭雜詠)> 중 <양파종과(陽坡種瓜)>, <벽오양월(碧梧凉月)>을 노래한 부분들도 식영정 주인의 은자적 면모, 맑은

네 아들 孝효經경 닑더니 어도록 비환느니 / 내 아들 小쇼學혹은 모리면 무출로다 / 어누 제 이 두 글 비화 어딜거든 보려뇨 <子자弟뎨有유學학, 정철>.

崔行首 쑥달힘 호새 趙同甲 곳달힘 호새 / 둘떰 계떰 오려 點心 날 시기소 / 每日에 이렁셩굴면 므슴 시름 이시랴. <김광욱>.

山村에 눈이 오니 돌길이 무쳐셰라 / 柴扉룰 여지 마라 날 츠즈 리 뉘이시리 / 밤중만 一片 明月이 긔 벗인가 호노라. <신흠>

정신세계 등을 표현하기 위한 은유물들이다. 화자는 이것들을 통해 식영정 주인의 탈속한 면모와 고고한 정신세계를 찬양하고 있는 것이다.

화자의 흥취를 나타내기 위한 객관적 상관물의 기능을 하는 경물들은 사계(四季)를 노래한 부분이다. 봄에는 창계 주변에 아름답게 펼쳐진 도화와 방초를 통해 춘흥을 즐기며, 여름에는 서하당의 경물들과 소나무 그늘 밑 석정(石亭)에서 더위를 피하며 창계 주변의 노자암(鸕鶿巖), 자미탄(紫微灘)을 바라보며 유유자적한 흥취에 젖는다. 가을에는 환벽당(環碧堂) 앞 조대(釣臺)에서 용소(龍沼)에 이르는 공간의 아름다움을 만끽하며, 이를 통해 촉발된 한정을 노래하고 있다. 아름다운 풍경은 목동들의 피리소리와 어우러지면서 가을의 정취를 한껏 고조시킨다. 겨울에는 외나무다리를 건너는 중에게 경요굴(瓊瑤窟) 은세계(銀世界)로 표현된 청정(淸淨)한 세계를 남에게 알리지 말라고 함으로서 선계의 이미지를 부각시키고 있다.

이것들은 화자의 흥취를 촉발시키는 매개체인 동시에 이것들이 모여 식영정 주변을 청정하고 탈속한 선계[57]로 형상화한다. 또한 식영정 주변의 이미지는 식영정 주인의 정신세계에 대한 은유라는 점에서 사계의 경물들은 식영정 주인의 고고하고 탈속한 경지를 찬양하기 위한 객관적 상관물이라 할 수 있다.

사계에 이어 자신의 초라한 처지와 조변석개하는 인심을 개탄함으로서 정신적 갈등을 표출하고 있다는 면에서 서정적 양식에 해당한다.

결사에서는 화자가 서사와 본사에서 지향하고 찬양해 온 식영정 주인의 삶을 지향함으로서 궁극적인 주제를 형상화하고 있다.

---

57) 여름의 정경 중 <수함관어(水檻觀魚)>, <부용당(芙蓉塘)>, <연지(蓮池)>에서는 서하당(棲霞堂)을 무릉도원(武陵桃源)에 비유하고 있으며, 겨울의 정경(<창송청설(蒼松晴雪)>, <단교귀승(短橋歸僧)>)에서는 식영정 주변을 선계(瓊瑤窟 銀世界)로 표현하고 있다.

이상에서 살펴 본 바, <성산별곡>은 특정한 상황에 처한 특정한 인물의 시각이나 정서를 담고 있다. 식영정 주변과 식영정 주인의 선적 이미지는 화자에 의해 창조된 것이며, 주변 경물들은 이러한 이미지에 맞도록 변형되어 있다. 즉 <성산별곡>은 명확하게 환기된 비젼을 제시하는 것이 아니라 내면의 표출을 통해 비젼을 설정하고 있으며, 이 점에서 서정적 양식에 해당한다.

<관동별곡>은 경물에 대한 객관적 제시보다는 그것을 통해 화자의 내면을 표출하는 데 주력하고 있다. 여정은 간략하게 요약적으로 제시되고 있는 반면, 정서는 다양하게 표출되어 있으며, 직·간접적으로 화자의 내면을 표출한 후 다음 시상을 전개시키기 때문이다. 그리고 이 과정에서 경물들은 화자의 의도에 따라 다양한 의미로 변형된다.

서두에서는 여행의 계기보다 성은에 감사하는 화자의 내면이나,[58] 원주에 도착해서 표출된 군주를 향한 연모의 정과 왕조의 흥망성쇠에 대한 감회[회양(淮陽)], 급장유와 같은 이상적인 관료가 되겠다는 포부 등 화자의 내면 표출에 초점을 맞추고 있다.

금강산을 노래한 부분에서도 각각의 여정보다는 웅장하고, 청정하며, 아름다운 자연에서 느낀 화자의 감동과 기쁨, 경외감 등의 표출에 초점을 맞추고 있다.

뿐만 아니라 화자는 자연경물들을 자신의 의지와 포부를 나타내기 위한 객관적 상관물로 사용하기도 한다. '망고대(望高臺)'와 '혈망봉(穴望峰)', '화룡(火龍)소'가 그것이다. 높고, 외로우며, 어떠한 난관에도 굴하지 않는 꿋꿋한 존재로 형상화된 '망고대(望高臺)'와 '혈망봉(穴望峰)'은[59] 곧 화자 자신의 의지에 다름 아니다. 또한 '화룡(火龍)소'의 용

---

[58] 江湖애 病이 깁퍼 竹林에 누엇더니 / 關東 八百里에 方面을 맛디시니 / 어와 聖恩이야 가디록 罔極ᄒ다.

은 장차 풍운을 얻어 삼일우(三日雨)를 뿌려 음지의 시든 풀을 살릴 수 있는 능력과 포부를 갖고 있지만, 아직은 때를 만나지 못해 소 안에서 천년 동안 때를 기다리는 존재로 형상화되어 있다.

이것은 지금은 비록 지방관의 처지에 있지만, 장차 때를 얻으면 온 백성을 구제하겠다는 화자의 포부와 의지에 다름 아니다. 물론 화자는 이러한 사대부 관료로서의 포부를 직설적으로 토로하기도 하고,[60] 상징적으로 드러내기도 한다.[61]

해금강에서 망양정에 이르는 동해에서도 관료로서의 포부, 임금에 대한 그리움 등이 표출되어 있지만, 선계에의 지향이 시상을 전개시키는 기본축이 됨으로서, 선계에 대한 그리움과 조우(遭遇)의 갈망, 외로움 등 내면의 표출에 초점이 맞추어져 있다. 선계 지향은 총석정(叢石亭)의 돌기둥을 보면서 백옥루(白玉樓)를 생각하는 데서 출발하여, 삼일포(三日浦)의 단서(丹書)와 의상대(義相臺)의 글귀〔해타(咳唾)〕를 발견한 후 사선(四仙)에 대한 그리움으로 이어진다. 강릉에서도 신선의 향방을 생각하고, 망양정에서도 신선과의 조우를 갈망한다. 그리고 이와 같은 갈망은 결사의 꿈을 통해 해소된다.

정철 시가 전반에서 지속적으로 나타나는 선계에의 지향은 불안한 정치현실과 그로 인한 현실적 고난을 정신적으로 해소하려는 의식으로 소산이라 할 수 있는데, <관동별곡>에서는 그것이 존재론적 물음으로까지 발전하고 있다.

결사는 바로 이러한 물음에 대한 답이다. 화자는 꿈속에서 신선을

---

59) 놉흘시고 望高臺 외로올샤 穴望峰이 / 하눌의 추미러 므스일을 스로리라 / 千萬劫 디나드록 구필 줄 모ᄅᆞᆫ다 / 어와 너여이고 너 ᄀᆞ투니 ᄯᅩ 잇ᄂᆞᆫ가.
60) 뎌 괴운 흐터내야 人傑을 ᄆᆞᆫ돌고쟈.
61) 이 술 가져다가 四海예 고로 논화 / 億萬 蒼生을 다 醉케 ᄆᆡᆫᄀᆞᆫ 後의.

만나 자신의 존재적 근원을 깨닫고. 이를 계기로 현실에 대한 새로운 희망을 얻게 된다. 마지막 행에 제시된 광활한 바다와 명월(明月)은 온 누리와 임금의 덕을 상징하면서, 동시에 임금의 덕화가 골고루 미치게 하겠다는 화자의 관료로서의 의지, 존재적 근원에 대한 깨달음을 통해 얻게 된 삶에 대한 새로운 희망 등을 중의적으로 나타내고 있다.

이상에서 살펴본 바, <관동별곡>은 아름다운 자연에 대한 객관적 보고가 아닌 화자의 내면 표출, 즉 사대부 관료로서의 포부와 의지를 표출하는 데 초점이 맞추어져 있다는 점에서 서정적 양식에 해당한다.

김학성은 기야르의 장르 개념 틀에 의거하여 <관동별곡>을 <면앙정가>·<관서별곡(關西別曲)>·<서호별곡(西湖別曲)> 등과 더불어 의사서사양식으로 규정하고 있다. 그가 말한 바, 의사서사양식이란 서사적 모티프를 주제적 양식으로 드러낸 것을 의미한다. 주제적 양식이란 '작자가 직접 독자에게 공개적인 목소리로 말하는 것'을 의미하며, 서사적 모티프(서사성, 서사정신)란 '객관적 사물에 대한 관찰을 바탕으로 한 보고'를 의미한다. 기행가사나 <면앙정가>를 서사적 모티브를 담고 있는 것으로 보는 이유가 여기에 있다.

또한 "「면앙정가」와 「관서별곡」이 시종일관 보고형식, 혹은 말하기(telling)로서 끝날 뿐 끝내 등장인물의 창조에까지 이르지 못했다던가, 「서호별곡」·「관동별곡」은 작품말미에서 '羽衣道士(우의도사)' 혹은 '夢中仙人(몽중선인)'이란 허구적 인물을 창조하고서도 극히 불완전한 대화 혹은 준대화적 차원에 머물고 있"다는 점에서 의사서사양식에 해당하며, 이것들이 완벽한 서사양식이 되지 못하고 의사서사양식에 머문 이유는 이들 전기가사가 주자주의적 세계관에 입각한 주제의 강력성에 견인되어 있기 때문이라고 하였다.[62]

---

62) 김학성, 앞의 책, 154~157면.

하지만 '객관적 사물에 대한 관찰을 바탕으로 한 보고'를 서사적 모티프(서사성, 서사정신)라고 한다면 사물에 대한 단순묘사63)와 상당수의 시조64)도 서사적 모티프를 갖고 있는 것으로 보아야 한다. 또한 허구적 인물의 창조나 부분적으로 나타나는 이중적 시점을 근거로 작품 전체를 의사서사양식으로 규정할 수는 없다고 본다. 서사정신에는 기본적으로 플롯이 전제되어 있기 때문이다. 김학성이 논거로 삼은 기야르도 이 점을 분명히 지적하고 있다.65)

---

63) 놀부나 뺑덕어미의 악행을 나열하거나 외모를 묘사한 것은 서사라 할 수 없다. 그것은 서사와는 다른 차원의 설명이나 묘사일 뿐이다.
64) 一曲은 어드미고 冠巖에 희 빗췬다 / 平蕪에 닉 거든이 遠近이 글림이로다 / 松間에 綠樽을 녹코 벗 온 양 보노라.
<고산구곡가(高山九曲歌, 주씨본 해동가요)>
七曲은 어드미고 楓巖에 秋色이 좃타 / 淸霜이 엷게 친이 絶壁이 錦繡ㅣ로다 / 寒巖에 혼자 안자셔 집을 닛고 잇노라.
<고산구곡가(高山九曲歌, 주씨본 해동가요)>
<고산구곡가(高山九曲歌)> 일곡(一曲)은 관암(冠巖)에 해가 비치고 평무(平蕪)에 안개가 걷히면서 주변의 풍광이 그림처럼 아름다운 모습과 그것에 취해 송간(松間)에 녹준(綠樽)을 놓고 벗을 기다리는 화자의 모습을 관찰·보고하고 있다. 칠곡(七曲)도 절벽(絶壁)에 청상(淸霜)이 엷게 드리워 추색(秋色)이 완연한 풍암(楓巖)과 그것을 즐기는 화자의 모습을 관찰·보고하고 있다.
만일 객관사물에 대한 관찰·보고를 서사적 모티프(서사성)로 본다면 위의 두 작품은 모두 의사서사적 양식에 속한다. 하지만 아무도 위의 두 작품을 의사서사적 양식이라고 하지 않는다. 그 이유는 두 작품이 비록 객관사물을 관찰·보고하고 있지만, 스토리가 없기 때문이다.
65) Guérard는 서사적 서정을 'story를 서정적 형식으로 표현한 것'이라고 정의하였다[*epic (narrative) lyric* : the best type of this is probably the ballad, like "the grand old ballad of Sir Patrick Spence", which tells a story, but in lyric form. Albert Guérard, *Preface to world Literature*, New York ; Henry Holt and Company, 1940, 198면].
김학성이 서사적 정신으로 제시한 '객관적 사물에 대한 관찰을 바탕으로 한 보고'는 Guérard의 서사적 정신이 아니라, 헤겔이나 〔헤겔 지음,

또한 이 작품들이 완벽한 서사양식이 되지 못한 것은 주자주의적 세계관에 강하게 견인되었기 때문이 아니라, 앞서 언급한 바, 가사의 특유의 주제구현 방식에 기인하는 것이다.
　한편 그는 <상춘곡>을 물아일체의 경지에서 느끼는 감흥을 사대부의 미학으로 절제하여 표현한 것이라 하여, 서정적인 작품으로 보고 있다.[66] 적절한 지적이다. <성산별곡>과 <관동별곡>, <서호별곡> 등도 <상춘곡>과 동일한 차원에서 이해해야 마땅하리라 생각한다. 이들 작품에서의 객관사물은 정서표출의 매개물로서 작용하고 있기 때문이다.

　<사미인곡>과 <속미인곡>은 <만분가>와 더불어 님에 대한 그리움과 외로움이라는 화자의 정서를 토로하고 있다는 점에 대해서는 모든 논자들이 동의하는 바이다. 그럼에도 불구하고 이 작품을 의사서정양식이나 교술갈래로 보는 이유는 다음과 같다.
　먼저 김학성은 <사미인곡>이 가사의 실현화 양상이라는 관점에서 볼 때, 의사서정양식(quasi-lyric mode)에 해당한다고 하였다. 이 작품에

　최동호 옮김,『헤겔시학』(열음사, 1989)]이나 슈타이거[Emil Staiger (1939), 李裕榮·吳賢一 共譯,『詩學의 根本槪念』(삼중당, 1978), 137~138면]의 서사적 양식의 근본개념에 해당한다. 즉 김학성은 Guérard의 개념틀을 원용한다고 했지만, 서사의 개념은 Hegel이나 Staiger의 논리를 적용하고 있는 것이다.
　Hegel과 Staiger는 화자가 객관사물에서 떨어져 相面하고, 表象하며, 보고하는 것을 서사적 양식의 근본적 특성으로 보고 있다. Staiger에 의하면 서정시인은 사물의 객관적 실체보다는 사물에서 감흥을 느낄 뿐이며, 또한 사물과 융화되기 때문에 자아와 분리된 사물의 존재 자체에 대한 관심이 없다고 하였다. 반면에 서사시인은 사물의 실체를 정립하려 한다고 하였다. 즉 사물의 객관적 실체를 파악하고 언표를 통해 사물을 묘사하고 특징을 규정하려 한다고 하였다.
66) 김학성, 앞의 책, 126~128면.

서의 '님'과 '화자'가 보편적 추상체나 허구적인 인물이 아닌, 역사적으로 실존했던 선조(宣祖)와 정철(鄭澈)을 우의(寓意, allegory)한 것이라는 사실을 작자나 수용자가 모두 알고 있기 때문에, <사미인곡>이 비공개적으로 독백하듯 진술(서정적 양식)되었다고 하더라도, 작자나 독자는 실존의 작가가 실존의 독자에게 공개적으로 말하는 것으로 인식하기 때문에 의사서정양식에 해당된다[67]는 것이다.

하지만 작중 화자와 청자가 보편적 허구인가, 역사적 실체인가라는 문제는 서정적 양식과 주제적 양식을 구분하는 기준이 되지 못한다. 이와 같은 기준을 적용한다면, 하나의 작품이 역사적 배경과 함께 전승되는가 아닌가에 따라 장르가 달라질 것이기 때문이다.

비공개적으로 은밀하게 말하는가, 독자에게 공개적으로 말하는가의 여부도 마찬가지이다. 만일 공개적으로 말하는 것이 모두 주제적 양식이라면 일반적으로 공개석상에서 창작 향유된 시조뿐만 아니라, 대중들에게 노래로 전달된 희랍의 대서사시도 당연히 주제적 양식에 해당할 것이다. 하지만 우리는 이것들을 주제적 양식에 포함시키지 않는다.

또한 가사의 언어는 집약적이지 않고 확장적이며, 내성 *introspection*이 라기보다는 정관 *contemplation*의 성향을 보이고, <상춘곡>·<만분가>·<사미인곡>·<미인별곡> 등은 "사대부의 주자주의적 세계관과 미의식에 기반을 둔 서정의 공감적 표출— 시인의 감흥이 자신의 영역에 머물지 않고, 언제나 그 공감대를 수용자에게로 확대하여 드러내려 하는 것 —이기 때문에 진정한 의미의 서정이라 하기 어렵다"고 하였다.[68]

---

67) 김학성, 앞의 책, 146면.
68) 김학성, 앞의 책, 149~150면. 가사에서 "시인의 감흥은 자신의 영역에 머물지 않고, 언제나 그 공감대를 수용자에게로 확대하여 드러내려 하기 때문에 공개적이고 설득적인 목소리로 변조되게 마련이"라고 하였다.

집약적이라는 규정은 서정시의 일반적인 성격일 뿐 절대적인 기준은 되지 못한다. 집약적이든 확정적이든 인간의 내면적 정서나 내성을 표현함으로서 비젼을 설정하고 있다면 서정적 양식에 해당하기 때문이다. 또한 가사의 언어가 내성이라기보다는 정관의 성향을 보인다는 것도 전기가사에는 어느 정도 적용될지는 몰라도 후기가사까지를 포괄하지는 못한다.

또한 동서양을 막론하고 특정 작가의 세계관과 미의식은 장르에 관계없이 동일하게 나타난다는 점,[69] 중세 지배층의 세계관이나 미의식은 당대의 지배적인 이념이나 세계관에 의해 강하게 견인된다는 점, 탈주자주의적 경향을 강하게 보이는 후기가사에는 적용될 수 없다는 점 등으로 미루어 볼 때, 주자주의적 세계관과 미의식에 기반하고 있느냐의 여부는 장르구분의 기준이 될 수는 없다.

김병국과 김학성은 가사를 기본적으로 주제적 양식으로 규정하면서, <속미인곡>은 대화체로 서술되어 있다는 면에서 김병국은 극적 양식의 본질에서 볼 수 있다고 하였고, 김학성은 의사극적 양식으로 규정하고 있다.

하지만 두 여인[70]의 대화는 정상적인 대화로 볼 수 없으며, 이 중 갑녀의 말은 정상적인 독백에 가깝다. 또한 을녀의 말은 갑녀의 말을 이끌어내는 기능만을 할 뿐, 극의 대화처럼 사건을 전개시키는 기능은 하지 못한다. 갑녀의 대답에 "글란 싱각 마오 믿친 일이 이셔이다"라고 할 뿐, 더 이상의 언급이 없는 것도 이러한 이유에서이다. 또한 "어와 네여이고"라는 갑녀의 말을 <상춘곡>의 서두처럼 독자를 향한 말로 바꾼다면, 을녀의 말을 제거하더라도 이 작품은 성립될 수 있다. 즉

---

[69] 조선전기 시조도 전기 가사와 마찬가지로 '사대부의 주자주의적 세계관과 미의식에 기반을 둔 서정의 공감적 표출'로 규정될 수 있다.
[70] 두 여인 중 중심인물을 갑녀로, 보조인물을 을녀로 명명하겠다.

<속미인곡>은 정상적인 대화가 아니라 을녀의 독백에 갑녀의 말이 삽입된 형태임을 알 수 있고, 이 점에서 극적 양식과 다르다.

대부분의 유배가사와 기행가사는 서사에서 유배나 기행의 경위를 간략하게 서술한다. <속미인곡>의 서사부분은 이것을 대화형식으로 서술하고 있을 뿐이다. 이 작품에서 대화체는 두 인물을 전경화시킴으로서 독자에게 갑녀의 비극적인 상황을 보다 객관적, 구체적으로 환기시키기 위해 사용된 것이다.

조동일은 '<사미인곡>이 님(국왕)을 향한 작가의 사랑(충성)이 얼마나 절실한가를 알려주어, 작가의 정당성을 역설하고'[71] 있다는 점에서 교술갈래에 해당한다고 했다. 하지만 앞에서 언급한 바, 서정과 주제적 양식은 창작목적이 아닌 표현대상에 의해 구분되며, 이점에서 <사미인곡>과 <속미인곡>은 서정적 양식에 해당한다.

전기가사 중 주제적 양식에 해당하는 작품으로는 <역대전리가>, <승원가>, <서왕가>, <낙지가>, <남정가> 등과 이황과 이이가 지은 것으로 전하는 교훈가사들 정도를 들 수 있다. 이 작품들은 일반적으로 객관적 사실이나 진리라고 인식되는 역사적 사실이나 종교적 교리를 주석적 시점에 의해 제시하고 있기 때문이다. 그러나 <남정가>를 제외[72]한 대부분의 작품들은 후대인의 위작일 가능성이 강하게 제기되고 있다. 따라서 전기가사는 대부분 서정적 양식으로 서술되었으며, 일부의 작품들만이 주제적 양식에 해당한다고 할 수 있다.

반면에 조선후기가사는 주제적 양식이 지배적이다. 서정적 양식은 신변탄식류 규방가사나 잡가에 가까운 애정가사 등에서 나타나며, 극

---

71) 조동일, 앞의 책, 56~57면 인용.
72) <남정가>는 을묘왜변(乙卯倭變)의 상황을 시간의 흐름에 따라 나열하고 있다.

히 일부의 작품이 서사적 양식으로 서술되어 있다. 기행가사의 경우 작가들이 김창협의 <동유기(東遊記)>나 정철의 <관동별곡>을 지참하고 자신들이 견문한 바와 비교하거나, 여행지의 역사적 사적과 여행 과정에서의 이러저러한 경험 등을 객관적이고 구체적으로 서술·전달하는 데 초점을 맞추고 있다.

유배가사도 유배를 가게된 계기, 유배지로 가는 과정에서 겪은 경험, 유배지에서의 고난과 마을의 풍속 등 객관적 사실을 구체적으로 제시하는 데 초점을 맞추고 있다. 교훈가사는 윤리항목을 직설적으로 제시하거나 고사나 인물의 행위를 통해 구체적인 예를 제시함으로서 윤리항목의 당위성을 강조하고 윤리의 수행을 촉구하고 있다. 현실비판가사는 지배층의 횡포로 인한 백성들의 피폐한 삶의 양태를 구체적으로 제시하고 있다.

규방가사는 계녀가류, 화전가류, 석별가류, 과부가류 등이 주류를 이루고 있는데, 이 중 계녀가류를 제외한 나머지는 대부분 여러 장르의 성격을 함께 갖고 있다. 이 작품들은 화자의 정서표출뿐만 아니라 놀이나, 이별의 상황 등 객관적 사실을 구체적으로 제시하고 있다.

즉 조선후기 가사는 객관적 사실이나 이념의 당위성을 확인하고 제시하는 데 초점을 맞춘 경우가 개인의 정서 표출에 초점을 맞춘 것에 비해 상대적으로 비중이 높다고 할 수 있다.

따라서 가사는 교술 또는 주제적 양식의 테두리 안에서 서정성이나 서사성, 교술성을 확대시켜 나간 것이 아니라, 전기가사는 주로 서정적 양식으로, 후기가사는 주로 주제적 양식으로 서술되었던 것이다. 이는 정서나 이념, 객관적 사실 등이 시·공간적 질서의 제약 없이 부분의 독립, 나열과 통합이라는 가사의 주제구현방식에 따라 서술될 수 있는 가장 적합한 대상이기 때문이다.

하지만 이와 같은 가사의 주제구현 방식은 본질적으로 서사적 양식으로 서술될 수 있는 가능성을 내포하고 있다. 사건을 나열할 경우 선택적 요소인 시간적 질서와 인과관계만 부여하면 서사가 될 수 있기 때문이다. <노처녀가>, <거사가>, <원한가>, <계한가> 등이 그 구체적인 예에 해당한다. 이중 <노처녀가>의 줄거리를 요약하면 다음과 같다.

결혼을 갈망하는 병신 처녀가 늙도록 시집을 가지 못해 괴로워했다. 결혼을 하기 위해 스스로 남편을 구하기로 결심했다. 꿈을 통해 순간적이나마 욕망이 해소되었다. 개소리에 잠이 깨어 욕망이 좌절되었다. 홍두깨를 허수아비로 만들어 모의결혼을 함으로서 안타까움을 달래려 했다. 이것을 본 가족들이 김도령과의 혼인을 추진·성사시켰다. 혼인 후 정상인이 되어 잘 살았다.

이중 하나의 이야기를 제거하거나 순서를 바꿔도 작품은 성립할 수 없다는 점에서 이 작품은 플롯의 지배를 받는 서사적 양식이라 할 수 있다.

이 작품이 서정적 양식이나 주제적 양식으로 서술된 작품과 다른 점은 첫 번째 부분은 그 자체로 자립성을 갖지만 두 번째 부분과 세 번째 부분은 인과적 연쇄를 이루고 있으며, 이를 통해 플롯을 갖게 되었다는 점이다. 나머지 작품들도 <노처녀가>와 같이 플롯의 지배를 받고 있다는 점에서 서사적 양식에 해당한다.[73]

---

73) 한편 <우부가>, <용부가>, <덴동어미화전가> 등도 서사가사의 범위에 포함시키는 경우가 있는데, 이 작품들은 주제적 양식에 해당한다. <우부가>나 <용부가>는 독립적으로 나열된 행동적 사건들이 (신분적·경제적)몰락이라는 하나의 상태적 사건에만 연결된다. 즉 하나의 최소스토리만을 갖고 있기 때문에 플롯의 지배를 받는다고 할 수 없다. 이 작품의 중점은 세 인물의 부정적인 행위가 모두 몰락이라는 주제를 향

한편 이 작품들에는 이중적 시점이 나타난다. 이중적 시점은 서사적 양식의 본질적 지표는 될 수 없지만, 소설과 같은 본격 서사양식의 일반적 특징이라는 점에서 서사성의 강도를 측정하는 도구로 사용될 수 있다. <노처녀가>는 서술자와 인물의 시점이 명확히 구분되지 않는 경우가 허다하다. 이는 가사가 기본적으로 1인칭 장르이기 때문이다. 하지만 분명히 이중적 시점이 존재한다. 1인칭 화자가 서술자와 인물의 역할을 동시에 담당하고 있기 때문에 서술자의 존재를 잘 감지할 수 없을 뿐이다.74)

  하고 있다는 점에서 주제적 양식에 해당한다.
 대표적인 서사가사로 이야기되는 <덴동어미화전가>는 덴동어미의 일생을 액자형식으로 서술하고 있다. <덴동어미화전가>는 만남과 이별을 서술한 개별 이야기들이 모두 플롯를 갖고 있으며, 이 점에서 개별적인 이야기들은 서사적 양식으로 서술되었다고 할 수 있다. 그러나 덴동어미에 의해 이야기되는 일생은 '결연-고난-남편의 죽음'이라는 동일한 구조가 인과관계 없이 단순하게 반복되어 있다. 때문에 몇 가지 예화를 제거하더라고 주제의 전달에는 아무런 영향을 미치지 못한다.
 즉 개별적인 이야기는 분명 플롯의 지배를 받고 있지만 덴동어미 이야기 전체를 지배하는 플롯은 없다. 그리고 개별적인 이야기들은 모두 독립적으로 '개가의 부당성'이라는 주제에 집중된다는 점에서 <덴동어미화전가>는 주제적 양식에 해당한다.
 이 책에 수록된 논문 중 <조선후기 가사의 장르적 특성>과 <조선후기 서사가사의 범위와 출현동인>에서는 덴동어미와 배우자의 신분이 점진적으로 하강하며, 고난의 강도가 강화된다는 측면에서 플롯의 존재를 인정하여, 서사가사로 규정하였다.

74) 서두의 설명과 마지막 행을 제거하더라도, 다음 인용문들에서 서술자의 시각이 드러난다.
 "밍셰ᄒ고 <u>이른 말이</u>", "활짝 이러 안지면 돌콩티를 닙의 물고 고기를 쯔덕이며 <u>굽니ᄒ되</u>", "각각 셩명 써 가지고 쇠침통을 흔들면셔 손고쵸와 <u>비는 말이 모년모월 모일야</u>의 ᄉ십너문 노쳐녀는 업디여 뭇잡나니 곽곽션싱 이슌풍과 쇼강졀 원쳔강은 신지영 ᄒ오시니 감이슌통 ᄒ옵쇼셔". 인용문에서 밑줄 친 부분은 1인칭 화자가 자신을 대상화하여 서술자의 입장에 섰을 때만 가능한 발화들이다.

<노처녀가>에 비해 <거사가>나 <신가전>, <원한가>, <계한가> 등은 서술자와 인물의 목소리가 보다 확연히 구분됨으로서 상대적으로 강한 서사성을 갖고 있다고 할 수 있다.
　　하지만 가사의 주제구현 방식은 가사가 본격 서사로 발전하지 못하는 요인으로도 작용한다. 개별적인 시상이나 단락의 독립성은 사건 간, 단락 간 인과관계를 약화시키며, 현재형이라는 시제의 제한도 시간의 역전을 이용한 다양한 플롯을 가질 수 없게 한다. <노처녀가>를 비롯한 서사가사들은 각 단락의 마지막 부분을 화자의 정서표출로 마무리함으로서 각 단락을 독립된 시상으로 완결시키고 있기 때문에 사건들 사이의 인과관계가 약한 것이다.
　　사건을 보고적 문체로 서술한 작품들도 사건이나 삽화의 평면적 나열에 그치고 마는 것은 시점이나 시제보다는 독립된 부분들을 시간적 질서나 인과관계에 제한을 받지 않고 나열하려는 가사의 주제구현 방식에 강하게 견인되고 있기 때문이라 할 수 있다.

5. 결론

　　이상에서 살펴본 바, 역사적 장르로서의 가사의 장르적 특성은 주제구현 방식에 있으며, 각 작품의 장르적 성격은 플롯의 지배성 여부와 표현대상에 의해 각각 서정적, 주제적, 서사적 양식으로 서술되었음을 알 수 있다. 이중 가사의 지배적인 장르적 성격은 서정적 양식과 주제적 양식이라 할 수 있는데, 이는 가사의 주제구현 방식이 서사적 양식보다는 서정적 양식이나 주제적 양식에 더 적합했기 때문이라 할 수 있다.
　　한편 조선전기에는 서정적 양식이 조선후기에는 주제적 양식이 가사의 지배적인 양식으로 나타나며, 이렇게 가사의 지배적 장르가 전환된75) 데는 조선후기 예술의 사실주의적인 경향뿐만 아니라 가사의 창작 목적 내지 기능의 변화도 중요한 원인 중 하나라고 생각한다. 가사 창작의 목적 내지 기능의 변화는 가사라는 형식이 담아내는 내용의 변화를 동반하였고, 그것은 주제구현 방식의 확대까지 초래한 것으로 보인다.

전기가사는 시조와 더불어 주로 화자의 정서나 의지를 표출하는 도구로 사용되었다. 반면에 조선후기로 오면서 서정시의 기능은 시조나 잡가에 넘기고, 가사는 봉건체제의 제 모순이 극대화된 상황에서 파생된 이러저러한 현실의 문제들을 구체적으로 제시하고 알리며 해결하기 위한 도구로서의 기능을 강화시켜 나간다. 계급질서의 동요, 정치권력의 부패와 민의 동요, 향촌의 붕괴 등 봉건체제 와해의 양상들은 하층민뿐만 아니라 향촌의 지배층들에게도 존립기반을 위협하는 요인으로 작용하였다.76) 이에 각 사회단위별 계층별로 이러한 문제들에 대해 고민하고 나름의 해결방안을 모색하게 되었고, 그것을 가사를 통해 표현했던 것이다. 이 과정에서 가사는 자연스럽게 구체적인 삶의 문제를 담게 되었던 것이다.

또 하나의 요인은 가사체의 보편화라 할 수 있다. 우리는 흔히 인물의 행위, 배경, 경물들의 자세한 묘사라든가 김치 담그는 법, 장 담그는 법, 아이 기르는 법, 기행문 등은 운문보다는 산문으로 기록하고 읽는

---

75) 조선후기 가사가 서사적, 주제적 특성을 확대 내지 강화시킨다는 것은 기존논의에서 여러 번 언급된 바 있다. 하지만 기존논의에서는 모든 가사가 근본적으로 주제적 양식 또는 교술갈래로 규정될 수 있으며, 주제적 양식이나 교술갈래라는 장르적 성격을 전환시키지 않는 한도 내에서 전기가사는 서정적 성격이 강하게 나타나며, 후기가사는 서사적 성격이나 주제적 성격이 확대 내지 강화되는 것으로 보았다.
76) 이에 대한 구체적인 논의는 박연호, 「조선후기 교훈가사 연구」(고려대 박사논문, 1997) 참조.

것이 훨씬 편하고 의미전달도 정확할 것으로 생각한다. 그러나 그것은 묵독(默讀)과 산문에 익숙한 근대인의 생각일 뿐, 동서양을 막론하고 성독(聲讀)과 율독(律讀)에 익숙했던 중세인들에게는77) 산문보다 율문이 훨씬 편하고 보편적인 표현수단이었던 것으로 보인다.

또한 4음보는 조선시대 시가뿐만 아니라 민요와 판소리, 소설에서조차 광범위하게 나타나는 바, 4음보 율문은 근대 이전의 문학에서 가장 보편적인 표현도구였다고 할 수 있다. 이 때문에 4음보 율문의 가사체는 장르교섭과 관련하여 국문학 연구 초기부터 주목받아 왔으며, 정재호는 이러한 현상을 '가사체의 보편화'라고 했다.78)

조선후기 가사의 내용적, 장르적 개방성은 당대에 '가사체'가 표현도구로서 차지하고 있었던 이와 같은 위상에 기인하는 것으로 생각된다. 즉 조선후기 가사가 주제적 양식이나 서사적 양식을 지향하여 자신의 장르적 특성을 바꾼 것이 아니라, 우리의 시각에서 볼 때 서사적 양식이나 주제적 양식으로 서술되어야 할 것들이 가사체로 서술되었다고 보는 편이 옳다고 생각한다. 다시 말해 조선후기 가사가 새로운 내용을 담기 위해 자신의 장르적 성격을 바꾼 것이 아니라, 모든 양식을 담아낼 수 있는 가장 익숙하고 보편적인 표현도구로 가사체가 선택된 것이라 생각한다.79)

---

77) 서구의 독서습관에 대해서는 알베르토 망구엘 저, 정명진 옮김, 『독서의 역사』(세종서적, 2000), 제 2장 「눈으로만 읽은 독서」 참조.
78) 정재호, 『한국가사문학론』(집문당, 1990), 17면.
79) 조선후기의 가사체에 대한 이와 같은 인식은 전기와 다르다. 조선전기 시조는 응축과 긴장을 통해 사대부의 서정을 표출하는 도구로 사용되었다. 반면에 가사체는 이완과 확장을 통해 성리학적 이기론에 의거 균형과 질서에 의해 통제되는 강호자연과 그것을 통해 홍발된 사대부의 감흥을 담아내던 특수하고 제한된 도구로 사용되었다. 즉 조선전기에는 시조나 가사가 한문학의 여기(餘技)로 인식되었으며, 문학 담당층에게 가사체는 시조와 동등하거나 시조보다 비중이 떨어지는 대단히 제한된 표

이 글에서는 조선후기 가사의 서사화 경향 내지 서사성 확대, 산문화와 장편화 등과 관련된 문제는 다루지 않았다. 전자는 조선후기 설화나 야담을 비롯한 짧은 서사물들과, 후자는 필기류 등의 산문과 여로 모로 관련되어 있는 것으로 보인다. 하지만 좀더 구체적인 검토가 필요하며, 결론에서 소략하게 언급한 지배적인 장르의 전환 문제와 더불어 조선후기 예술사의 흐름, 인식체계의 변화, 당대 표현매체로서의 가사체의 위상, 가사의 소통적 기능 등 다양한 관점에서 접근해야 하리라 생각한다. 따라서 이 문제는 조선후기 가사의 장르적 성격을 다루는 자리에서 본격적으로 논의할 예정이다.

〔古典文學硏究 第17輯, 2000. 6.〕

현도구로 인식·수용되었던 것으로 보인다. 하지만 조선후기에는 앞서 지적한 바, 가사체가 가장 보편적이고 익숙한 표현도구로 인식되었던 것이다.

가사체의 보편화는 가사의 향유층이 한자가 아닌 우리말과 글로 문자생활을 하는 계층으로의 중심이동을 통해 가능했던 것으로 보인다. 조선후기 가사에서 가장 많은 비중을 차지하는 것이 교훈가사, 규방가사, 기행가사이다. 교훈가사는 가문이나 향촌의 피지배층을 교화할 목적으로 창작·소통되었으며, 규방가사는 규방여성들을 교육하거나 자신들의 생활과 정서를 표출하기 위한 도구로 사용되었다. 기행가사도 19세기로 가면서 여행안내서나 낯선 곳에 대한 소개, 와유지자(臥遊之資)로서의 기능에 주력하게 되는데, 이 경우 가문 내의 여성들과 자손들이 중요한 수용층이 된다. 즉 이 작품들의 수용층은 대부분 우리말과 글로 문자생활을 하던 계층들이다.

가사의 장르적 성격과 미적구현방식

1. 서론

　가사의 장르적 특성을 해명하려는 노력은 두 가지 방향에서 이루어졌다. 하나는 가사의 장르적 특성을 이론적 장르의 차원에서 해명하려는 노력이고, 다른 하나는 역사적 장르의 차원에서 해명하려는 노력이다. 전자는 가사가 서정이나 서사 등 서구의 갈래 체계 중에서 어디에 해당하는가를 규명하려고 노력하였다. 반면에 후자는 형식이나 내용적인 측면 등에서 가사의 특성을 규명하려 노력하였다.
　가사의 장르적 성격과 관련된 지금까지의 논의는 대부분 전자를 지향해왔다. 이렇게 된 데는 가사 장르론이 국문학의 체계를 정립하는 과정에서 연구의 필요성이 제기되었다는 상황과 무관하지 않다. 서구의 장르론적 관점에서 볼 때 가사는 어디에도 귀속시키기 애매한 골칫거리였지만, 장르를 기준으로 국문학의 체계를 수립하기 위해서는 가사의 장르문제가 어떻게든 해결되어야 했던 것이다. 그 결과 가사를 하나의 장르에 대응시키기도 하고 복수의 장르에 대응시키기도 했다. 그러나 논자마다 장르구분의 기준도 다르고, 이론적 장르와 역사적 장르의 관계를 바라보는 시각이 달라서 아직까지 일정한 합의점에 도달하지 못하고 있다. 때문에 이 문제를 다시 검토해 볼 필요가 있다.

장르론의 목적은 문학을 분류하는 데 있는 것이 아니다. 그것은 특정 작품군 내지 개별 작품의 특성을 근본적인 차원에 이해하는 데 있다. 개별 작품 내지 특정 역사적 장르의 특성을 규명하기 위해서는 동일한 이론적 장르 내에서 해당 역사적 장르가 갖는 독자성을 규명해야만 된다. 그럼에도 불구하고 아직까지 이 부분에 대한 연구는 대단히 미진한 실정이다.

해당 역사적 장르의 독자성 내지 특성은 담당층의 기대지평에 가장 잘 반영되어 있다. 해당 장르의 담당층은 그것을 이론적으로 정위하기 전에 이미 창작, 향유, 유통하고 있기 때문이다. 장르론은 이렇게 형성된 기대지평을 이해하고 규명하는 것이며, 필자는 가사의 기대지평이 미적 형상화 방식, 즉 시상전개방식과 대단히 밀접하게 관련되어 있다고 생각한다.

2. 기존논의의 검토

가사 장르론에 관한 연구는 주로 가사가 문학의 장르체계 중 어디에 귀속되는가에 집중되어 왔다. 조윤제는 문학을 운문 : 산문의 구도에서 볼 때, 가사는 형식상 시가(詩歌)이며 내용상 문필(文筆)이라고 하였다[1] 그리고 문학을 시가(詩歌), 가사(歌辭), 소설(小說), 희곡(戱曲)으로 구분하고, 가사를 종래의 3분법 어디에도 속하지 않는 제4장르로 규정하였다.[2] 장덕순은 문학을 서정적양식, 서사적양식, 극적양식으로 나누고, 가사를 주관적이고 서정적인 가사(서정적 양식)와 객관적이고 서사적인 가사(서사적 양식)로 나누었다.[3] 그리고 전자는 시가로 후자는 수필

---

1) 조윤제, 『조선시가의 연구』(을유문화사, 1948), 127면.
2) 조윤제, 『國文學槪說』, 「국문학의 유형과 체계」(동국문화사, 1955).

로 규정하였다.4) 최강현도 가사를 시가문학이자 수필문학이라 하였으며5) 서원섭도 내용상으로는 시가적인 것과 수필적인 것이 있다고 하였고,6) 이능우도 수필로 보았고,7) 정병욱은 가창된 시가문학으로 보았다.8) 정재호는 가사가 형식상 시적 성격과 산문적 성격이 공존하는 것으로 보았다.9) 주종연, 정재호, 이동영, 윤석창, 성기옥, 김흥규10) 등도 가사를 복합장르로 보고 있다. 이에 반해 조동일, 김병국, 김학성, 성무경11) 등은 가사를 단일장르로 규정하고 있다.

가사를 단일장르로 보든 복합장르로 보든, 가사의 장르복합성에 대해서는 누구나 동의하고 있다. 가사 장르론의 가장 큰 쟁점은 장르복

---

3) 장덕순, 『국문학통론』(신구문화사, 1960), 41면.
4) 장덕순, 앞의 책, 181면.
5) 최강현, 『가사문학론』(새문사, 1986), 11~16면.
6) 서원섭, 『가사문학연구』(형설출판사, 1991), 38~39면.
7) 이능우, 『입문을 위한 국문학개론』(국어국문학회, 1954), 117~119면.
8) 정병욱, 『한국고전시가론』(신구문화사, 1976), 198면.
9) 정재호, 『한국가사문학론』(집문당, 1982), 10면.
10) 주종연은 가사를 서정적인 것과 서사적인 것으로 나누고, 수필의 일종으로 파악했다가, 다시 서정적인 것, 서사적인 것, 교시적인 것으로 나누었다〔「가사의 장르고」, 『논문집』3집(서울대교양학부, 1971), 「가사의 장르고Ⅱ」, 『국어국문학』62~63집(국어국문학회, 1973), 「가사의 장르고Ⅲ」, 『논문집』(국민대, 1978)〕.
    정재호는 장르상 서정적, 교훈적, 서사적 가사가 공존하는 것으로〔앞의 책, 12~13면〕, 이동영은 서정적 양식, 서사적 양식, 교술적 양식 등이 〔『가사문학논고』(부산대출판부, 1987), 74~75면〕, 윤석창은 서정성·서사성·희곡성·교훈성 등이〔『가사문학개론』(깊은샘, 1991), 76~82면〕 각각 복합되어 있다고 보았다.
    한편 김흥규〔『한국문학의 이해』(민음사, 1986), 118면〕는 중간혼합적 갈래로, 성기옥은 서정적 양식과 주제적 양식이 복합된 장르로〔「국문학 연구의 과제와 전망-국문학의 범위와 장르문제를 중심으로-」, 『이화어문논집』 12집(이화여대 한국어문연구소, 1992)〕.
11) 조동일은 교술, 김병국은 주제적 양식 중 에포스$epos$로, 김학성은 주제적 양식으로, 성무경은 전술장르로 규정하고 있다.

합성이 특정한 장르의 자장 안에서 다양한 장르 내지 양식적 특성들이 부분적 또는 부차적 요소로 작용하고 있는 것으로 보는가, 아니면 작품에 따라 다른 장르로 실현되었다고 보는가이다. 이 문제는 이론적 장르와 역사적 장르의 관계에 관한 인식의 차이와도 관련이 있다.

가사 장르연구는 조동일의 「가사의 장르규정」[12]에 이르러 국문학의 장르체계 속에서 체계적이고 이론적인 차원에서 이루어지게 되었다. 그의 선구적 업적은 이후 여러 연구자들에 등에 의해 비판적으로 검토되면서 가사 장르론 연구가 본격적인 궤도에 들어설 수 있는 토대가 되었다. 또한 조동일의 연구는 문학장르를 서정, 서사, 희곡, 교술의 4가지로 나눔으로서 처음으로 제4장르를 문학사에 등장시켰다. 제4장르를 받아들임으로서 서구의 모방론적 문학관에서 볼 때 문학의 범위에서 제외될 수밖에 없었던 국문학의 많은 역사적 장르들을 문학의 범위에 포함시킬 수 있는 여지를 마련하게 되었던 것이다.

하지만 조동일의 장르체계는 여러 연구자에 의해 지나치게 단정적이어서 하위 장르와의 괴리가 크다는 점이 지적되었다. 게다가 그는 가사가 서정, 서사, 희곡이 아니기 때문에 '교술'이라고 하였다. 개별적인 논의의 타당성을 차치하고서라도, 세 가지 중 어디에도 속하지 않기 때문에 나머지 하나에 귀속된다는 논리에는 문학장르가 오로지 4개 밖에 존재하지 않는다는 전제가 깔려있다.

그러나 장르의 숫자는 고정된 것이 아니다. 게다가 가사 중에는 <계한가>나 <노처녀가>처럼 플롯의 지배를 받는 서사장르가 분명히 존재하며, <상춘곡>뿐만 아니라 <상사별곡>처럼 서정장르도 존재한다.[13]

---

12) 조동일, 「가사의 장르규정」, 『어문학』 22(한국어문학회, 1969).
13) 자세한 논의는 박연호, 「장르구분의 지표와 가사의 장르적 성격」, 『고전문학연구』 17집(한국고전문학회, 2000), 「조선후기 가사의 장르적 특성」,

범주적 장르론의 문제점을 지적하며 대안을 제시한 연구자가 김홍규이다. 그의 장르론은 헤르나디의 이론에 근거한 것으로, 그는 장르에 관한 인식 중 두 가지 문제점을 지적하고 있다. 첫째, 큰 갈래 즉 이론적 장르는 시대와 문화권을 초월해서 통용되는 보편적 범주로 생각하는 점, 둘째, 큰 갈래들이 서로 준별되는 범주적 개별성을 띤다고 보는 점이다.

이런 인식에서 벗어나 큰 갈래를 역사적 갈래들의 이해를 위한 좌표적 개념틀로 받아들이고, 역사적 장르들도 개별 작품들의 규범 이탈이나 변형을 잘 허용하는 것과 그렇지 않은 것이 있음을 지적하였다.[14] 이로 인해 특정 작품군뿐만 아니라 개별 작품들을 하나의 범주에 가두지 않고, 다양한 특성들을 공유한 스펙트럼으로 인식할 수 있게 된 것이다.

그는 가사를 서정적 작품(상춘곡, 사미인곡, 속미인곡)과 서사적 작품(노처녀가, 거사가), 이념적·교훈적 작품이 공존하는 혼합갈래로 보았다. 또한 조선전기 강호가사는 서정적 정조를 띠는 경우가 많았지만, 조선후기에는 현실적인 문제에 대한 관심의 확대, 여성 및 평민 작자층의 성장, 주제와 표현방식의 다변화, 사대부 가사의 체험적 구체성 중시 현상 등으로 인해 강호가사의 서정적 기풍은 퇴조했다고 하였다. 특히 <노처녀가>에서 가사는 전형화된 갈등의 서사적 전개까지 영역을 확대하고 있음을 지적하였다.[15] 필자의 장르연구는 김홍규의 이와 같은 시각에 힘입은 바 크다.

한편 김병국, 김학성, 성무경 등은 가사를 주제적 양식과 전술장르로 규정하고 있다.[16] 김병국과 김학성은 각각 주제적 장르와 주제적

───────────

『한국시가연구』13집(한국시가학회, 2003) 참조.
14) 김홍규, 앞의 책, 33~34면.
15) 김홍규, 앞의 책, 118~122면.

양식으로 규정하고 있다.

김병국은 프라이[17]의 이론으로 볼 때, 가사는 에포스에 해당되는 그 무엇이며, '교술' 내지 교시적인 내용으로 볼 때, 주제적 장르에 속한다고 하였다. 그리고 헤르나디의 문학적 진술양식(시점)의 측면에서 볼 때, 가사는 서정적, 서사적, 극적, 주제적 양식의 본질에서 볼 수 있다고 하였다.[18]

김학성은 애초 「가사의 장르성격 재론」에서 기야르 *Guérard* 의 장르이론에 의거, 가사는 서정의 형식에 각각 서정적, 서사적, 교술적 정신이 투영되었다고 하였다. 그러나 「歌辭의 實現化過程과 近代的 指向」에서는 헤르나디의 진술방식의 측면에서 볼 때, 가사는 본질적으로 주제적 양식에 기반하면서 때로는 의사 서정적 양식(<사미인곡>)을, 때로는 의사 서사적 양식(<관동별곡>)을, 때로는 의사 극적 양식(<속미인곡>)을 보이기도 한다고 하였다.[19]

두 논의의 문제점은 헤르나디의 이론에 의거해 논의를 진행하면서, 정작 주제적 양식과 서정적 양식의 개념을 헤르나디와는 전혀 다르게 사용하고 있다는 점이다.[20] 더 큰 문제는 그 결과가 이후 몇몇 연구자

---

16) 이들의 연구 성과에 대해서는 필자가 기존연구(「장르구분의 지표와 가사의 장르적 성격」)에서 다룬 바 있어, 이 글에서는 기존논의와 중복되지 않는 선에서 논의를 전개하도록 하겠다.

17) Nothrop Frye, *Anatomy of Criticism*, princeton:N.J., Princeton University Press, 1957. 임철규 譯, 『批評의 解剖』(한길사, 1982).

18) 김병국, 「쟝르론적 관심과 가사의 문학성」, 『현상과 인식』(1977 겨울). 『한국 고전문학의 비평적 이해』(서울대출판부, 1995)에 「가사의 장르적 성격과 문학성」으로 재수록. 여기서는 후자를 참고했음. 같은 책, 167~168면.

19) 김학성, 「가사의 장르성격 재론」(백영정병욱선생환갑기념논총, 1982), 「가사의 실현화과정과 근대적 지향」, 『근대문학의 형성과정』(문학과 지성사, 1983). 『國文學의 探究』(성균관대학교출판부, 1987)에 재수록. 여기서는 후자를 참고했음. 같은 책, 147면.

들에 의해 무비판적으로 답습되었다는 점이다.

최근에 제출된 가사 장르 관련 논문으로 성무경의 박사논문이 있다.[21] 그의 논의에서 가장 주목되는 점은 진술이 기법적 차원의 작품의 한 구성요소인지, 아니면 유기적 작품을 이루는 원리인지에 따라 진술방식과 진술양식을 구분하고 있다는 점이다.[22] 이렇게 함으로서 단순한 기법의 문제와 장르적 실현을 명확하게 구분할 수 있게 된 것이다.

이런 미덕에도 불구하고 그의 논의는 받아들이기 어려운 몇 가지 문제를 안고 있다. 그는 장르 문제를 서구 장르론의 전통인 모방론에서 벗어나 양식론의 차원에서 접근해야 한다는 전제 하에서 논의를 시작하고 있다. 이는 서정적, 서사적, 극적, 교술적이란 수식어가 문학적 '형식'에서 추출된 개념이라고 생각하고 있기 때문이다.[23] 그러나 앞서 밝힌 바, 문학적 형식을 기준으로 분류된 것은 서사와 극뿐이며, 서정과 주제장르는 모방 또는 표현대상을 기준으로 나눈 것이다.

개별 장르의 개념 중 서사와 극에 관한 그의 규정은 기존논의와 대동소이하다. 문제는 서정과 전술이다. 그는 서정장르의 지표로 시행발화와 의미의 율동성, 서술의 억제 등을 들고 있다. 하지만 율동성은 문학 언어뿐만 아니라 언어가 갖고 있는 보편적인 특성이며, 서술의 억

---

20) 시점(사적시점과 주석적 시점)에 관한 부분은 프라이의 이론을 적용하고 있고, 담화양식은 행동하기(action), 보여주기(vision) 등으로 오역하였다. 자세한 논의는 박연호, 앞의 논문〔「장르구분의 지표와 가사의 장르적 성격」〕참고.
21) 성무경, 「가사의 존재양식 연구」(성균관대 박사논문, 1997).
22) 필자도 앞의 논문〔「장르구분의 지표와 가사의 장르적 성격」〕에서 지배성이란 개념을 사용하여 특정한 장르의 지표가 작품전체를 지배하는 원리로 작용하는가 아니면 부분에만 적용된 한정적인 특성인가를 장르실현의 중요한 지표로 제시한 바 있다.
23) 성무경, 앞의 논문, 21면.

제도 억제나 확장을 판별할 수 있는 기준자체가 모호하다.

전술은 더 많은 문제를 안고 있다. 전술은 노래하기에 이끌리고 있으며 서술의 평면적 확장을 이룬다고 하였다. 그리고 전술장르를 대표하는 종이 가사라고 하였다. 무엇을 근거로 전술이 노래하기에 이끌리고 있다고 하는지? 가사가 전술장르를 대표하는 종이라는 주장이 어떻게 가능할 수 있는지 이해할 수가 없다.

전술장르에 해당하는 다른 역사적 장르들이 무엇인지 명확하게 제시하지는 않았지만, 아마도 수필이나 기행문, 속담이나 격언 정도가 될 것인데, 이것들은 노래하기와 아무런 관련이 없다. 때문에 가사는 전술장르를 대표할 수 없다.

성무경의 논리로 볼 때, 노래하기는 서정의 특성이고 서술의 확장은 서사의 특성이라 할 수 있는데, 가사는 물론이고 이것들이 결합된 예를 다른 전술장르에서는 발견하기 힘들다. 이것은 그가 가사를 전술장르의 대표적인 종이라고 전제한 후 거기에 장르의 규정을 끼워 맞춘 결과라고 생각한다.

결국 서정과 전술에 관한 한 그의 장르규정은 이 용어들이 갖고 있는 기대지평을 전혀 충족시켜주지 못하고 있다. 그 이유는 앞서 언급한 바, 그가 모방론적 관점은 철저히 배제하고 오로지 형식적 차원에서 장르들의 개념을 규정하려했기 때문이다.

그가 의도한 바, 각 장르들의 개념을 새롭게 지정하고[24], 장르류와 장르종 개별 작품의 질서를 포괄하는 일원적 차원의 장르체계를 세움으로서 새로운 장르론적 구도를 마련하려면,[25] 역사적 형성과정과 분류의 기준이 서로 다른 서구의 장르개념에서 벗어나, 새로운 개념어를 고안하여 전혀 다른 차원에서 논의를 진행해야 가능할 것이다.

---

24) 성무경, 앞의 논문, 191면.
25) 성무경, 앞의 논문, 5~6면.

3. 가사의 장르적 성격

가사의 장르적 성격을 이야기하기 전에 먼저 서구의 장르체계에 대한 몇 가지 전제가 필요하다.

첫째, 현재의 3분법이나 4분법의 장르체계는 연역적 추상의 결과가 아니라 귀납적 경험을 반영하고 있다는 점이다. 근대 이후의 장르론은 오래토록 3분법의 지배를 받았다. 그리고 3분법에서 각 장르를 구분하는 가장 전통적인 기준은 시점이다. 작가와 등장인물의 시점이 교차하는 것(서사), 등장인물의 시점만 존재하는 것(극), 작가의 시점만 존재하는 것(서정) 등이 그것이다. 그러나 이 규정은 제4장르가 설정됨으로서 단번에 무너지고 만다. 등장인물과 작가의 시점만으로는 제4장르를 포괄할 수 있는 경우의 수가 존재할 수 없기 때문이다.[26]

3분법이든 4분법이든 이론적 장르의 개별적인 개념들은 동시에 발생하여 하나의 기준으로 나뉜 것이 아니다. 플라톤과 아리스토텔레스는 애초 인간의 행위를 모방한 서사시와 극- 특히 비극 -만을 문학으로 인식했으며, 그것들은 처음부터 플롯을 전제로 하면서 시점(목소리)에 의해 명확하게 구분되었다. 이것은 지금도 마찬가지이다.

이어서 18세기에 서정이 '감정의 모방'이라는 점에서 제3의 장르로 편입되었고, 20세기에 들어와서야 교훈장르, 주제적 양식 등으로 불리는 제4장르가 설정된 것이다. 즉 각 장르의 개념은 문학의 범위가 확대되면서 단계적으로 확대·규정된 것이다.[27] 이는 장르론자의 관심과 필

---

26) 주관과 객관을 기준으로 서정, 서사, 극을 분류한 경우에도 제4장르를 포괄할 수 없기는 마찬가지이다. 이 경우에도 주관, 객관, 주관+객관이라는 3가지 경우의 수 이외에는 존재할 수 없기 때문이다. 세 가지 장르를 과거, 현재, 미래와 연계시킨 것도 마찬가지이다.
27) 자세한 논의는 박연호, 앞의 논문(「장르구분의 지표와 가사의 장르적 성격」) 참조.

요에 의해 장르가 4가지 이상으로 늘어날 수 있음을 의미한다.28) 때문에 경험적이고 귀납적인 대상을 연역적 차원에서 체계화하고 정의하려는 시도는 그 자체가 논리적 모순을 안고 있을 수밖에 없는 것이다.

또 하나의 전제는 역사적 장르와 이론적 장르가 1:1의 대응관계를 맺어야할 아무런 필연성이 없다는 점이다. 그것은 향가·경기체가·시조·가사와 같은 역사적 장르들이 서정·서사·극과 같은 이론적 장르와는 전혀 무관한 차원에서 기대지평이 형성되었기 때문이다.29)

장르론의 중심적인 대상은 서정과 제4장르이다. 서사시와 극은 처음부터 플롯과 시점에 의해 명확하게 구분되었기 때문이다. 서정시와 제4장르의 기대지평을 비교적 잘 드러내고 있는 것이 헤르나디와 조동일의 장르론이다.

헤르나디는 시점과 담화양식으로 둘을 구분하고 있다. 서정적 양식은 사적시점으로 새로운 비전을 만들어 내는 반면, 제4장르(주제적 양식)은 주석적 시점으로 설정된 비전을 제시한다고 하였다. 서정적 양식은 화자가 나름의 시각(사적시점)으로 대상(세계)을 내면화함으로서 새로운 의미를 창출(비전의 설정)하는 것을 의미한다. 그리고 주제적 양식은 진리나 객관적인 사실(설정된 비전)을 있는 그대로 제시하는 것(주석적 시점)을 의미한다.30)

이는 조동일이 세계의 자아화와 비특정전환표현(非特定轉換表現)으

---

28) 김홍규는 "큰 갈래는 그 초시대적, 凡文化的 실재성을 믿는 논자들이 주장하듯이 어떤 시대 어느 문학에나 통용되는 보편적인 범주 혹은 완전한 체계일 수 없다."라고 함으로서 이 문제를 적실하게 지적하고 있다. 김홍규, 앞의 책, 33면.
29) 자세한 논의는 박연호, 앞의 논문(「장르구분의 지표와 가사의 장르적 성격」) 참조.
30) 헤르나디의 이론에 대한 자세한 논의는 박연호, 앞의 논문(「장르구분의 지표와 가사의 장르적 성격」) 참조.

로 규정한 서정과, 자아의 세계화와 비전환표현(非轉換表現)으로 규정한 교술31)과 개념적으로 많은 부분을 공유한다.

각 장르의 개념을 이렇게 볼 때, 조선전기 가사는 대부분 서정장르에 해당한다. 그러다가 17세기로 넘어가면서 주제장르가 지배력을 확장하고, 대신 서정장르는 위축되는 양상을 보인다. 그러나 18세기 이후에는 주제장르가 지배적인 장르로 자리를 잡은 가운데, 서정장르는 가창가사와 규방가사를 중심으로 새로이 발전하게 된다. 그리고 극히 미미하나마 가사에서 서사장르는 짧고 간단한 구비서사물을 가사화하면서 서사장르로 실현되기도 하였다.

그러나 1인칭 주인물시점과 시상의 나열과 통합을 통한 시상전개방식, 그리고 스토리의 전개보다는 장면화에 치중하는 가사의 양식적 특질 등은 서사가사가 더 이상 발전하지 못하고 가사문학에서 주변적인 존재로 남게 되는 원인으로 작용하였다.32)

4. <서호별곡>의 시상전개방식

앞서 살펴본 바, 가사 장르론은 가사가 큰 갈래 중 어디에 귀속되는가라는 문제에 집중되어 왔다. 반면에 역사적 갈래로서의 가사 자체의 독자성과 기대지평에 대해서는 4음보 연속체라는 형식적 특성 외에는

---

31) 조동일, 「자아와 세계의 소설적 대결에 관한 시론」, 『한국소설의 이론』 (지식산업사, 1971).
32) 자세한 논의는 박연호, 「장르구분의 지표와 가사의 장르적 성격」, 『고전문학연구』 17집(한국고전문학회, 2000), 「옥국제 가사의 장르적 성격과 그 의미」, 『민족문화연구』 33호(고려대 민족문화연구원, 2000), 「17세기 가사의 장르적 특성」, 『우리어문』 18(어리어문학회, 2002), 「장르론적 측면에서 본 17세기 강호가사의 추이」, 『어문논집』 45(민족어문학회, 2002), 「조선후기 가사의 장르적 특성」, 『한국시가연구』 13집(한국시가학회, 2003) 등을 참조.

거의 연구된 바가 없다.

필자는 가사의 독자성과 기대지평이 독특한 시상전개방식에 있다고 생각한다. 그리고 조선시대 전시기에 존재했던 다양한 작품들을 대상으로 이를 검증한 바 있다.[33] 이에 본 절에서는 필자가 기존논의에서 다루지 않았던 <서호별곡>을 대상으로 가사의 미적 구현방식을 살펴보도록 하겠다. 노래로 가창되었던 가사는 미적 구현방식이 음악 형식과 밀접하게 관련되어 있을 것이기 때문에, 악조 표시가 되어 있는 <서호별곡>은 전기가사의 음악성을 증명할 뿐만 아니라, 가사의 미적구현방식을 해명할 수 있는 좋은 자료라고 생각한다.

이 작품은 허강(許橿:1520~1592)이 지금의 서울 서빙고동(西氷庫洞) 부근에서 마포 서강(麻浦西江)까지 선유를 하며, 한강의 풍경과 흥취를 노래한 선유가사(船遊歌辭)이다. 특히 양봉래소전본(楊蓬萊所傳本)에는 악조표시가 되어 있는데, 봉래(蓬萊) 양사언(楊士彦: 1517~1584)에게 보내면서 33절(三十三節)을 '삼강팔엽(三腔八葉)'으로 고쳐서 악부(樂府)에 싣는 과정에서 첨가된 것이다.

<서호별곡>은 전강(前腔)을 기준으로 세 개의 큰 단락으로 나뉜다. 그리고 각각의 큰 단락은 몇 개의 작은 단락으로 이루어져 있다.

첫 번째 큰 단락은 두 개의 작은 단락으로 나누어져 있으며, 첫 번째 작은 단락은 선유를 하게 된 동기가 간략하게 제시되어 있다.

  聖代예 逸民이 되어 湖海예 누어이셔(前腔)
  時序룰 니젇닷다 三月이 져므도다(中腔)
  角巾 春服으로 서녀 번 드리고(後腔)
  檜楫 松舟로 蒼梧灘 건너
  軟沙閑汀의 안즈며 닐며 오며가며 ᄒ여이셔(大葉)

---

33) 자세한 논의는 앞의 주 32) 참조.

一點 蓬島는 눌 위ᄒᆞ여 ᄯᅥ오뇨(附葉)34)

　인용문에는 가는 봄에 대한 안타까움과 그것을 달래기 위한 벗들과의 봄놀이 모습이 그려져 있다. 전강(前腔)과 중강(中腔)은 봄놀이의 동기에 해당하고, 대엽(大葉)은 구체적인 놀이 행위에 해당하며, 각각 독립된 시상을 형성한다. 후강(後腔)은 놀이의 주체로, 독립적 시상을 형성하며 중강(中腔)과 대엽(大葉)의 시상을 이어주는 역할을 한다. 악조상으로 강(腔)은 엽(葉)과 구분되지만, 구문론적 맥락을 중강(中腔)과 후엽(後腔) 사이에서 나눔으로서, 후강(後腔)은 전강(前腔)·중강(中腔)과 대엽(大葉)의 시상을 연결시키는 기능을 한다.

　마지막 부엽(附葉)의 "一點(일점) 蓬島(봉도)는 눌 위ᄒᆞ여 ᄯᅥ오뇨"라는 표현은 봄놀이의 흥분과 기대를 동시에 표현하고 있다. 또한 시선을 '一點(일점) 蓬島(봉도)'라는 구체적 대상으로 옮김으로서 시상을 구체화시키고 있다. 즉 부엽(附葉)은 서두부터 전개한 봄놀이의 흥취를 구체적인 대상에 대한 영탄으로 갈무리하고 있는 것이다. 또한 '一點(일점) 蓬島(봉도)'라는 구체적인 대상은, 이어서 구체적인 대상들을 나열함으로서, 봄날의 정취를 표상할 수 있는 계기를 마련한다. 즉 부엽(附葉)은 단락별 독립적 시상의 완결성과 이어지는 시상과의 연결성을 동시에 추구하고 있는 것이다.

　'一點(일점) 蓬島(봉도)'로 환기된 봄날의 정취는 두 번째 작은 단락에서 좀더 다양한 대상들로 옮겨간다.

　　春日이 載陽ᄒᆞ야 有鳴鶬鶊이어든
　　女執 懿筐ᄒᆞ야 爰求 柔桑이로다(大葉)

---

34) 楊蓬萊所傳本. 이하 같음.

瞻彼 江漢ᄒ야 聖化를 알리로다(二葉)
漢之 廣矣여 不可 泳思ㅣ며
江之 永矣여 不可 方思ㅣ로다(三葉)
묻노라 洞赤이 丹砂 千斛을 뉘라셔 머므로뇨(附葉)

  대엽(大葉)에서는 鶊鶊(창곡)의 울음소리와 뽕잎을 따는 여인을 통해 봄날의 정취를 표현하고 있다. 그리고 이엽(二葉)에서 화자는 강 건너의 한가로운 풍경을 보며 성화(聖化)를 연상한다. 삼엽(三葉)에서는 완전히 이념화된 강(聖化)의 넓음(廣)과 영원함(永)을 노래하고 있다. 그리고 부엽(附葉)에서 시선을 동작(洞赤, 洞雀)나루의 '丹砂千斛(단사천곡)'35)으로 옮기고, 감탄으로 시상을 마무리하고 있다. 여기까지가 한강의 풍경을 노래한 부분이라 할 수 있는데, 시선이 '軟沙閑汀(연사한정)' → '一點蓬島(일점봉도)' → '洞赤(동적)'으로 점차 구체화하는 방식으로 시상을 전개시키고 있다.

  그리고 여기에서도 부엽(附葉)의 '丹砂千斛(단사천곡)'은 '廖井(요정)' 고사36)로, 다음 단락의 전강(前腔)과 연결됨으로서 시상이 연계된다. 이런 점에서 이 단락에서의 부엽(附葉)도 단락의 독립된 시상을 완결시키는 동시에 다음 단락의 시상을 환기 내지 연계시키는 기능을 한다.

  한편 앞 단락의 전강(前腔)과 중강(中腔)은 '석춘(惜春)'이라는 봄놀이의 동인일 뿐만 아니라 봄이라는 계절적 분위기를 환기시킴으로서

---

35) 동작나루는 원래 '동재기나루'라고 불렀는데, 나루 주변 강변일대에 구릿빛 돌들이 많아 그렇게 불렀다고 한다. 붉다는 뜻의 '洞赤'이라는 이름도 여기에서 유래한 것으로 보인다.

36) 廖井故事 : 余亡祖鴻臚少卿 曾爲臨沅令云 此縣有廖氏家 世世壽 考或出百歲或八九十 後徙去 子孫多夭折 他人居其古宅 復如舊 後累世壽 考由此 覺是宅之所 爲 而不知其何故 疑其井水殊赤 試掘井左右 得丹古人埋砂數十斛 此丹砂汁因泉漸入井 是以飮其水而得壽『抱朴子』, <仙藥>.

첫 번째 작은 단락의 대엽(大葉)과 부엽(附葉), 그리고 두 번째 작은 단락의 시상이 전개될 수 있는 계기로 작용하고 있다.

즉 첫 번째 큰 단락은 전강(前腔)과 중강(中腔)에서 시상을 마련하고, 대엽(大葉) 이하에서 시상을 전개시키며, 부엽(附葉)에서 완결시키는 구조로 서술되어 있는 것이다. 그리고 단락별 시상의 연결은 앞 단락의 부엽(附葉)에서 다음 단락의 시상을 예비하는 방식을 사용하고 있다. 이러한 특성은 두 번째 큰 단락으로 시상을 연결하는 경우에도 마찬가지이다.

두 번째 큰 단락은 네 개의 작은 단락으로 구성되어 있다.

첫 번째 작은 단락은 앞 단락의 부엽과 '廖井(요정)' 고사(故事)로 시상이 연결된다.

  臨汎 古縣이 廖氏의 舊業이로다(前腔)
  別區 漁村는 露河ㅣ란 말가
  王維 輞川이야 柳州 露江이라
  魚罾ㅣ 在梁ᄒ니이 너의 生涯로다(中葉)
  濟川 舟楫은 傅岩 殷說이오
  宛轉 龍灘은 龍門 八折이오
  十里 平蕪는 洛陽 天津이오
  龍山 落帽臺는 孟嘉 陣跡이오
  撲地閻閻은 滕王 古郡이오
  麻浦 牙檣은 淇園 綠竹이오
  瓮店 烟花는 虞氏 河濱이오
  西江을 ᄇ라ᄒ니 林處士 西湖ㅣ오
  덜머리 구버ᄒ니 蘇仙의 赤壁이론 듯(大葉)
  巴陵이 어듬에오
  洞庭湖 靑草湖ㅣ 七百里 횟도라

彭蠡 震澤과 雲夢 瀟湘이 衡陽의 形勝이로다(附葉)
彌漫 沙際논 陽鳥의 攸居ㅣ로다(小葉)

전강(前腔)에서는 육지쪽의 마을[臨沅(임원) 古縣(고현)]을 '廖氏(요씨)의 舊業(구업)'에 비유하고, 중엽(中葉)에서는 그중에서도 특별한 공간인 노들나루[露河(노하)]를 왕유(王維)와 유종원(柳宗元)의 은거지에 비유하며, 어부의 생애를 노래하고 있다. 대엽(大葉)에서는 앞에서 조성한 이미지를 한강주변으로[濟川(제천) ; 한남동(漢南洞) 제천정(濟川亭) 아래−龍灘(용탄) ; 용산(龍山) 부근−麻浦(마포)−西江(서강)−덜머리)]로 확산시킨다.

여기에서는 각각의 경물들을 전강(前腔)이나 중엽(中葉)과 마찬가지로 중국의 고사(故事)에 비유하는 동일한 구조로 열거함으로서 동일한 이미지를 반복적으로 열거하고 있다.

그리고 부엽(附葉)에서는 한강의 모습을 중국 호남성 주변의 아름다운 호수들에 비유함으로서, 앞서 열거한 시상을 갈무리한다. 소엽(小葉)은 부엽(附葉)과 마찬가지로 '∼은 ∼의 ∼이로다'라는 동일한 구조로 서술되어 있다. 여기에서는 넓게 펼쳐진 모래사장을 양조(陽鳥)의 유거(攸居)로 표현하고 있는데, 양조(陽鳥 ; 기러기 또는 학)는 다름 아닌 화자의 은유물이다.

여기에서 주목되는 것은 일반적으로 전강(前腔)부터 소엽(小葉)까지가 일반적인 악곡배열과 크게 다르다는 점이다. 인용문에서는 '전강(前腔)−중강(中葉)−대엽(大葉)−부엽(附葉)−소엽(小葉)'의 순서로 배치되어 있는데, 일반적인 악곡배열 상으로는 '전강(前腔)−대엽(大葉)−중엽(中葉)−소엽(小葉)−부엽(附葉)'의 순서가 오히려 자연스럽다.

악곡을 이렇게 재배열할 경우, 전강(前腔)은 '廖氏(요씨)의 舊業(구업)'으로 고현 전체의 이미지를 표상하고, 대엽(大葉)에서 '∼은 ∼이오'

라는 동일한 구조로 한강 주변의 경물들이 나열된다. 중엽(中葉)에서는 노들나루로 시야를 좁혀 어부의 생애를 노래하고, 소엽(小葉)에서는 넓게 퍼진 백사장과 양조(陽鳥)를 통해 화자 자신의 모습을 표상한다. 그리고 부엽(附葉)에서 한강 전체의 이미지를 완결시킨다.

이렇게 배열할 때 시상은 전체(전강)에서 부분(대엽)으로, 개괄적인 풍경(대엽)에서 구체적인 풍경(중엽·소엽)으로 전개되고, 부엽(附葉)에서 전체를 포괄함으로서 완결된다.

때문에 국악 이론에 어두운 필자로서는 이 문제에 대한 명확한 해답을 제시할 수는 없지만, <서호사> 6결을 양사언이 악부에 싣기 위해 3강 8엽, 총 33절로 개작, 수록하는 과정에서 순서가 바뀐 것이 아닐까 추측할 뿐이다.

만일 그렇지 않다면 위와 같은 악곡 배치의 의미를 다음과 같이 추론할 수 있다. 첫째, 빠르기의 변화를 통해 음악적 굴곡을 의도한 것이 아닐까 추측해 볼 수 있다.[37] 또 하나는 시상의 완결성보다는 연계성을 높이기 위한 장치로 볼 수 있다. 즉 부엽은 일반적으로 시상의 연결성보다는 단락을 독립적으로 완결시키는 기능이 상대적으로 강하다. 때문에 시상의 연계성을 높이기 위해 소엽으로 마무리한 것이 아닐까 추측된다. 앞 단락의 '대엽~부엽'에서는 첫 번째 큰 단락과 마찬가지로 전강과 중엽에서 환기한 시상을 토대로 한강일대의 풍경을 차례로 노래하였다.

---

[37] 이창신의 논의에 의하면, 대엽(大葉), 중엽(中葉), 소엽(小葉)의 관계는 일반적으로 선율의 길이, 사설의 자수와 관계된 것이라 한다. 그러나 이·삼·사·오엽은 엽(葉)을 순서에 따라 배열한 것일 뿐, 사설의 자수나 선율의 길이와는 별개의 문제라고 한다[이창신, 「"腔"과 "葉"에 關하여」(서울대 석사논문, 1989), 52면] <봉황음>을 예로 들면, 강과 대엽은 8박 또는 12박으로 제일 길고, 중엽은 4박, 소엽은 3박, 부엽은 2박의 순서로 짧아진다[이창신, 앞의 논문, 7면].

두 번째 작은 단락에서는 화자의 은거지 주변으로 시야를 끌어당긴다. 물론 여기에서도 중국의 고사에 비유함으로서 서술구조상의 반복을 꾀하고 있다.

  三山半落 靑天外오 二水中分 白鷺洲룰
  너우셤 뎌 아희야 네 羊이 어듸 가뇨(大葉)
  金華石室 鬱藍洞天 니 머므런디 四十 餘年이라(中葉)
  묽ᄉ노애 雲窓霧閣은 風月이 閑暇ᄒ야 님자 업슨 네로괴야(小葉)

대엽과 중엽에서는 이백의 시 <등금릉봉황대(登金陵鳳凰臺)>를 차용하여 二水(이수 ; 동작나루와 구반포 사이)를 적송자(赤松子)의 金華石室(금화석실)로 표현하고 있다. 그리고 소엽에서는 시선을 자신의 거처인 '묽ᄉ노애 雲窓霧閣(운창무각)'으로 좁히면서 시상을 마무리하고 있다. 소엽은 '閑暇(한가)함'과 '임자 없음'으로 은자적 이미지를 부각시키고 있다. 중엽과 소엽에서 시야를 자신의 거처로 좁힘으로서 다음 단락의 시상을 예비한다. 즉 소엽은 '대엽~중엽'에서 조성된 시상을 완결시키면서 다음 단락의 시상을 환기시키는 기능을 하고 있는 것이다.

 세 번째 작은 단락에서는 시선이 자신의 은거지인 송호(松湖)[38]에서 바깥을 향하고 있다.

  松湖를 도라ᄒ니 謝公 會稽먀 戴逵 剡溪이라(大葉)
  衡門 之下여 可以 棲遲로다
  泌之 洋洋이여 可以 樂飢이로다(二葉)
  春草 池塘은 靈運 永嘉ㅣ며 周茂叔 濂溪로다(三葉)

---

38) 송호(松湖)는 허강(許橿)의 호(號)로, 이는 곧 그의 거처를 의미하는 것으로 보인다.

一片 苔磯는 桐江 釣臺라
毿毿羊裘와 簹簹竹竿으로 身世를 브텨쏘다(四葉)
河陽 逸士의 漁樵 問對롤 아ᄂ냐 모ᄅᄂ냐(附葉)

대엽에서는 송호(松湖)에서 바라본 산수(山水)의 모습을 謝公[사공 ; 사령운(謝靈運)]의 會稽(회계)와 戴逵(대규)의 剡溪(염계)에 비유하고, 이엽에서는 그 안에서 세속을 잊고 고답적인 삶을 즐기는 자신의 모습을 노래하고 있다. 삼엽에서는 春草(춘초)와 池塘(지당), 苔磯(태기) 등을 靈運[영운 ; 사령운(謝靈運)]의 永嘉(영가)와 周茂叔[(주무숙 ; 주돈이(周敦頤)]의 濂溪(염계), 嚴子陵(엄자릉)의 富春山(부춘산) 桐江(동강) 釣臺(조대)에 각각 비유하고 있다. 그리고 사엽에서는 羊裘(양구)와 竹竿(죽간)으로 살아가는 자신의 모습을 제시함으로서 고사의 인물들과 자신을 동일시하고 있다.

부엽에서는 이런 자신의 모습을 죽림칠현(竹林七賢)의 한 사람인 완적[阮籍 ; 하양일사(河陽逸士)]에 비유함으로서 시상을 완결시키고 있다.
네 번째 작은 단락에서는 송호(松湖)에서의 삶의 양태를 그리고 있다.

壁疆 林泉과 栗里 田園의 홀 이리 보야히로다(大葉)
桃花 錦浪의 武昌 새버드리 가지마다 봄이로다(中葉)
葡萄酒 鵝黃酒 鸕鷀爵 鸚武杯 一日須傾 三百杯롤(三葉)
馮池 鸞刀와 松江 鱸魚로
光芒이 戰玉ᄒ니 霹霹 霏霏로다(四葉)
手揮 絲桐이오 目過 還雲ᄒ니
滄溟 烟月이야 쏘 우리의 무리로다(五葉)

대엽에서는 자신이 생활하는 공간을 도잠(陶潛)의 율리(栗里)에 비유하고, 중엽에서는 복사꽃과 버드나무에서 봄기운을 느끼고, 삼엽과 사엽에서는 좋은 술과 안주로 춘흥(春興)을 돋운다. 그리고 오엽에서는 거문고를 타고 흘러가는 구름과 물 아래 잠긴 달을 보며, 달 속에 사는 신선이 자신들의 무리라고 하였다.

오엽에서는 지금까지 전개한 화자와 공간의 이미지 전체를 선계로 표상하며 시상을 마무리한다. 여기에서 만들어진 선계의 이미지는 다음 단락의 신선(羽衣道士)과의 대화로 이어진다. 따라서 오엽은 지금까지 전개한 두 번째 큰 단락의 작은 단락별 시상을 통합하는 동시에 다음 단락의 시상과 연결시키는 기능을 한다.[39]

세 번째 큰 단락은 작품의 결사에 해당한다.

    翩躚호 羽衣道士ㅣ 江皐로 디나며 무로디
    그디네 노로미 즐거오냐 엇더ᄒ뇨(前腔)
    湖山 千載예 아롬다온 일은
    절로 아니라 사름으로 그러ᄒ니(中腔)
    山陰 蘭亭도 右軍 곳 아니면
    淸湍 脩竹이 蕪沒 空山이랏다(後腔)
    宇宙 勝賞을 ᄎᄌ리 업스며 造物이 숨겻다가
    天遊 盛迹이야 우리로 열리로다(大葉)
    空明의 빗대롤 노하 가는 디롤 좇니노라(中葉)
    無雩예 曾點기상은 어더턴고 ᄒ노라(三葉)

전강에서는 羽衣道士(우의도사)가 봄놀이의 즐거움이 어떠하냐고 묻

---

[39] <치화평(致和平)>에서 오엽(五葉)은 가장 끝의 악곡단위로 125장이나 되는 대곡(大曲)을 마무리하는 부분이라고 하였다〔이창신, 앞의 논문, 46면〕. <서호별곡>에서도 본사 전체를 마무리하는 부분에 오엽이 배치되어 있다.

는다. 중강과 후강은 화자의 대답으로, 중강에서는 湖山千載(호산천재)의 아름다운 일들이 저절로 그렇게 된 것이 아니라 그것을 즐길 만한 사람이 있어 가능했다고 한다. 후강에서는 진나라 목제 때 山陰縣(산음현)의 蘭亭(난정)과 그곳에서의 놀이도 왕희지(右軍)가 아니었으면 불가능했을 것이라고 하였다.

중강과 후강의 시상은 대엽으로 이어져, 아무도 알아차리지 못한 천하의 비경(秘境)을 자신들이 찾아내어 열었다고 자찬한다. 그리고 중엽의 탈속한 이미지와 삼엽의 증점(曾點)의 기상을 결합함으로서 지금까지 전개한 봄놀이의 흥취를 마무리하고 있다.

이상에서 살펴본 바, <서호별곡>도 여타의 강호가사와 마찬가지로 독립된 시상의 나열과 통합이라는 원리에 따라 시상을 전개하고 있으며, 단락별 시상이 결사에서 주제적으로 통합되어 하나의 완결된 세계를 형성하고 있다.

여기에서 주목되는 것은 <서호별곡>의 시상전개방식이 악조(樂調)와 밀접하게 관련되어 있다는 점이다.

이 작품의 각 단락은 전강이나 대엽으로 시작되며, 부엽은 단락을 독립적으로 완결시키고 동시에 다음 단락의 시상을 예비함으로서 시상을 연계시키는 기능을 한다.[40] 이중 전강은 서사, 본사, 결사와 같은

---

40) 부엽은 곡조와 곡조의 연결을 맡고 있으며, 곡단과 곡단을 이어주는 구실을 하기도 한다고 하였다. 성호경, 「'腔'과 '葉'의 性格 推論—排列方式을 中心으로 하여—」, 『우전 신호열선생 고희기념논총』(창작과비평사, 1983), 670~671면.
이창신은 <진작(眞勺)>에서 대여음이 포함된 부엽(附葉)은 악곡단위를 구분하는 역할을 한다고 하였다. 즉 강(腔)과 대엽(大葉), 대엽(大葉)과 이(二)·삼(三)·사엽(四葉), 이(二)·삼(三)·사엽(四葉)과 길이가 긴 오엽(五葉)을 구분해 준다고 하였다[이창신, 앞의 논문, 28~29면].
또한 부엽(附葉)은 부엽 앞에 제시된 일단의 단락들[전강(前腔)·중강(中腔)·후강(後腔), 이엽(二葉)·삼엽(三葉)·사엽(四葉) 등]을 하나의 단락으

큰 단락을 나누는 기준이 되며, 대엽은 큰 단락 내의 작은 단락을 나누는 기준이 된다. 또한 강(腔)에서는 시상을 조성하고, 대엽 이하에서는 강(腔)에서 만든 시상을 이어받아 전개하는 방식을 사용하고 있다. 이처럼 <서호별곡>은 의미단락과 음악단락이 일치하는 것이다.

이창신[41]의 논의에 의하면, 전강은 중강과 후강뿐만 아니라 대엽의 모태가 된다. 그리고 중엽, 소엽, 이엽, 삼엽, 사엽, 오엽, 부엽 등은 모두 대엽에서 파생된 곡이라고 한다. 이는 곧 전강에서 모든 곡이 파생되었음을 의미한다. 그리고 이것은 곧 동일한 곡이 변주곡의 형태로 반복되는 것이 우리음악의 특징임을 의미한다.

이런 특성은 현행 12가사에서도 나타난다. 하규일 전창 12가사 중 <황계사>와 <어부사>는 8마루로 되어 있는데, 1·3·5·7절과 2·4·6·8절은 각각 같은 가락의 반복이며, 10절로 구분되는 <권주가>는 1·2·3·4절과 5·6·7·8·9·10절이 각각 같은 선율의 반복이라고 한다. 임기준 전창 12가사 중 <처사가>와 <양양가>는 각각 8절과 10절로 구분되는데, 공히 1·2절만 다르고 3·5·7절과 4·6·8절은 같은 선율의 반복이라고 한다.[42]

앞서 살펴본 바, <서호별곡>도 이와 같은 특성을 그대로 담고 있으며, 독립된 시상을 나열하고 통합하는 가사의 시상전개방식은 동일한 곡이 변주곡의 형태로 반복되는 음악적 특성과 밀접한 관련이 있기 때문인 것으로 보인다. 또한 조선전기 가사들이 대부분 <서호별곡>과 유사한 방식으로 시상을 전개하고 있다는 것은, 음악적인 측면에서도 동일한 특성을 공유하고 있기 때문인 것으로 생각된다.

이와 같은 음악적 특성에서 기인한 가사의 시상전개방식은 가사가

　　로 결속하는 기능을 갖고 있다고 하였다〔이창신, 앞의 논문, 53면〕.
41) 자세한 논의는 이창신, 앞의 논문 참조.
42) 장사훈, 『最新 國樂總論』(세광음악출판사, 1985) 466~475면.

음악과 분리되어 독서물로 유통되던 시기에도 여전히 유지된다는 점에서 역사적 장르로서의 가사를 규정하는 중요한 기대지평이 된다고 생각한다.

5. 결론

가사가 서정이나 서사 등의 이론적 장르 중 어디에 속하는가는 가사 장르론에서 여전히 중요한 문제로 남아 있다. 하지만 가사를 어느 장르로 규정하든 그것은 가사라는 역사적 장르를 설명하기에는 개념적으로 너무 포괄적이다. 마치 소설이나 전(傳) 등을 서사장르로 규정하는 행위가 갖고 있는 의미와 크게 다르지 않다. 장르론의 목적은 분류가 아니라 개별 작품이나 작품군에 대한 기대지평을 이해하는 데 있기 때문이다. 그럼에도 불구하고 국문학 연구 초기부터 장르론이 분류를 위한 도구로서 사용되어 온 것은 그것이 문학사를 서술하기 위한 준비과정의 하나로 연구되었기 때문이다.

가사 장르론은 이론적 장르보다는 역사적 장르로서의 기대지평을 해명하는 데 초점을 맞추어야 한다고 생각한다. 필자는 역사적 장르로서 가사의 기대지평을 해명하는 단초의 하나로 시상전개방식에 주목하였다. 하지만 가사의 기대지평을 형성하는 요인들은 이 외에도 여러 가지가 있을 것이다. 그리고 가사의 시상전개방식이 가사와 형식적으로 유사한 긴 민요나 잡가, 판소리단가 등의 시상전개방식과는 어떻게 변별되는지도 앞으로 해결해야할 과제이다.

〔인권환 선생님 정년기념 논문집, 2003. 12 발간예정〕

2부

조선중기 - 경험적 현실의 제시

- 장르론적 측면에서 본 17세기 강호가사의 추이
- 17세기 가사의 장르적 특성

장르론적 측면에서 본 17세기 강호가사의 추이

1. 문제제기

그 동안의 많은 반론에도 지금까지 17세기 가사의 장르적 특성을 독립적으로 고찰한 예는 거의 없다. 그 이유는 첫째, 가사를 복합장르로 보든 단일장르로 보든, 지금까지의 가사 장르론이 공시적 특성을 규명하는 데 주력했기 때문이다. 특히 단일장르로 보는 시각에서는 가사 장르의 변화 자체가 성립할 수 없기 때문에 가사의 장르 변화양상은 고려의 대상이 될 수가 없었던 것이다.

한편 17세기 이후로 봉건주의가 해체되기 시작하고, 가사가 이에 상응하여 장르적 변모를 보인다거나[1], 개별 작품들에서 부분적으로 나타나던 서정적, 서사적, 교술적 특성들이 조선후기에 극대화된다는 논의[2]가 제출된 바 있다. 이 논의들은 근본적인 차원에서든 현상적인 차원에서든 가사 장르의 변화를 인정하고 있다. 그러나 이 논의들은 근

---

1) 최원식,「歌辭의 小說化過程과 封建主義의 解體」,『창작과비평』통권46호, 창작과비평사, 1977. 겨울.
2) 김학성,「歌辭의 實現化過程과 近代的 指向」,『근대문학의 형성과정』(문학과 지성사, 1983).『국문학의 탐구』(성균관대학교 출판부, 1987)에 재수록.

대성에 초점이 맞추어져 있기 때문에 18세기 이후의 작품들만을 주목하고 있다.

그리고 서사가사와 관련된 논의에서도 가사 전체의 장르변화보다는 서사가사의 성립여부나 서사성 등에 논의를 한정하고 있다. 따라서 17세기는 관심의 범위에서 제외되었다.

17세기는 일반적으로 전환기로 규정된다. 이점은 가사 장르론의 측면에서도 마찬가지이다. 17세기에는 16세기 이전과 18세기 이후의 특성이 함께 나타난다. 때문에 17세기는 가사문학사의 전개와 관련하여 주목할 필요가 있다.

강호가사의 경우에도 16세기와 많은 부분을 공유하면서도 17세기 강호가사만이 갖고 있는 독특한 특성들이 나타난다. 더구나 강호가사는 16세기에 발생하여 17세기까지 활발하게 창작되다가 18세기 이후에는 급격하게 쇠퇴하는 양상을 보인다. 이 글에서는 17세기 가사 장르연구의 일환으로, 17세기 강호가사3)의 변화양상을 장르론적 측면에서 고찰해 보도록 하겠다.

2. 장르적 성격

필자는 이전 논의에서 16세기까지 가사는 대부분 서정적 양식의 지배를 받다가, 18세기 이후에는 주제적 양식의 지배력이 강화된다고 보았다.4) 물론 주제적 양식은 이미 16세기 이전에도 <서왕가>나 <남정

---

3) 이 글에서 다룰 작품은 다음과 같다.
　金得研(1555~1637) <止水亭歌>(1615), 車天輅(1556~1615) <江村別曲>(1611~1615?), 曺友仁(1561~1625) <梅湖別曲>, 朴仁老(1561~1642) <莎堤曲>(1611), <小有亭歌>(1617), <立巖別曲>(1629), <蘆溪歌>(1636), 鄭勳(1563~1640) <水南放翁歌>, <龍秋遊泳歌>(1640), 辛啓榮(1577~1669) <月先軒十六景歌>(1655), 尹爾厚(1636~1699) <逸民歌>(1698).

가>에서부터 나타나기 시작한다. 그러나 주제적 양식이 가사의 중심적인 장르로 자리를 잡은 시기는 18세기 이후이며, 사대부가사에서 특히 강하게 나타난다. 사대부 가사가 18세기 이후에 주제적 양식의 지배를 받게 된 것은 자신들의 경험적 현실을 객관적으로 담아낸 결과인데, 이런 양상들은 이미 17세기부터 두드러지게 나타난다.

물론 18세기 이후에도 서정적 양식의 지배를 받는 작품들이 많다. 그러나 18세기 이후 서정적 양식은 유흥공간에서 가창된 잡가와 친연성이 강한 작품들이나 신변탄식류 규방가사 등에서 주로 나타난다. 그리고 서사적 양식은 18세기 이후 구비서사물을 가사화하는 과정에서 새롭게 등장한 것으로 보이며, 주로 규방가사에서 나타난다.5) 즉 18세기 이후에는 서정적 양식과 서사적 양식이 사대부가사와는 전혀 다른 영역에서 나타나고 있는 것이다.6)

양반계층의 가사가 18세기 이후에 주제적 양식의 지배를 받게 된 것은 기행가사나 교훈가사, 현실비판가사 등이 사대부가사의 중심적인 주제로 자리잡게 되면서 나타난 현상이다. 교훈가사나 현실비판가사는 물론이고, 기행가사도 여행의 생소한 경험을 사실적으로 전달하려

---

4) 김학성은 가사가 기본적으로 주제적 양식에 속하며, 조선후기에는 서정적, 서사적, 교술적 양식이 주제적 양식의 자장 안에서 극대화되는 양상을 보인다고 하였다[김학성, 앞의 논문]. 그러나 가사는 어느 하나의 양식으로 규정할 수 없으며, 다만 조선전기에는 서정적 양식의 지배력이 압도적이었다가 18세기 이후에는 주제적 양식의 지배력이 확대, 강화되고, 새로이 서사적 양식이 나타나기 시작한다고 보는 것이 필자의 생각이다. 자세한 논의는 박연호, 「장르구분의 지표와 가사의 장르적 성격」, 『고전문학연구』 7집(고전문학회, 2000) 참조.
5) 박연호, 「옥국재 가사의 장르적 성격과 그 의미」, 『민족문화연구』 33집(고려대민족문화연구원, 2000).
6) 가사문학의 역사적 전개과정에서 사대부 가사가 중요한 것은, 말할 것도 없이 조선전기부터 가사문학의 주담당층은 사대부이며, 규방여성이나 그 이외 계급들은 조선후기에 새로운 담당층으로 등장하기 때문이다.

는 의도에서 유산기(遊山記) 형식으로 가사를 창작하게 된다.

17세기는 사대부가사에서 서정적 양식과 주제적 양식의 지배력이 전환되는 분기점이며, 그러한 양상은 강호가사에서도 나타난다.7)

1) 서술태도

서정적 양식과 주제적 양식을 구분하는 중요한 기준은 지향성과 담화양식이다. 즉 내면이나 정서를 표출함으로서 수용층과의 정서적 공감대를 형성하려는 경향이 강하면 서정적 양식, 대상을 객관적으로 제시하려는 경향이 강하면 주제적 양식의 지배력이 강한 것이다. 특히 주제적 양식은 단정적 담화양식으로 서술될 때 순수성이 강해진다.

16세기 강호가사의 중심은 우주자연의 이법(理法)에 대한 깨달음의 기쁨과 자연과의 교감을 통한 물아일체(物我一體)의 홍취를 표출하는 것에 있다. 그 대표적인 것이 바로 사시가흥(四時佳興)이다.8) 여기에서 자연경물들은 화자의 정서를 대신하는 객관적 상관물이거나 교감의 대상이 된다. 16세기 강호가사가 서정적 양식의 지배를 받는 것은 이 때문이다.

---

7) 본 논의에 앞서 지적해 둘 것은 강호가사는 조우인이나 정훈 등의 작품에서 나타나는 바, 17세기에도 여전히 서정적 양식의 지배를 일정정도 받고 있다는 점이다. 다만 이 글에서는 17세기 강호가사에서 주제적 양식의 지배력이 어떻게 확대되어 가는가에 초점을 맞추고 있기 때문에 주제적 양식과 관련된 사항을 특별히 부각시켰을 뿐이다. 따라서 공간구성이나 생활양태에 대한 구체적 제시, 記양식의 수용 등과 관련된 서술은 17세기 강호가사에서 주제적 양식의 지배력이 강화되어 나가는 하나의 경향성을 지적한 것일 뿐, 인용한 부분이나 작품이 전적으로 주제적 양식의 지배만을 받는다는 의미는 아님을 미리 밝혀둔다.
8) 사시(四時 또는 四季)는 주야(晝夜)와 더불어 규칙적인 순환을 통해 영원히 변치 않는 질서를 의미하는 것으로 받아들여져, 16세기 강호시가를 구성하는 중요한 하나의 축으로 작용하였다.

그런데 17세기에는 자연과의 교감을 통한 감흥의 표출보다는 대상을 객관적으로 보여주는 데 초점을 맞춘 경우가 상대적으로 많아진다. 즉 강호가사의 중심이 화자의 정서(興趣) 표출에서 객관적 사실의 전달 쪽으로 옮아가고 있는 것이다. 16세기와 비교할 때, 이런 특성은 특히 은거지의 공간구성이나 생활양태를 서술한 부분에서 두드러지게 나타난다.

(1) 공간구성

강호가사에서 공간의 이미지는 그 공간을 점유하고, 경영하는 사람의 이미지와 등치된다. 즉 어떤 공간을 지향하고, 어떤 부분이 부각되어 있으며, 어떻게 형상화되어 있는가에 따라 화자의 지향과 이미지가 결정되는 것이다.

16세기 강호가사에서 공간구성과 관련하여 가장 주목되는 작품은 <면앙정가>이다.[9]

① 无等山 훈 활기 뫼히 동 다히로 버더 이셔/ 멀리 쩨쳐 와 霽月峯이 되여거놀/ 無邊 大野의 므슴 짐쟉 ᄒ노라/ 일곱 구비 훈더 움쳐 믄득믄득 버러는 닷/ 가온대 구비는 굼긔 든 늘근 뇽이/ 선줌을 곳 쎄야 머리롤 안쳐시니/ 너룬바회 우희 松竹을 헤혀고 亭子롤 안쳐시니/ 구름 탄 쳥학이 千里롤 가리라 두 나릭 버렷는 닷/ ② 玉泉山 龍泉山 ᄂᆞ린 물히/ 亭子 압 너븐 들히 兀兀히 퍼진 드시/ 넙꺼든 기노라 프르거든 희지 마나/ 雙龍이 뒤트는 닷 긴 깁을 치폇는 닷/ 어드러로 가노라 므슴 일 비얏바/ 닷는 닷 ᄯᆞ

---

9) <성산별곡>에서는 공간구성과 관련된 언급이 전혀 없으며, <상춘곡>에서는 "山林에 뭇쳐이셔 至樂을 ᄆᆞ롤것가/ 數間 茅屋을 碧溪水 앏픠두고/ 松竹 鬱鬱裏예 風月主人 되여셔라"라고 하여 공간구성과 관련된 언급이 보인다. 하지만 '산림(山林)', '벽계수(碧溪水)', '송죽 울울리(松竹 鬱鬱裏)' 등은 구체적인 공간구성이 아닌 맑음의 이미지만을 제공한다.

로는 듯 밤눗즈로 흐르는 듯/ 므조친 沙汀은 눈ㅈ치 펴졋거든/ 어즈러온 기러기는 므스거슬 어르노라/ 안즈락 느리락 모드락 훗트락/ 蘆花을 사이 두고 우러곰 좃니는뇨/ ③ 너븐 길 밧기요 진 하눌 아릭/ 두르고 쏘존 거슨 뫼힌가 屛風인가/ 그림가 아닌가 노픈 듯 느즌 듯/ 긋는 듯 닛는 듯 숨 거니 뵈거니/ 가거니 머믈거니 어즈러온 가온디/ 일홈 난 양호야 하눌도 젓치 아녀/ 웃독이 셧는 거시 秋月山 머리 짓고/ 龍龜山 夢仙山 佛臺山 魚登山/ 湧珍山 錦城山이 虛空의 버러거든/ 遠近 蒼崖의 머믄 짓도 하도 할샤 <면앙정가>

인용문에서 ①은 정자의 위치, ②는 강, ③은 산에 관련된 부분으로, 다음과 같은 정보를 담고 있다.

① 무등산에서 발원하여 동쪽으로 뻗은 산 줄기가 멀리 떨어져 나와 제월봉이 되었다. 산맥이 일곱 구비를 이루며 벌어져 있다. 가운데 구비의 너럭바위 위에 송죽을 헤치고 정자를 앉혔는데 그 모습이 곧 날아갈 듯한 청학 같다.

그런데 인용문의 초점은 누정의 위치나 무등산과의 관계보다는 정자의 모습을 통해 화자의 내면을 표출하는 데 있다. 즉 어디에도 구속됨이 없이 훨훨 날고 싶은, 절대자유를 희구하는 화자의 내면 정서를 표출하는 데 초점이 맞추어져 있는 것이다.

② 옥천산(玉泉山)과 용천산(龍泉山)에서 발원한 두 줄기 냇물이 정자 앞에 펼쳐진 넓은 들에 역동적으로 흐르고 있다. 강가에는 갈대꽃과 눈 같은 백사장이 펼쳐져 있고, 하늘과 강가에 기러기가 자유로이 날고 있다.

여기에서도 강의 의미나 객관적인 모습을 구체적으로 제시하기보다는 강과 기러기를 통해 절대자유를 희구하는 화자의 정서를 표출하는 데 초점이 맞추어져 있다. "雙龍(쌍룡)이 뒤트는 듯 긴 깁을 치폇는 듯", "닷는 듯 쏜로는 듯 밤눗즈로 흐르는 듯", "안즈락 느리락 모드락 훗트락" 등에서 이와 같은 화자의 정서를 읽을 수 있다.

③도 마찬가지이다. 여기에서도 "너븐 길 밧기요 진 하눌 아러"라는 말에서 알 수 있듯이, 산의 위치가 전혀 제시되어 있지 않다. 다만 추월산을 필두로 여러 산들이 펼쳐 있다는 사실을 알 수 있을 뿐이다. 즉 여기에서도 산의 구체적인 방향이나 모습보다는 병풍(屛風)처럼 펼쳐진 그림같이 아름다운 산을 보며 느낀 화자의 정서를 표출하는 데 초점을 맞추고 있다. 나아가 "노픈 둣 느즌 둣 굿는 둣 닛는 둣 숨거니 뵈거니 가거니 머믈거니 어즈러온 가온더 일홈 눈 양후야 하놀도 젓치 아녀 웃독이 셧는 거시 秋月山(추월산) 머리 짓고"에서 화자의 절대자유에 대한 의지와 당당한 자부심을 읽을 수 있다.

이상에서 살펴본 바, 16세기에는 공간구성 자체에는 별 비중이 두어져 있지 않다. <면앙정가>에서처럼 정자의 위치와 모습, 산, 강 등은 거지의 공간구성과 관련된 언급이 나오더라도, 사실의 객관적 전달보다는 화자의 내면정서를 표출하는 데 초점을 맞추고 있다. 또한 산이나 강 등 자연경물들도 모두 화자의 정서를 대변하는 객관적 상관물로 기능하고 있다.10)

그러나 17세기 강호가사의 공간구성과 관련된 언급들은 이와 다르다.

---

10) 이와 같은 기반 하에서 산과 강도 다음과 같은 한 편의 서정시(短歌)로 창작될 수 있었다고 본다.
山作兮屛風 野外兮周置/ 過去兮有雲 咸欲宿兮入來/ 何無心兮落日 而獨逾而去兮(면앙정단가)
산으로 만든 병풍 야외에 둘러 있어/ 지나는 구름들은 머물려 오거늘/ 어찌타 무심한 낙일만이 홀로 넘어 가는가.
廣廣之野兮 川亦修而修兮/ 如雪兮白沙 如雲之鋪兮/ 無事携竿之人兮 曾日落兮 不知(면앙정단가)
너무나 너분 들의 시내도 김도 길샤/ 눈ᄀ튼 白沙는 구롬ᄀ치 펴잇거든/ 일 업슨 낙대 든 분네는 히지는 줄 몰나라 (근화 168).

① 臥龍山이 臥龍形을 지에ᄒ고/ 남역크로 머리드러 구의구의 느릿혀 둣 다가/ 구쥭기 니러 안자 구만리 쟝공을 울워러 쳔쥬봉이 되야 이셔/ 혼 활기 버더ᄂ려 中央애 밋첫거ᄂᆞᆯ/ 져줌끠 黃鼠年에 先壟을 安葬ᄒ니/ 千峯은 競秀ᄒ야 ᄂᆞᆫ 鶴이 눌개 편 둣/ 萬壑은 爭流ᄒ야 怒혼 龍이 ᄭ오리 치 둣/ 길고 깁푼 고러 거후러 ᄂᆞ리거ᄂᆞᆯ/ ② 山家 風水說에 洞口모시 죠타 ᄒᆞᆯ싀/ 十年을 經營ᄒ여 혼 ᄯᆞ홀 어드니/ 形勢ᄂᆞᆫ 좁고 굴근 巖石은 하고 만타/ 녯 길홀 새로 내고 半畝塘을 푸단 마리/ 活水을 혀드러 가ᄂᆞᆫ 거술 머므르니/ 明鏡이 ᄯᅴ 업서 山影만 졈겨 잇다 ③ 千古애 荒廢地을 아모도 모ᄅᆞ더니/ 一朝애 眞面目을 내 호온자 아란노라/ 처엄의 이내 뜯든 믈 머므을 ᄲᅮᆫ이러니/ 이제ᄂᆞᆫ 도라보니 가지가지 다 죠해라/ 白石은 齒齒ᄒ여 銀刀로 사겨 잇고/ 碧流은 瀲瀲ᄒ여 玉斗을 ᄲᆞ리ᄂᆞᆫ둣/ 疊疊峯巒은 左右에 屛風이오/ 森森松檜은 前後에 울히로다/ 九曲上下臺은 層層이 두러젓고/ 三逕松菊竹은 주주리 버러잇다/ ④ ᄒᆞ몰며 巖崖 노픈 우희/ 老松이 龍이 되야 구푸려 누엇거ᄂᆞᆯ/ 雲根을 베쳐내고 小亭을 브쳐셰어/ 茅茨을 不剪ᄒ니 이거시 엇던 집고/ 南陽애 諸葛盧인가 武夷예 臥龍巖인가/ 고쳐곰 술펴보니 畢宏韋偃의 그림엣 거시로다/ 武陵桃源을 예듯고 못밧더니/ 이제야 아래와라 이 진짓 거긔로다 ⑤ 蜿蜒혼 水晶山 偃蹇혼 九鷺峯/ 磅礴혼 博山뫼 穿隆혼 龍井峯이/ 東西南北에 오거니 가거니/ 노포락 ᄂᆞᄌᆞ락 네ᄂᆞᆫ둣 머므ᄂᆞᆫ둣/ 우둑우둑 龍蹲虎踞ᄒ여 여긔을 닷그럿고/ ⑥ 산밧긔 萬里長江은 潢池예 發源ᄒ야/ 淸凉을 지나흘너 退溪예 渟滀ᄒ여/ 月川으로 바로 ᄂᆞ려 栢潭을 감도라/ 浩浩洋洋ᄒ여 道脈川이 되여 이셔/ 다시곰 龍飛鳳舞ᄒ여 廬江의 五老峯을 씌듸여/ 芝谷어귀 빗기 디나 臨川믈 흔디 모다/ 城山에 鶴峰을 ᄇᆞ라보고/ 屛山애 玉淵을 향ᄒ여 洛東이로 가노라/ 屈曲盤回ᄒ여 이 안흘 ᄯᅳ잇ᄂᆞ다 <지수정가>

인용문은 다음과 같은 정보를 담고 있다.

① 와룡산(臥龍山)이 와룡형(臥龍形)을 이루어 남녘으로 뻗어 내리다가 우뚝 솟아올라 천주봉이 되었다. 천주봉에서 중앙으로 뻗어 내린 혈에 황서년(黃鼠年 ; 戊子年, 1588)에 선롱(先壟)을 안장(安葬)했다. 그

곳의 지형은 학(鶴)이 날개를 편 듯, 노(怒)한 용(龍)이 꼬리를 친 듯 길고 깊은 골짜기를 따라 흐르고 있다.

② 산가(山家) 풍수설(風水說)에 동구(洞口)못이 좋다는 말을 듣고 십년을 경영(經營)하여 조그마한 땅뙈기를 얻었다. 그런데 그곳의 형세가 좁고 굵은 암석이 많고 많았다. 이에 옛길을 새로 내고 못(半畝塘)을 팠으며, 활수(活水)를 끌어와 못에 가두니, 명경(明鏡)같은 수면에 산영(山影)이 비쳤다.

③ 천고(千古)의 황폐지(荒廢地)를 아무도 몰랐는데, 내가 그 진면목(眞面目)을 일조(一朝)에 알아냈다. 처음의 의도는 물을 머물게 하는 것 뿐이었는데, 완성해 놓고 보니 모든 것이 좋다. 백석(白石)은 울퉁불퉁 은도(銀刀)로 새긴 것 같고, 벽류(碧流)는 힘차게 흐르며, 첩첩봉만(疊疊峯巒)은 좌우(左右)의 병풍(屛風)이오, 삼삼송회(森森松檜)는 전후의 울타리가 된다. 구곡상하대(九曲上下臺)는 층층(層層)이 펼쳐져 있고, 삼경송국죽(三逕松菊竹)은 줄줄이 벌어져 있다.

④ 암애(巖崖) 높은 위에 노송(老松)이 서리어 있었는데, 그곳을 정리하고 소정(小亭)을 세웠다. 자연을 최대한 훼손하지 않고 정자를 세웠으니 남양(南陽)의 제갈려(諸葛廬)와 무이(武夷)의 와룡암(臥龍巖)에 비길 만하다. 다시 보니 그림 같다. 이곳이 바로 무릉도원(武陵桃源)이다.

⑤ 꿈틀거리는 수정산(水晶山)과 높이 솟은 구연봉(九鷰峯), 바위로 가득 찬 박산(博山)되, 높이 솟은 용정봉(龍井峯)이 동서남북에 우뚝우뚝 용준호거(龍蹲虎踞)하며 펼쳐져 있다.

⑥ 산 밖의 만리장강(萬里長江)은 황지(潢池)에서 발원하여, 청량산(淸凉山 ; 李滉－淸凉精舍)을 지나 퇴계(退溪 ; 李滉－陶山書院)에 머물렀다가, 월천(月川 ; 趙穆－月川書堂)으로 흘러 백담(栢潭 ; 具鳳齡－龍山書院)을 감도는 도맥천(道脈川)이다. 이 도맥천이 여강(廬江 ; 金彦璣

―廬江書院)을 끼고 돌아 지곡(芝谷) 어귀를 빗겨 지난다. 이것이 임천(臨川 ; 金誠一―臨川書院)과 합수하여 성산(城山)의 학봉(鶴峰 ; 金誠一)을 바라보고, 병산(屛山 ; 柳成龍―屛山書院)의 옥연(玉淵)을 향하여 낙동강(洛東江)을 이루어 흐르다가 자신의 은거지인 와룡산록의 천주봉 기슭으로 들어온다.

이상에서 알 수 있는 바, 인용문은 거의 사실의 객관적 서술에 가깝다. 인용문에서 자신의 은거지가 있는 공간은 좌청룡 우백호를 두루 갖춘 명당이다. 또한 황지(潢池)에서 발원하여 자신의 은거지로 흘러드는 낙동강 줄기를 도맥천(道脈川)이라고 규정하고, 그 흐름을 구체적으로 서술함으로서, 자신을 영남사림파의 확실한 일원으로 자리매김하고 있는 것이다.[11]

즉 인용문은 자신의 은거지가 풍수적으로 뿐만 아니라 이념적으로 완전한 공간이라는 사실을 온갖 근거를 들어 증명하는 데 초점을 맞추고 있다. 또한 백석(白石), 벽류(碧流), 봉만(峯巒), 송회(松檜), 노송(老松) 등의 자연경물들도 화자의 정서를 대변하는 객관적 상관물로서의 기능뿐만 아니라, 은거지의 공간구성을 객관적으로 제시하는 기능을 동시에 갖고 있다.

이외에 사계를 노래한 부분도 계절을 환기시키는 경물과 구체적인 장소를 결부시킴으로서,[12] 각 장소들이 갖고 있는 의미를 부각시키고 있다.

---

11) 김창원, 「金得硏의 국문시가 : 17세기 한 재지사족의 역사적 초상」, 『어문논집』 41(안암어문학회, 2000), 186면.
12) 봄 : 동풍(東風), 매화(梅花)―풍영단(風咏壇) 방수단(傍隨壇)
    여름 : 녹음(綠陰), 하일(夏日)―함벽당(涵碧塘)
    가을 : 양풍(凉風), 기러기, 단풍―곡구암(谷口巖) 반타암(盤陀巖)
    겨울 : 세모천한(歲暮天寒), 설만군산(雪滿群山), 백옥경(白玉京), 경요굴(瓊瑤窟), 창염수(蒼髥叟)―무고암(撫孤巖).

다음은 박인로의 <노계가>를 보자.

① 陟彼 高岡ᄒᆞ야 四偶로 도라보니/ 玄武 朱雀과 左右 龍虎도 그린도시 ᄀᆞ잣고야/ 山脈 밋친 아리 藏風 向陽혼디 靑蘿를 허혀 드러/ 數椽 蝸室을 背山 臨流ᄒᆞ야 五柳邊에 디어두고/ 斷崖 千尺이 가던 龍이 머무는 ᄃᆞᆺ 江頭에 둘렷거늘/ 草草亭 혼 두 間을 구름 씬 긴 솔 아리 바휘 디켜 여러 니니/ 千態 萬象이 아마도 奇異코야/ ② 峰巒은 秀麗ᄒᆞ야 富春山이 되야잇고/ 流水ᄂᆞᆫ 盤回ᄒᆞ야 七里灘이 되야거든/ 十里 明沙ᄂᆞᆫ 三月눈이 되엿ᄂᆞ다/ 이 湖山 形勝은 견졸 디 뇌야 업ᄂᆞ <노계가>

① 화자는 높은 곳에 올라 사방을 관찰한 후, '玄武(현무) 朱雀(주작)과 左右(좌우) 龍虎(용호)'가 갖추어져 있고, 혈맥(穴脈)이 맺혀 있으며, '藏風向陽(장풍향양)'과 '背山臨流(배산임류)', '五柳邊(오류변)'이라는 조건을 만족시키는 곳에 와실(蝸室)을 지었다. 전형적인 양택풍수의 명당이다. 그리고 강물이 휘돌아 감싸는 '斷崖(단애)'에 '草草亭(초초정)'을 지어내니 천태만상(千態萬象)을 볼 수 있었다. ② 산봉우리와 강은 부춘산(富春山) 칠리탄(七里灘) 같고, 십리(十里)나 이어진 명사(明沙)는 삼월(三月)눈 같다. 이상에서 ①은 풍수지리적인 완전성을, ②는 탈속한 은둔처로서의 완전성을 이야기하고 있다.

이상의 내용은 "ᄀᆞ잣고야"를 제외하면 직설적인 설명에 가깝다. 즉 화자의 정서가 부분적으로 투영되어 있기도 하지만, 서술의 초점은 자신의 은거지가 전형적인 양택 풍수의 명당이며, 은자(隱者)의 거처로서 최적의 조건을 갖추고 있다는 사실을 객관적으로 알려주는 데 두어져 있다.

인용문에서 "千態萬象(천태만상)이 아마도 奇異(기이)코야"와 "이 湖山(호산) 形勝(형승)은 견졸 디 뇌야 업ᄂᆞ"는 화자의 정서가 직접적으로 표출된 부분이다. 그런데 이것들 역시 자신이 점유하고 경영하는 은거지의 완전성에 대한 자부심의 표출이다. 즉 화자가 전달하려는 객관적 사실을 주관적 차원에서 다시 한 번 강조하는 것이다.

박인로의 <입암별곡>은 공간과 그 의미에 대한 관심이 어느 작품보다 높은 작품이다. <입암별곡>은 '입암이십팔경(立巖二十八景)'을 노래한 것으로, 본사 대부분이 '입암이십팔경'에 관련된 것이다.

日躋堂 올나 안즈 二十八景 도라보니/ 卓立巖 두렷ᄒ야 淸川의 砥柱되고/ 起予巖 삼겨나셔 戒懼臺 도여시니/ 臨危戒懼 ᄒ신 말솜 잇때예 뫼완ᄂ덧/ 九仞峰 놉흔 봉이 功虧一簣 죠심ᄒ쇼/ 吐月峰 돌 쓴 거동 峰頭生出 ᄒᄂ 덧다/ 小魯岑 올나 안자 天下을 젹단 말솜/ 孔夫子의 大觀이라 우리 어이 의논ᄒ리/ 産芝嶺 올나가셔 紫芝歌 싱각ᄒ고/ 含輝嶺 ᄇ래보니 玉蘊山 含 비치로다/ 停雲嶺 놉흔 재예 가는 구롬 머무ᄂ 덧/ 隔塵嶺 둘려시니 世路을 긋쳐쩌라 /…중략…/象斗石 노힌 돌이 七星을 버렷더라 <입암별곡>

인용문에 나타나는 바, 화자는 탁립암 옆에 자리 잡은 "日躋堂(일제당) 올나 안즈 二十八景(이십팔경)"을 돌아보며 탁립암(卓立巖)에서 상두석(象斗石)에 이르기까지 각 경물의 이름과 그 의미를 밝히고 있다. 더구나 개별적인 경물의 이름과 의미를 이야기하는데 대부분 4음보 1행 기준으로 한 행을 할애하고 있다. 때문에 명칭과 의미를 전달하는 데 급급할 뿐, 화자의 정서를 포함한 다른 것들이 끼어들 여지가 없다.

이는 <입암별곡>이 '입암이십팔경'의 의미 그 자체만을 명확하게 전달하는 데 초점을 맞추고 있음을 의미한다. 그리고 여기에서도 공간의 완전성을 공간을 발견하고 경영한 인물들의 이미지와 등치시키고 있다.13)

---

13) 一區 仙境을 임재 업시 ᄇ려 이셔/ 新羅 一千年과 高麗 五百載예/ 몃 英雄 몃 豪傑이 수업시 지내던고/ 天公이 有意ᄒ셔 四友끠 갓치시니/ 一半 華山으로 旅軒을 請ᄒ신대/ 靑藜杖 부들부치 陳園公 본을 바다/ 淸風에

서정적 양식의 지배를 받는 경우에도 공간구성이 앞서 살펴본 작품 만큼이나 중요한 비중을 차지하는 경우가 있다. 조우인의 <매호별곡> 과 신계영의 <월선헌십육경가>가 그것이다.

① 商山東畔(샹산동반)과 洛水 西厓(낙슈셔이)예/ 煙霞(년하)을 헤치고 洞天(동쳔)을 츠즈드러/ 竹杖芒鞋(듁장망혜)로 處處(쳐쳐)의 도라보니/ 澄潭(징담) 깁흔 곳의 노프니는 絶壁(졀벽)이오/ 옥 ス튼 여흘은 집 편 듯 흘러 잇다/ ② 臺(디)도 돗그러니 亭子(졍ス)도 지으려니/ 池塘(디당)도 프오며 澗水(간슈)도 혜오려니/ 니 힘 밋는디로 草屋三間(초옥삼간) 지어너니/ 制度(뎨도) 草創(초창)흔디 景槪(경긔)는 그지업다/ ③ 端妙(단묘)흔 飛鳳(비봉)과 偃蹇(언건)흔 梅岳(미악)이 東西(동셔)롤 相對(샹디)ᄒ여 有情(유졍) 이 셔 이시니/ 玉容端士(옥용단ᄉ)와 介冑武夫(기쥬무뷔)/ 揖讓周旋(읍양주션)ᄒ여 氣勢(긔셰)를 다토는 닷/ 一髮玉岑(일발옥줌)은 憂雲(알운)이 혼ᄌ 놉다/ 五朶蓮峰(오태연봉)은 密山(밀산)이 더옥 곱다/ 외로온 天柱(쳔쥬)는 무슴 긔운 타 나이셔/ 九萬里長天(구만니쟝쳔)을 구쥭히 밧쳐시며/ 완젼흔 水山(슈산)은 무슴 마음 먹어이셔/ 풀쳐 가는 닷 돌치며 소솟는 닷/ 그남은 衆峰(즁봉)이 수업시 버러시니/ 멀니 뵈나니는 綽約佳人(쟉약가인)이 嬌態(교티)롤 못 갑초아 翠眉(취미)롤 씽기는 닷/ 갓가이 뵈나니는 龍眠畵工(룡면화공)이 水墨新粧(슈묵신쟝)을 彩筆(치필)노 둘넌는 닷/ ④ 뫼흔 크니와 물을 죠ᄎ 이으려니/ 潢池一脈(황디일믹)이 萬壑(만학)을 呑合(탄합)ᄒ여/ 千里祖宗(쳔니조종)ᄒ여 碧海(벽희)예 이엇거든/ 龍湫(용추)의 느린 물이 어 디롤 指向(지향)ᄒ여/ 二十四橋(니십ᄉ교)롤 구븨구븨 우려 느려/ 絶壁(졀벽)을 감도라 竹院灘(듁원탄)의 드러오니/ 銀河(은하)의 다핫는 닷 玉虹(옥홍)이 둘넛는 닷/ 曠野迷茫(광야미망)ᄒ야 하눌이 한가이오/ 平沙浩明(평ᄉ호명)ᄒ야 눈편 닷 ᄒ여잇다/ 千頃浩光(쳔경호광)은 寶鏡(보경)을 닷가시며 / 十里漁村(십니어촌)은 煙樹(년슈)로 粧占(쟝졈)ᄒ니/ 臨湖眼界(님호안계)와

半醉ᄒ여셔 田老을 期約ᄒ야/ 日躋堂 놉히 짓고 友蘭悅松 齋號ᄒ여셔/ 經傳 을 사하두고 道義을 講劘ᄒ니/ 三隱에 加兩이오 四皥에 倍一이라. <입암별곡>.

御風 勝槪(어풍승기)롤/ 말노다 이르오며 아니보아 어이알고 <매호별곡>

① 화자는 상산(商山, 尙州) 동반(東畔)과 낙수(洛水, 낙동강) 서애(西涯)의 세속과 격절된 곳에 들어왔다. 그곳은 징담(澄潭)이 깊고 절벽(絶壁)이 높으며, 맑은 여울이 비단처럼 흘렀다. ② 그곳에 대(臺)와 정자(亭子)를 짓고 간수(澗水)를 끌어와 지당(池塘)을 조성하여 거처를 마련했다.

③ 산맥은 "端妙(단묘)흔 飛峯(비봉)과 偃蹇(언건)흔 梅岳(미악)이 東西(동서)롤 相對(상디)ᄒ여 有情(유졍)이" 서 있는데, 그 모습이 "玉容端士(옥용단ᄉ)와 介冑武夫(기쥬무뷔) 揖讓周旋(읍양주션)ᄒ여 氣勢(긔셰)롤 다토는 듯" 하다. 봉우리들은 높고 곱게 뻗어나갔고, 천주봉(天柱峯)이 우뚝 솟았으며, 수산(水山)은 굽이치며 달린다. 그 모습이 멀리서 보면 가인(佳人)의 찡그린 눈썹 같고, 가까이서 보면 화공의 수묵(水墨) 같다.

④ 강은 황지(潢池)에서 발원하여 만학(萬壑)을 탄합(呑合)하고 바다에 이르는데, 그 중 일부가 용추(龍湫)로 흘렀고, 다시 이십사교(二十四橋)를 지나 절벽(絶壁)을 감돌아 죽원탄(竹院灘)으로 들어온다. 물가엔 백사장이 눈처럼 펼쳐져 있으며, 그 주변엔 어촌(漁村)이 띄엄띄엄 보인다.

<매호별곡>에도 <지수정가>나 <노계가>와 마찬가지로 원림의 조성과정과 주변의 자연·지리적 특성에 관한 정보를 구체적으로 담고 있다. 두 작품과 다른 점은 산맥을 풍수적인 관점에서 보지 않고, 문무(文武)의 이미지로 형상화하고 있다는 것, 그리고 두 작품에 비해 화자의 정서표출을 통해 자연의 아름다움을 부각시키는 데 상대적으로 많은 비중을 두고 있다는 점 등이다.

그러나 <매호별곡>도 앞서 언급한 작품들과 마찬가지로 공간의 완전성을 부각시키는 데 초점을 맞추고 있음은 물론이다.

신계영의 <월선헌십육경가>는 사계(四季)를 노래한 부분에서 공간구성이 나타난다. 그런데 <월선헌십육경가>는 각 계절의 서두에서 계절적 이미지를 환기시킨다. 이어서 경물들을 근경에서 원경으로 포진시키고 있다. 여기에서 경물들은 16세기 강호가사와 마찬가지로 정서를 촉발시키는 매개물이거나 객관적 상관물로 기능하고 있다. 그리고 각 단락은 마지막 부분에서 각 계절을 찬양하거나 흥취를 표출함으로서 시상을 마무리한다.14)

따라서 이 작품은 서술방식과 태도에 있어서는 16세기적인 특성을 충실하게 계승하고 있다. 그러나 한편으로는 은거지 주변의 풍경이나 경물을 근경에서 원경으로 서술함으로서 17세기의 특성인 공간의 완전성을 우회적으로 드러내고 있다.

---

14) 춘사(春詞) ; 계절 이미지-새싹, 동풍(東風), 권농(勸農), 근경 ← 서창 근처의 괴석, 중경-솔숲과 화초-적성의 아침 안개-금오산(金烏山) 산마루의 안개 → 원경. 경치찬탄-龍眠妙手로 水墨屛을 그렷는 듯.
  하사(夏詞) ; 계절 이미지-낙화, 긴 낮, 어린 잎이 만드는 그늘. 근경 ← 낮잠을 깨우는 꾀꼬리 소리-목동의 피리소리-오서산(烏棲山) 봉우리와 안개 → 원경. 안개찬양-몃 번 時雨 되야 歲功을 일웟는다.
  추사(秋詞) ; 계절 이미지-낙엽(오동잎), 서리. 근경 ← 서담(西潭)에 비친 추색(秋色)과 단풍-동쪽 들녘의 황운 → 원경. 풍요로운 가을의 농촌 풍경과 흥취.
  동사(冬詞) ; 계절 이미지-북풍(北風), 모설(暮雪). 근경 ← 매송죽(梅·松·竹)-내 건너 마을-우양(牛羊)의 하산(下山), 석문봉(石門峯)의 석양, 날아가는 기러기 → 원경. 세한고절을 지키겠다는 화자의 의지와 맑고 고결한 달을 찬양.

(2) 생활양태

강호시가에서 읽어내는 깨달음의 기쁨이나 자연과의 교감에서 촉발되는 흥취는 화자의 생활모습을 통해 구체적으로 드러나기 때문에, 생활양태는 어느 작품에서나 나타나기 마련이다. 장르문제와 관련하여 주목되는 것은 그것의 서술태도이다.

즉 생활양태에 대한 서술이 생활양태 그 자체를 구체적으로 보여주는 데 초점을 맞추는가, 아니면 또 다른 무엇을 환기하기 위한 보조적인 장치인가? 만일 전자를 지향한다면 생활양태는 전경화되어 구체적으로 제시되며, 주제적 양식에 해당된다. 그러나 후자를 지향하면, 화자의 정서나 내면을 우회적으로 표상하며 배경으로 밀려나며, 서정적 양식에 해당된다.

먼저 <면앙정가>를 보자.

① 藍輿롤 비야 투고 솔 아리 구븐 길노 오며 가며 ᄒ논 적의/ 綠楊의 우는 黃鸝 嬌態 겨워 ᄒ논괴야/ 나모 새 ᄌᆞᄌᆞ지어 樹陰이 얼린 적의/ 百尺欄干의 긴 조으름 내여 펴니/ 水面 凉風이야 긋칠 줄 모르는가 …중략… ② 乾坤도 가음열샤 간 대마다 경이로다/ 人間을 써나와도 내 몸이 겨를 업다/ 니것도 보려ᄒ고 져것도 드르려코/ ᄇᆞ람도 혀려ᄒ고 돌도 마즈려코/ 봄으란 언제 줍고 고기란 언제 낙고/ 柴扉란 뉘 다드며 딘 곳츠란 뉘 쓸려료/ 아츰이 낫브거니 나조희라 슬흘소냐/ 오놀리 不足거니 내일리라 有餘ᄒ랴/ 이 뫼히 안ᄌ 보고 져 뫼히 거러 보니/ 煩勞ᄒᆞ 무음의 ᄇ릴 일리 아조 업다/ 쉴 스이 업거든 길히나 젼ᄒ리야/ 다만 ᄒᆞᆫ 青黎杖이 다 뫼되여 가노미라/ ③ 술리 닉어거니 벗지라 업슬소냐/ 블너며 투이며 혀이며 이아며/ 온가짓 소리로 醉興을 ᄇᆞ야거니/ 근심이라 이시며 시름이라 브터시랴/ 누으락 안즈락 구부락 져츠락/ 을프락 프람ᄒᆞ락 노혜로 노거니/ 天地도 넙고 넙고 日月도 ᄒᆞᆫ가ᄒᆞ다/ 羲皇을 모올너니 니 적이야 긔로괴야 <면앙정가>

① 화자는 남여를 타고 솔 아래 굽은 길로 오가다가 꾀꼬리의 교태로운 소리를 듣는다. 또 고요한 숲 속 그늘이 드리워진 정자에서 낮잠을 청하는데 시원한 바람이 끊임없이 불어온다. ②에서 화자는 일상의 일들을 수행하지 못할 정도로 자연의 흥취에 흠뻑 빠져있다. ③ 여기에 술과 벗을 동반한 질탕한 풍류는 화자의 흥취를 최고조에 이르게 한다.

이상 인용문에서 중심은 화자의 행위가 아니다. 서술의 초점은 꾀꼬리의 교태로운 울음소리와 맑고 시원한 바람에 홍발된 화자의 정서, 자연이 주는 즐거움에 흠뻑 빠져 흥이 최고조에 도달한 상태, 아무 것에도 구속됨이 없는 절대자유의 상태에서 화자가 느끼는 흥취 등, 자연과의 교감이나 화자의 고양된 흥취를 표출하는 데 있다. 또한 설의법과 영탄법을 통해 수용자와의 정서적 공감대를 지속적으로 유도하고 있다. 때문에 인용문은 서정적 양식에 해당하는 것이다.

<성산별곡>에서 인물의 생활양태는 사시가흥(四時佳興)을 노래한 부분에서 나타난다. 여기에서 화자의 행위는 작품의 중심이 아니다. 이 부분에서 인물의 행위는 시상을 전환하거나 식영정과 관련된 승경을 형상화하는 기능에 머물 뿐,15) 중심은 자연과의 교감을 통한 화자의

---

15) 아래 인용문에서 〔 〕안에 표기된 제목은 <성산별곡>의 내용에 대응되는 한시를 의미한다.

듯거니 보거니 일마다 仙間이라.
울밋 陽地편의 외씨롤 쎄허 두고 믹거니 도도거니 비김의 달화니니〔양파종과(陽坡種苽)〕.
芒鞋롤 뵈야 신고 竹杖을 흐터디니.
그리미를 벗을 사마 棲霞로 홈믜 가니.
南風이 건듯 브러 綠陰을 헤처니니.
羲皇 벼기 우희 풋좀을 얼풋 끼니.
麻衣롤 니믜츠고 葛巾을 기우쓰고 구브락 비기락 보는 거시 고기로다〔수함관어(水檻觀魚)〕.

정서표출에 있다.

일상적인 생활양태는 아니지만, 울적한 심회를 토로한 작품 후반부에도 인물의 행위가 나타난다.

> 山中의 벋이 업서 黃券을 싸하 두고/ 萬古 人物을 거스리 혜여ᄒ니/ 聖賢도 만커니와 豪傑도 하도할사/ 언ᄀ계 비즌 술이 어도록 니걷ᄂ니/ 잡거니 밀거니 슬ᄏ쟝 거후로니/ ᄆ옴의 미친 시름 져그나 ᄒ리나다/ 거문고 시울 언져 風入松이 도야고야/ 손인동 主人인동 다 이져 브려셔라 <성산별곡>

인용문에서 화자는 역사상의 성현(聖賢)과 호걸(豪傑)을 떠올리며, 초라한 자신의 처지를 탄식한다. 이런 심리적 갈등을 해소하기 위해 술을 마시며 어느 정도 시름을 덜어낸다. 그리고 거문고로 풍입송(風入松)을 연주하면서 모든 갈등에서 벗어난다. 따라서 여기에서도 인물의 행위 그 자체보다는 화자의 정서를 표출하는 데 초점이 맞추어져 있다고 할 수 있다.

다음은 <상춘곡>을 보자.

> ① 柴扉예 거러보고 亭子애 안자보니/ 逍遙 吟詠ᄒ야 山日이 寂寂ᄒᆫ디/ 閒中 眞味롤 알니업시 호재로다/ ② 이바 니웃드라 山水구경 가쟈스라/ 踏靑으란 오놀ᄒ고 浴沂란 來日ᄒ새/ 아ᄎ믐에 採山ᄒ고 나조히 釣水ᄒ새/ ㅈ 괴여 닉은 술을 葛巾으로 밧타노코/ 곳나모 가지 것거 수 노코 먹으리라/ ③ 和風이 건듯 부러 綠水롤 건너오니/ 淸香은 잔에 지고 落紅은 옷새 진다/ 樽中이 뷔엿거든 날ᄃ려 알외여라/ 小童 아히ᄃ려/ 酒家에 술을 믈어/ 얼운은 막대 집고 아히는 술을 메고/ 微吟 緩步ᄒ야 시냇ᄀᆞ의 호자 안자/ 明

長松을 遮日 사마 石亭의 안자ᄒ니[석정납량(石亭納涼)].
그 아리 비룰 씌워 갈ᄃᆡ로 더뎌 두니[송담범주(松潭泛舟)].

沙 조흔 물에 잔 시어 부어 들고/ 淸流룰 굽어보니 뻐오ᄂ니 桃花ㅣ로다/ 武陵이 갓갑도다 져 ᄆ이 귄거인고/ ④ 松間 細路에 杜鵑花를 부치들고/ 峯頭에 급피 올나 구름 소긔 안자보니/ 千村 萬落이 곳곳이 버러잇닉/ 煙霞 日輝ᄂ 錦繡를 재펏ᄂ 듯/ 엊그제 검은 들이 봄빗도 有餘ᄒᆞ샤. <상춘곡>

인용문은 산촌 생활의 단면이 그려져 있다. ①에서는 소요음영(逍遙吟詠)하며 산촌생활의 한가로움을 즐기는 모습을 노래하고 있다. ②에서는 청유형과 미래형을 통해 이웃과 함께 산수구경을 하고 싶은 욕망을 노래하고 있다. ③은 시냇가에서 홀로 한가로이 잔을 기울이다가 도화를 보고 무릉을 생각하는 모습을 담고 있다. ④에서는 봉두(峰頭)에 올라 마을을 굽어보며 봄빛이 난만한 모습을 완상하고 있다.

인용문은 한가로이 봄의 흥취를 즐기는 생활의 단면을 구체적으로 담고 있다. 그리고 여기에는 생활의 단면을 통해 한가로운 가운데 맛볼 수 있는 흥취〔한중진미(閑中眞味)〕와 이웃과 더불어 난만한 봄을 만끽하고 싶은 화자의 욕망, 봄을 완상하며 느끼는 흥취 등이 간접적으로 표출되어 있다. 이점에서 인용문은 서정적 양식과 주제적 양식의 지배를 비슷한 비중으로 받고 있다.

이상에서 살펴본 바, 16세기 강호가사에서 생활양태는 서정적 양식의 지배를 받는 경우가 대부분이고, <상춘곡>처럼 서정적 양식과 주제적 양식의 지배를 비슷한 비중으로 받는다고 하더라도 그것이 작품 전체의 장르적 특성을 결정하는 정도로까지는 나아가지 않는다.

반면에 16세기와 비교할 때, 17세기에는 삶의 양태를 객관적이고 구체적으로 보여주는 데 상대적으로 많은 비중을 두고 있다.

소리소리 듯ᄂ거슨 處處의 우는 새오/ 빗비치 보ᄂ 거슨 節節이 픠ᄂ 고치/ 아마도 이몸이 늘거사 閑暇ᄒᆞ여/ 世事을 다 더지고 林下애 도라와셔

/ 琴書로 버들 삼고 猿鶴으로 무룰 삼아/ 노라도 여긔 놀고 안자도 여긔 안자/ 泉石膏肓이 나죵내 병이 되여/ 死生貧賤을 ᄒᆞᄂᆞ릐 부쳐두니/ 走兎功名을 내 엇지 잘 ᄯᅩ로며/ 浮雲富貴을 내 무스 일 부러 보리/ 주으리어든 버구리렛밥 먹고/ 목ᄆᆞᄅᆞ거든 박개물 마시니/ 이리ᄒᆞᄂᆞ 가온대 즐거오미 ᄯᅩ 인ᄂᆞ다/ 藥爐茶鐺과 土盆瓦樽은 훗더져 노혀잇고/ 水樂淸響과 松籟瑤瑟은 自然이 제 나ᄂᆞ다/ 一斗酒 부어 먹고 百篇詩 지어 쓰니/ 이 내의 生涯ᄂᆞᆫ 가스면닷 ᄒᆞ다마ᄂᆞᆫ/ 이 내의 事業은 이 외예 ᄯᅩ 업ᄂᆞ다 <지수정가>

인용문은 <지수정가>에 제시된 삶의 양태이다. 듣는 것은 새소리요, 보는 것은 꽃이라고 하여, 처음부터 단정적 담화양식으로 시작하고 있다. 이어지는 내용도 세속적인 욕망을 버리고 금서(琴書), 원학(猿鶴)과 더불어 이곳에서 평생을 보내겠다는 화자의 의지를 설명적으로 제시하고 있다.

특히 "이리ᄒᆞᄂᆞ 가온대 즐거오미 ᄯᅩ 인ᄂᆞ다"와 "이 내의 事業(사업)은 이 외예 ᄯᅩ 업ᄂᆞ다" 등 단정적 담화양식으로 의미단락을 마무리함으로서 발언의 객관성을 강조하고 있다. 이런 양상은 생활양태를 구체적으로 제시한 부분에도 나타난다.

年年이 點檢ᄒᆞ야 萬物을 靜觀ᄒᆞ니/ 四時佳興이 볼수록 각각 죠타/ 龍山애 비갠 후에 고사리 손소 것거 깅므ᄂᆞ 달히니/ 朝夕게 風味 이 足홉도 이 내의 分이로다/ 千山애 곳 다 지고 萬木애 새닙 나니/ 綠陰이 滿地ᄒᆞ여 夏日이 채 긴 저긔/ 石枕애 낫줌 ᄭᅢ여 涵碧塘을 구어보니/ 거으네 노는 고기 낫낫치 다 헬로다/ 竹間애 凉風이 나 荷葉酒을 훗티니/ 君子의 淡若水을 이어긔 알리로다 <지수정가>

사시가홍(四時佳興)을 노래한 인용문에서는 비갠 후에 고사리를 꺾어 국을 끓여 연명하면서도 "朝夕(조석)게 風味(풍미) 이 足(족)홉도 이 내의 分(분)이로다"라고 함으로서 탈속한 생활의 의미를 구체적으로 설명하고 있다. 이어지는 함벽당(涵碧塘)에서의 관어(觀魚)와 음주(飮酒) 부분도 군자(君子)의 담약수(淡若水)라는 구체적인 의미를 제시함으로서 정서의 표출보다는 객관적인 정보의 전달에 힘쓰고 있음을 알 수 있다.

이 외에도 눈 속에 푸름을 지키는 솔〔창염수(蒼髥叟)〕을 보면서 만장기(萬丈氣)를 가졌다고 한다거나 '後凋(후조) 밍셰'를 고치지 않겠다고 함으로서 '撫孤巖(무고암)'의 의미를 구체적으로 설명하고 있다. 또한 자신을 직접 '物表(물표)'애 쒸여나 橘裏(귤리)에 逍遙(소요)'하는 '榮辱(영욕)을 다' 잊은 '神仙(신선)'이라고 하며, '白居士(백거사) 香山社(향산사)와 陶弘景(도홍경)의 松風樹(송풍사)' 등의 은자(隱者)와 비교한다. 이어서 은자로서의 구체적인 모습을 서술16)한 후, "樽酒談笑(준주담소)로 민일에 지내노라"라고 하여 설명적이고 단정적인 표현으로 마무리하고 있다. 즉 <지수정가>에서는 탈속한 화자의 생활양태를 자연과의 교감이나 정서의 표출을 통해 간접적으로 보여주는 것이 아니라, 설명적이고 구체적인 서술을 통해 직접적으로 제시하고 있는 것이다.

다음은 <노계가>에 제시된 생활양태를 살펴보자.

山中 百物이 다 절로 己物되니/ 子陵이 둘이오 沮溺이 서히로다/ …중략…中心이 瑩然ᄒᆞ야 世慮 절로 그처디니/ 光風 霽月이 腔子裏예 품엇는 둧/ 浩然 眞趣 날로 새롭ᄒᆞ노왜라/ 飛禽 走獸는 六畜이 되얏거눌/ 달 알이 괴기 낙고 구룸 속의 밧흘가라/ 먹고 못나마도 그칠 적은 업노왜라/ 無盡

---

16) 잇다감 홀 일 업서 鶴氅衣 니믈 츠고 烏角巾 빗기 스고 黃庭經 옆퓌 기고 靑藜杖 고초 집퍼 솔 아래 훗거러 못 우희 잠간 수여 南臺예 朗吟ᄒᆞ고 東皐애 舒嘯ᄒᆞ야 알옥간 건너 류홍동 ᄂᆞ려가 믈ᄀᆞ 조차 고기 낫고 芝谷구의 도라 商山洞 드러가 구룸 츠자 ᄂᆞ몰 씨야 靑山影裏와 紅蔘花邊으로 허룽도이 오락가락 희올 저기 野人山僧과 遊客詩朋을 凌波橋 步虛橋애 만나는 둧 반기ᄂᆞ 둧.

호 江山과 許多호 閑田은 分給子孫 호려이와/ 明月 淸風은 논호듀기 어려올시/ 才與 不才예 養志호는 아돌 호아/ 太白淵明 證筆에 永永別給호엿노라/ 내의 이 말이 迂闊호돗 호것마는/ 爲子孫計는 다만인가 너기로라/ 쏘 어린 이몸은 仁者도 아니오 智者도 아니로되/ 山水에 癖이 이러 늘글ᄉ록 더욱호니/ 져 貴호 三公과 이 江山을 밧골소냐. <노계가>

화자는 자신을 자릉(子陵)과 저익(沮溺)으로 자부하며, 자연에 은둔한 후부터 마음이 맑아지고 세속적인 욕망에서 벗어나 고요한 마음가짐 상태에서 호연진취(浩然眞趣)가 날로 새로워진다고 하였다. 또한 낚시와 궁경으로 풍족하지는 않지만 굶지는 않는다고 하였다. 한편 자식들에게 한전(閑田)과 더불어 태백(太白)과 연명(淵明)의 증필(證筆)을 물려주겠다고 하면서, 남들은 비웃겠지만 자신의 위자손계(爲子孫計)는 그것뿐이라고 하였다. 또한 산수(山水)의 벽(癖)이 늙을수록 심해진다고 하였다.

이상의 내용도 자신의 생각과 의지를 객관적으로 제시하는 데 초점을 맞추고 있으며, 설명적 서술에 가깝다. 이 때문에 독자는 인용문에서 서정시에서 맛볼 수 있는 화자와의 심리적 공감대는 형성할 수 없고, 다만 화자가 말하는 삶의 양태가 구체적으로 무엇인지를 들을 뿐이다.

봄날의 정경을 서술한 부분도 마찬가지이다.

春日이 채 긴 제 낙디를 비기 쥐고/ 葛巾 布衣로 釣臺예 건너 오니/ 山雨는 잠깐 개고 太陽이 쐬오는디/ 물근 바람 더디 오니 鏡面이 더옥 발다/ 검흔 돌이 다 보이니 괴기 數를 알리로다/ 괴기도 나치 이거 놀닐 줄 모르거든 차마 엇디 낙글넌고/ 罷釣 俳徊호며 波心을 구어보니/ 雲影 天光은 얼희여 줌겨는디/ 魚躍 于淵을 구롬 우희 보아고야/ 하 문득 驚怪호야 俯察 仰觀호니 上下天 宛然호다/ 一陣 東風에 긔엇진 漁笛이 놉히 부러 보

니던고/ 江天이 寥寂호더 반가와도 들리느다. <노계가>

　인용문은 봄날의 고요한 정경을 화자의 시선을 따라 구체적으로 담아내고 있다. 낚싯대를 들고 조대(釣臺)로 건너왔는데, 산우(山雨)가 개고 햇볕이 쏟아져 맑은 물 속이 훤히 비친다. 고기가 낯익은 얼굴에 놀라지 않기에 차마 낚을 수가 없었다. 낚시를 포기하고 물 속을 들여다보았는데, 운영(雲影)과 천광(天光)이 물 속에 어려, 마치 물고기가 구름 위로 떠다니는 것처럼 보였다. 이에 깜짝 놀라 부찰앙관(俯察仰觀)한 후, 상하천(上下天)이 같다는 깨달음에 도달한다. 이때 마침 바람결에 적막을 깨며 한 줄기 어적(漁笛)이 들려온다. 피리소리는 깨달음의 기쁨을 돋우며 반갑게 들린다.
　인용문은 전체가 객관적인 상황을 설명하는 형식을 취하고 있다. 즉 화자의 경험을 객관적으로 제시함으로서 성리학적인 깨달음의 경지를 구체적으로 보여주고 있는 것이다.
　이어서 '正値(정치) 花時(화시)를 虛度(허도)치 말냐 너겨' 아이에게 심산궁곡(深山窮谷)에서 얻을 수 있는 먹거리를 준비시킨다. 이에 "살진 고사리 春氣(춘기)훈 當歸草(당귀초)를 猪脯鹿脯(저포녹포) 相間(상문)ㅎ야 크나 큰 細柳(세류)사애 洽足(흡족)히 다마 두고 鮒魚膾(부어회) 初味(초미)예 訥魚生雉(눌어생치) 서거 구어 빗빗치 드리거든 瓦樽(와준)에 白酒(백주)를 박잔의 가득 부어 훈 잔 쏘 훈잔 醉(취)토록 먹은 後(후)에 桃花(도화)는 紅雨(홍우)되야 醉面(취면)에 샐리는더 苔磯(태기) 너븐 돌애 놉히 베고 누어" 태평성대(太平聖代)를 구가한다. 이상의 내용도 행위나 상황을 직설적인 설명의 형태로 제시하고 있다.
　다음은 <매호별곡>에 서술된 생활양태를 보자.

烹茶(핑다)를 ᄒᆞ오리라 松子(송즈)룰 주어노코/ 朮酒(츌쥬)를 거른 후의

葛巾(갈건)을 아니널냐/ 溪邊(계변) 든 잠을 水聲(수셩)이 씨오는 듯/ 竹林(죽님) 깁흔 곳이 손니조차 오노미라/ 柴門(싀문)을 열치고 落葉(낙엽)을 밧비 쓸며/ 익ᄌ 씨인 바회예 지혀도 안ᄌ보며/ 그늘진 松根(송근)을 베고도 누어보며/ 閑談(한담)을 못 다 그쳐 山日(산일)이 빗겨시니/ 尋僧(심승)을 언제 ᄒ고 採藥(치약)이 저물거다/ 그도 번거ᄒ여 썰치고 거러올나/ 萬里雙眸(만니쌍모)를 치드러 도라보니/ 落下孤鶩(낙하고목)은 오가며 단니거든/ 茫茫俗物(망망속물)은 眼中(안중)의 塵埃(진익)로다/ 機心(긔심)을 이졋거니 魚鳥(어됴)나 날 더흘랴/ 苔磯(틱긔)예 나려 안ᄌ 白鷗(빅구)를 벗을 삼고/ 瓦盆(와분)을 거우려 취토록 혼ᄌ 먹고/ 興盡(흥진)을 긔약ᄒ여 夕陽(셕양)을 보닌 후의/ 江門(강문)의 달이 올나 水天(슈쳔)이 일식인 제/ 滿江風流(만강풍뉴)룰 혼 빈 우의 시러 오니/ 飄然天地(표연쳔디)예 걸닌 고디 무숨 일고/ 두어라 이렁셩 그러 終老(죵노)혼달 어이 ᄒ리. <매호별곡>

화자는 차를 끓이기 위해 솔가지를 주어놓고, 술을 거른 갈건을 널려한다. 때마침 손님이 찾아와 사립문을 열고 낙엽을 쓸어낸다. 손님과 함께 바위와 송근을 오가며 한담을 나누다가 석양이 드리운다. 이어서 산에 올라 사방을 돌아보며, 속물(俗物)들이 모두 진애(塵埃)이며 기심(機心)을 잊었으니 자연(魚鳥)만이 벗이라고 선언한다. 다시 태기(苔磯)에 내려와 석양이 지도록 홀로 술을 먹는다. 달이 뜨자 "滿江風流(만강풍뉴)룰 혼 빈 우의" 싣고 돌아온다.

여기에는 물론 "興盡(흥진)을 긔약"을 기약한다거나, "滿江風流(만강풍뉴)룰 혼 빈 우의 시러" 온다고 하는 등, 홍(興)과 관련된 표현들이 있다. 하지만 인용문은 "飄然天地(표연쳔디)예 걸닌 고디" 없는 절대자유의 경지의 구체적인 예를 보여주는 데 초점이 맞추어져 있다. 그 이유는 "茫茫俗物(망망속물)은 眼中(안중)의 塵埃(진익)로다 機心(긔심)을 이졋거니 魚鳥(어됴)나 날 더흘랴", "飄然天地(표연쳔디)예 걸닌 고디 무숨 일고" 등의 선언적 표현을 통해 화자의 의도를 직접적으로 전달하고 있기 때문이다.

이 시기 강호가사 중에는 거의 전적으로 생활양태에 대한 서술만으로 이루어진 작품도 있다. 김기홍의 <채미가>17)와 차천로의 <강촌별곡>18)이 그것이다. <채미가>와 <강촌별곡>은 앞서 살펴본 세 작품과 마찬가지로 자신의 생활양태를 구체적으로 보여주는 데 중점을 둠으로서 자신의 탈속성과 이념적 고답성을 부각시키고 있는 것이다.

윤이후의 <일민가>도 화자의 삶의 양태를 구체적으로 보여주는 데 상당한 비중이 두어져 있다. 이 작품은 '옥천전가지락(玉泉田家之樂)'과 '죽도강호지승(竹島江湖之勝)'을 노래하고 있다. 전자에서는 도연명적 삶의 양태19)가, 후자에서는 세속과 격절된 탈속한 은자로서의 삶의

---

17) 서사에서는 방초(芳草) 소계변(小溪邊)에 모옥(茅屋)을 짓고, 새소리와 운연(雲煙)에 의해 세속과는 격절된 공간에서 자연의 섭리 - 늘 푸른 솔과 쉼 없이 흐르는 시냇물 -를 깨달으며 지낸다고 하였다.
본사는 구체적인 생활양태를 서술하고 있다. 봄을 맞아 꽃과 나비가 어우러진 무궁한 경물이 눈 아래 펼쳐져 있다. 화자는 그 속에서 어디에도 구속됨이 없이 자유롭게 노닌다. 호중천지(壺中天地)의 욱욱(郁郁)한 유란(幽蘭)과 청송(靑松), 미록(麋鹿), 백구(白鷗)를 벗삼아 지내면서 세월을 잊고 있다. 다만 화개낙화(花開落花)로 세월 감을 알뿐이다. 화자는 세속적인 욕망에서 벗어나 청려장을 짚고 유유자적하며, 우주자연의 섭리- 연비어약(鳶飛魚躍)과 추월춘풍(秋月春風) -를 깨달으며 홍취에 젖는다. 결사에서는 청풍명월(淸風明月)과 백년해로(百年偕老)하겠다는 의지를 표명하며 작품을 마무리하고 있다.
18) 서사에서부터 부귀공명을 버리고 속세를 벗어나 자연에 은거했음을 천명하고 있다.
본사는 전체가 생활모습을 담고 있다. 화자가 하는 일은 '松珊紫芝 노래 ᄒ고', '石田春雨 밧츨' 갈며, '등고서소 임류부시(登高舒嘯 臨流賦詩), 조래벽계 주향송림(朝來碧溪 晝向松林)'하는 것이다. 채산(採山)과 조어(釣魚)로 얻은 것을 먹고 지낸다. 또한 배를 타고 낚시를 하며 호수에 비친 낙조를 보며 일렁이는 물결에 홍취에 젖으며 가어옹이 된다. 거구세린(巨口細鱗)을 낚아 낙조에 집으로 돌아온다. 금서소일(琴書消日)하며 노래와 술에 취해 잠이 들고 학소리에 잠이 깬다.
결사에서는 끝까지 이런 삶을 지향하겠다고 다짐한다.

양태[20]가 형상화되어 있다.

이상에서 살펴본 바, 17세기에는 많은 작품들이 구체적인 공간구성이나 생활 양태를 객관적으로 보여주는 데 초점을 맞추고 있으며, 이 때문에 주제적 양식의 지배력이 16세기에 비해 강화되었음을 알 수 있다.

그런데 여기에서 또 하나 짚고 넘어가야 할 부분은, 17세기 강호가사에서 공간구성이나 생활양태를 객관적으로 보여주는 데 초점을 맞춘 이유가 무엇인가 하는 점이다.

첫 번째 이유는 공간의 이미지가 곧 화자의 이미지와 등치되기 때문이다. 앞서 살펴본 바, 17세기 강호가사에서는 은거지와 그 주변의 지형적 특성을 구체적으로 서술함으로서, 공간의 완전성을 부각시키는 경우가 많다. 그리고 화자는 자신만이 이와 같이 완전한 공간을 점유하고 경영할 수 있다[21]고 함으로서 공간의 완전성을 화자 자신의 이념

---

19) 화자는 본사 서두에서 벼슬살이에 환멸을 느껴 고향으로 돌아오는 모습과 본사 마지막 부분의 평량자(平凉子)에 오죽장(烏竹杖)을 짚고 오류택(五柳宅)으로 돌아와 유유자적하며 지내는 모습을 통해 도연명적 삶을 표방하고 있다.
20) 화자는 '微茫훈 十里烟波'가 둘러쳐진 '縹緲훈 一片孤島(竹島 : 필자주)'의 창송(蒼松)과 취죽(翠竹)이 어우러진 곳에 초당수간(草堂數間)을 짓고, 백구(白鷗)를 벗삼아 낚시를 한다. 그리고 스스로 이런 생활을 세속적 욕망을 버린 어조생활(漁釣生活)로 규정하고 있다.
21) 17세기 가사에서는 흔히 아무도 알아보지 못한 공간을 자신만이 알아보고 경영한다는 자부심이 표출되어 있다.
千古애 荒廢地을 아모도 모르더니/ 一朝애 眞面目을 내 호온자 아란노라. <지수정가>.
蘆溪 깁흔 골이 힝혀 마참 차즈오니/ 第一江山이 님지 업시 브려느다/ 古往今來예 幽人 處士들이 만히도 잇건마는/ 天慳地秘ㅎ야 느를 주랴 남겨 썻다 <노계가>.
갑 업슨 風月과 임지 업슨 江山을/ 造物이 許賜ㅎ여 날을 맛겨 브리시니 <매호별곡>.
아마도 이 江山은 걸린 고디 바히 업서/ 몃 히롤 無主ㅎ야 내 손의 도라 오니/ 하눌이 주신 작가 人力으로 어들소냐 <일민가>.

적, 인격적 완전성과 등치시킨다.

즉 공간의 완전성을 구체적이고 객관적으로 서술함으로서 궁극적으로 화자의 이념적, 인격적 완전성을 객관적으로 제시하고 있는 것이다. 17세기 전반 재지사족에게 있어서 강호는 그 내부의 모습을 완전히 밝히고 싶은 보편적 주제이자, 그를 통해 그들 자신의 모습을 밝혀주는 보편언어였을 것으로 추정한 김용철의 논의는 이점에서 시사하는 바가 크다.22)

그러나 자신의 이념적, 인격적 완전성은 공간이나 생활양태를 객관적으로 제시하지 않고도 충분히 부각시킬 수 있다. <면앙정가>에서도 송순의 이념적 순수성과 고답성을 느낄 수 있기 때문이다. 17세기에 공간구성을 구체적이고 객관적으로 제시한 데는 강호에 대한 인식의 변화가 중요한 요인으로 작용한 것으로 보인다.

17세기 강호가사에는 17세기 시조와 마찬가지로, 강호(江湖)형상과 함께 전가(田家)형상과 도연명적 삶에의 지향이 나타난다.23)

16세기의 자연은 강호(江湖)로, 혼탁한 정치현실의 대척점에 위치하고 있으며, 성리학적 이법(理法)이나 도(道)를 표상하는 하나의 이념으로, 특별한 조건을 갖춘 공간이 아니다. 때문에 자연은 본성(本性)을 깨닫고 회복할 수 있는 거울이 된다. 반면에 전가(田家)에서 자연은 구체적인 삶의 현장이고, 자족적 공간이며, 혼탁한 현실로부터 격절된 은일(隱逸)의 공간이다. 그 전형적인 예가 도연명(陶淵明)이다. 따라서 전가(田家) 이미지와 도연명적 삶은 지향하는 바가 같다고 할 수 있다.24)

---

22) 김용철, 「『사제곡』의 강호구성 원리와 철학적 기반」, 『어문논집』 40(안암어문학회, 1999), 45~46면.
23) 물론 조우인의 <매호별곡>, 정훈의 <용추유영가>, <수남방옹가>처럼 16세기적인 강호형상만을 강하게 견지하는 경우도 있다.
24) 이에 대한 자세한 논의는 다음 논문을 참고할 것.
이형대, 「朝鮮朝 國文詩歌의 陶淵明 受容樣相과 그 歷史的 性格」(고려대

앞서 살펴본 바, <지수정가>와 <노계가>에서의 삶의 양태나 공간 이미지는 강호와 많은 부분을 공유하고 있다. 그러나 서두에 제시된 구체적인 공간구성은 전형적인 양택 풍수의 명당으로, 사람살이에 적합한 지형을 갖춘 자족적인 공간이다. 그리고 화자 자신은 세속과 격절된 공간에 살고 있는 은자로 형상화되어 있다. 그리고 <월선헌십육경가>에서는 춘사(春詞)에 농업을 권면하는 내용이 서술되어 있다. 추사(秋詞)에서는 누런 들녘 사이로 맑게 흐르는 냇가에서 붉은 게와 누런 닭, 알맞게 익은 술을 들고 벗들과 저녁부터 아침까지 놀이를 하고, 아이들이 그물로 게를 잡는 모습, 고기를 파는 모습 등25) 전원생활의 구체적인 모습과 흥취를 담아내고 있다. 따라서 이 세 작품들은 전형적인 전가(田家) 형상을 담고 있다고 할 수 있다.

한편 황일호의 <백마강가>는 1, 2, 3장에서 <귀거래사>의 내용을 원용26)함으로서 확실하게 도연명적 삶을 지향하고 있다. 윤이후의 <일민

석사논문, 1991).
권순회,「田家時調의 美的 特質과 史的 展開 樣相」(고려대 박사논문, 2000).
25) 東녁 두던 밧긔 크나 큰 너븐 들희/ 萬頃 黃雲이 혼 빗치 되야 잇다/ 重陽이 거의로다 니 노리 ᄒ쟈스라/ 불근 긔 여물고 누른 둙이 술져시니/ 술이 니글션졍 버디야 업술소냐/ 田家 興味는 날로 기퍼 가노매라/ 살여흘 긴 몰래예 밤블 불가시니/ 게 잡는 아히들이 그믈을 훗텨 잇고/ 狐頭浦 엔 구븨예 아젹 믈이 이러 오니/ 돗돈 빈 欸乃聲이 고기 ᄑ는 댱시로다/ 景도 됴커니와 生理라 괴로오랴.
26) 三生이 多累ᄒ야 俗緣을 못 다 맛ᄎ/ 우홉다 니 니 身世 첫 계규 글너잇다/ 陶潛의 五斗米을 뉘라셔 권ᄒ관디/ 六載 光陰을 苟且히 지내연고/ 어와 아희들아 빈 모다 져허셔라 (일장).
엇그계 故鄕消息 뉘라셔 견ᄒ던고/ 챵 밧긔 피온 梅花 몃 가지나 ᄒ단 말고/ 蕙帳이 비여시니 猿鶴을 뉘 벗ᄒ리/ 沙丘의 녯 명셰을 뉘라셔 일울 손이/ 어와 아희들아 빈 모다 져허셔라 (이장).
五馬을 썰쳐 너고 印끈을 풀쳐 너니/ 山陰의 父老들은 가지 말나 ᄒ건만은/ 秋天의 외로온 빈 浩然이 도라온이/ 山川은 漸近ᄒ되 風景은 새롭고야/ 어와 아희들아 빈 모다 져허셔라 (삼장).

가>에서도 <귀거래사>의 모티프와 세속과 격절된 은자의 이미지가 함께 나타난다. 그리고 <노계가>에서는 오류변(五柳邊)에 와실(蝸室)을 지었다고 하여, 도연명적 삶을 표방하고 있다.

따라서 전가(田家)나 도연명(陶淵明)적 삶에 대한 지향은 17세기 강호인식의 중요한 국면으로 작용하고 있다고 할 수 있다. 이와 같은 자연에 대한 인식의 변화가 17세기 강호가사에서 공간을 구체적이고 객관적으로 제시한 중요한 요인으로 작용했다고 생각한다.

즉 전가(田家)의 공간은 강호(江湖)와는 달리 세속과 격절된, 자족적인 존립기반을 갖춘, 구체적인 물리적 공간이기 때문에, 공간의 모습을 어떤 식으로든 객관화할 필요가 있었던 것이다. 공간의 완전성을 알아보고 그것을 경영한 것에 대단한 자부심을 표명한 것도, 전가(田家)가 이상적인 공간으로 인식되기 시작한 상황에서는 그런 능력 자체가 이념적 우월성을 나타내는 것이었기 때문이라 생각한다.

2) '기(記)'양식의 수용

조선후기 가사의 특성 중 하나로 흔히 산문화를 든다. 산문화는 율격의 일탈뿐만 아니라, 내용적인 측면과도 밀접한 관련이 있다. 조선후기 기행가사나 현실비판 가사 등은 사건의 진행과정이나 견문한 사실 등 산문적인 내용들을 담고 있다. 특히 18세기 이후의 기행가사는 국문유산기(國文遊山記)라고 할 수 있을 정도로 한문 유산기와 형식적, 내용적인 면에서 닮아있다. 조선후기 기행가사가 주제적 양식의 지배를 받는 것은 그것이 담고 있는 내용의 산문적 성향도 중요한 원인이 된다.

전란가사나 조선후기 기행가사, 유배가사 등과 유사한 산문양식은 '기(記)'라고 할 수 있다. '기(記)'는 대표적인 산문양식이며, 주제적 양식에 해당한다. '기(記)'는 사건의 시종(始終)을 기록하는 글로, 작가가 보고들은 경험적 사실을 시간의 흐름에 따라 객관적으로 서술하며, 후대에 의론(議論)을 덧붙이게 되었다고 한다. 더불어 세교지문(世敎之文)의 경향이 강하다고 한다.27)

조선전기 가사 중 '기(記)'의 이러한 특성을 제한적이나 갖고 있는 작품은 <남정가>다. <남정가>는 양사준이 명종 10년(1555)에 을묘왜변(乙卯倭變)이 일어나자 김경석(金景錫)의 막하에 들어가 남정군(南征軍)과 함께 전남 영암에 내려가서 왜구를 토벌한 후 전란의 전개과정을 서술한 작품이다.

서사와 본사에서는 자신이 직접 참전하여 경험한 을묘왜변(乙卯倭變)의 전개과정과 전란의 참상을 객관적이고 사실적으로 서술하고, 결사에서는 전란의 경험이 가져다준 교훈을 첨부하고 있다. 박인로의 <태평사(太平詞)>도 동일한 체제로 되어 있다.

하지만 조선전기에는 이와 같은 방식으로 서술된 작품이 <남정가> 이외에는 찾아보기 힘들다. 이는 조선전기 문학 담당층들이 경험적 사실을 객관적으로 서술하는 도구로는 한문산문(漢文散文)을 주로 사용했고, 가사는 한시나 시조와 더불어 화자의 정서를 표출하는 도구로 인식했기 때문이었던 것으로 보인다.28)

전란가사나 기행가사, 유배가사 등은 시간의 흐름에 따라 서술되는

---

27) 記의 특성에 대해서는 아래 논문을 참조할 것.
  김은미, 「'記'의 文體에 대한 試考」, 『한국한문학연구』 제13집(한국한문학연구회, 1990).
  박희병, 「韓國山水記 硏究-장르적 특성을 중심으로-」, 『고전문학연구』 제8집(한국고전문학연구회, 1993).
28) 조선후기 기행가사에 보이는 답사지에 대한 자세한 정보나 설화, 문물에 대한 관심이 조선전기 유산기(遊山記)들에서 이미 나타나고 있다. 그런데 가사에서는 18세기에 이르러서야 이러한 내용을 담아내고 있다는 것에서 이를 확인할 수 있다.

것이 일반적이기 때문에, 사건의 시말을 기록하는 '기(記)' 양식으로 쉽게 전환될 수 있다. 그런데 17세기에는 전란가사인 <태평사>나 유배가사인 <북천가>뿐만 아니라, 강호가사인 <지수정가>에서 '기(記)' 양식을 수용하고 있어 주목된다.

전기 강호가사의 경우 <면앙정가>와 <성산별곡>에 나타나는 바, 누정 주변의 승경들을 한시를 통해 개별적으로 노래하고, 가사에서는 그것들을 꿰어 하나의 통일된 세계를 구현한다. 이 작품들에서는 '면앙정'과 '식영정' 주변의 승경들을 <면앙정삼십영(俛仰亭三十詠)>이나 <식영정잡영(息影亭雜詠)>, <식영정잡영차운(息影亭雜詠次韻)>, <서하당잡영(棲霞堂雜詠)> 등에서 하나하나 개별적으로 노래하고 있다. <면앙정가>와 <성산별곡>에서도 개별 경물들은 부분적으로 독립적인 시상을 형성한다. 그러나 한시와는 달리 개별적인 승경들은 일관된 주제와 이미지로 통합된다. 여기에서 부분적으로 독립된 시상들은 서정적 양식의 지배를 받으며, 그것들이 통합된 작품 전체도 서정적 양식의 지배를 받는다.[29]

그러나 <지수정가>는 앞서 살핀 바, 객관적 사실을 서술하는 데 많은 비중을 두고 있다. 이는 <지수정가>가 '기(記)'양식을 수용하고 있기 때문이다. <지수정기(止水亭歌)>에 제시된 원림의 조성과정과 공간배치, 생활양태, 화자의 의지 등 많은 부분들은 <지수정기>의 내용과 부합된다.

① 정자를 지수라 이름한 것은 머무르게 한다는 뜻이다. 지난 戊子年(1588)에 외환을 당하여 와룡산 기슭에 복거할 생각을 하였다. 산세가 높고 시냇물이 곧장 아래로 흘러 물살이 급했다. 산가에서 이르기를 산이

---

[29] 이에 관한 자세한 논의는 박연호, 「장르구분의 지표와 가사의 장르적 성격」, 『고전문학연구』 17집(고전문학회, 2000)을 참조할 것.

높고 물이 급한 곳은 동구에 못을 파서 물을 멈추게 하는 것이 순리하고 하였다. 나도 듣고 그렇다고 여겼지만 뒤로 미루고 이루지 못한 지가 오래 되었다. 갑인년(甲寅年, 1614)에 이르러 비로소 조그마한 땅을 얻었는데, 지형이 좁고 협소하며, 암석이 울퉁불퉁하였다. 곳곳에 구덩이를 파고 높이 제방을 쌓았으며, 흙을 돋우어 높이고 물을 끌어다 대어 흘러가는 것을 막아 머무르게 했다. 반 이랑 정도의 웅덩이에 물이 고여서 맑은 물을 보니 하늘과 산빛이 그 속에 어리었으니, 진실로 이른 바 물살을 가둔 것이다. 그곳으로부터 들어갈수록 경치가 아름답고 돌무더기와 겹겹의 섬들이 물결 속에 어리었다.30)

①´ 저즘픠 黃鼠年(1588)에 先壟을 安葬ᄒᆞ니/ 千峯은 競秀ᄒᆞ야 ᄂᆞᄂᆞᆫ 鶴이 놀개 편ᄃᆞᆺ/ 萬壑은 爭流ᄒᆞ야 怒ᄒᆞᆫ 龍이 ᄭᅩ리 치ᄃᆞᆺ/ 길고 깁푼 고리 거후러 ᄂᆞ리거ᄂᆞᆯ/ 山家 風水說에 洞口모시 죠타 ᄒᆞᆯᄉᆡ/ 十年을 經營ᄒᆞ여 ᄒᆞᆫ ᄯᅡ홀 어드니/ 形勢ᄂᆞᆫ 좁고 굴근 岩石은 하고 만타/ 녯 길흘 새로 내고 半畝塘을 푸단마리/ 活水을 혀드러 가는 거슬 머므로니/ 明鏡이 ᄯᅴ 업서 山影만 ᄌᆞᆷ겨 잇다/ 千古애 荒廢地을 아모도 모ᄅᆞ더니/ 一朝애 眞面目을 내 호온자 아란노라.

② 산허리에 벼랑을 깎고 대를 쌓았다. 절벽 위에 노송이 있으니, 용처럼 또아리를 틀고 누워 있는데, 나무꾼과 화전민에게 상하고 풍상을 겪어서 수령이 얼마나 되는지 알 수 없었다. 내가 그것을 어루만지며 아타까워하여, 뿌리를 북돋우고 터를 넓게 정리하고는 그 사이에 조그마한 정자를

---

30) 亭以止水名志止也 往在戊子歲丁外憂 卜兆於臥龍山之原 山勢高也 溪澗直瀉而下 水流急也 山家云 山高水急處 鑿池於洞口而止之 亦其理也 余聞而然之 而遷延未就者久矣 越至甲寅秋 始得隙地 而地形狹隘 巖石犖确 村村掘坎 登登築堰 累土而高之 引水而注之 止其流而留其去 半畝泓渟 一鑑瀅澈 天光山色交映其中 眞所謂 貯漣漪也 自占一區 漸入佳境 叢石而疊島於波心.『葛峯先生文集卷之一』, <止水亭記>. 이하 같음.

지었다. 몇 길이나 되는 위태로운 곳에 위치하고 있기 때문에 형세가 하늘로 날아가는 듯하고, 날 듯한 처마의 은은한 그림자가 방과 더불어 상쾌함과 높음을 다투니 날아갈 듯 진외상이 있다. 처음에는 급류를 머물게 하는 데 목적이 있었기 때문에 정자를 지어 편액을 지수라고 하였다. 수십 년을 경영한 바, 천만고에 아낀 터를 열었으니, 이것 역시 운수이다.31)

②' 흐몰며 巖崖 노푼 우희/ 老松이 龍이 되여 구푸려 누엇거눌/ 雲根을 베쳐내고 小亭을 브쳐셰어/ 茅茨을 不剪ᄒ니 이거시 엇던 집고/ 南陽애 諸葛盧인가 武夷예 臥龍巖인가.

③ 새파랗게 솟은 겹겹의 산들을 보면 좌우에서 병풍처럼 막고 있으며, 빽빽한 소나무 숲이 앞뒤에서 울타리가 된다. 푸른 시내는 빠르게 흐르고 냇가의 돌들은 삐죽삐죽 은칼로 세긴 듯하니 어찌 황폐하게 버려두겠는가?32)

③' 처엄의 이내 뜯든 믈 머므을 ᄲᅳ니러니/ 이제논 도라보니 가지가지 다 죠해라/ 白石은 齒齒ᄒ여 銀刀로 사겨잇고/ 碧流는 漱漱ᄒ여 玉斗을 ᄯᅡ리 논듯/ 疊疊峯巒은 左右에 屛風이오/ 森森松檜은 前後에 울히로다/ 九曲上下臺은 層層이 두러졋고/ 三逕松菊竹은 주주리 버러잇다.

④ 이 정자에 올라 두루 돌아보며 지점한 즉, 와룡·천주·수정·박산·용정이 쪽진 머리를 벌려 놓은 듯, 연꽃이 드리운 듯하다.33)

---

31) 剛崖而敞臺於峯腰 巖崖上有老松 龍臥盤屈 傷樵火困風霜者 不知其幾春秋 余撫而惜之 培擁其根 廣拓其址 而因構小亭於其間 危臨數丈 勢入半空 飛簷隱映 爭室爽塏 儵然有塵外想也 余初爲止其水之急流 而仍亭焉 故揭其扁曰止水 以數十年之所經營 破千萬古之所慳秘 是亦數也.
32) 觀其疊嶂聳翠 左右屛障 亂松稠匝 前後藩離 碧潤漱漱 玉斗碎屑 白石齒齒 銀刀交架 豈意荒抛.
33) 若夫登斯亭也 顧眄而指點焉 則曰臥龍 曰天柱 曰水晶 曰九鷰 曰博山 曰

④′ 蜿蜒ᄒᆞᆫ 水晶山 偃蹇ᄒᆞᆫ 九鷲峯/ 磅礴ᄒᆞᆫ 博山뫼 穿隆ᄒᆞᆫ 龍井峯이/ 東西南北에 오거니 가거니/ 노포락 ᄂᆞ즈락 녜ᄂᆞᆫ듯 머므ᄂᆞᆫ듯/ 우둑우둑 龍蹲虎踞ᄒᆞ여 여긔을 닷그렷고.

⑤ 물의 근원을 거슬러 올라가면 황지에서 발원하여 청량산을 가로질러 넘실넘실 구불구불 흘러와 낙동강 상류가 되었다. 산과 강이 안팎에서 감싸니, 이것이 대략적인 모습이다.34)

⑤′ 산밧긔 萬里長江은 潢池예 發源ᄒᆞ야/ 淸凉을 지나흘너 退溪예 渟滀ᄒᆞ여/ 月川으로 바로 ᄂᆞ려 栢潭을 감도라/ 浩浩洋洋ᄒᆞ여 道脈川이 되여 이셔/ 다시곰 龍飛鳳舞ᄒᆞ여 廬江의 五老峯을 ᄯᅴ듸여/ 芝谷어귀 빗기 디나 臨川믈 ᄒᆞᆫ듸 모다/ 城山에 鶴峰을 ᄇᆞ라보고/ 屛山애 玉淵을 향ᄒᆞ여 洛東이로 가노라/ 屈曲盤回ᄒᆞ여 이 안홀 ᄡᅳ잇ᄂᆞ다.

⑥ 때때로 학창의와 오건을 쓰고, 청려장을 짚고 송림을 산보하며 유게암과 대에서 가다가 머물며 마음이 가는 대로 한다. 이에 또한 야인이 술을 지고 오고, 시벗이 문을 두드리면 혹 마시기도 하고 혹 시도 읊으니, 적료함을 해소하고 한가한 가운데 좋은 일을 즐기기에 족하다. 그러니 즐겁지 않겠는가? 남양의 제갈려, 여산의 와룡암과 비록 비슷하진 않지만, 백낙천의 향산사와 도홍경의 송풍사는 부럽지 않도다.35)

⑥′ 物表애 ᄲᅱ여나 橘裏에 逍遙ᄒᆞ야/ 神仙이 다 되여 榮辱을 다 니즈니/

龍井 螺鬢列簪 芙蓉援朶.
34) 遡其水之所自出則 發源黃池 橫過淸凉 浩浩洋洋 屈曲盤廻 而爲洛東江上流 山水之環抱於內外者 此其大略也
35) 時或鶴氅烏巾 手携靑藜 散步松林 流憩巖臺 或行或止 遂意自如 況復野人 載酒 詩朋叩門 或觴或詠 足破幽寂 閑中勝事 不亦樂乎 南陽之諸葛廬 廬山之臥龍巖 雖未敢擬 樂天之香山社 弘景之松風榭 不必羨也.

白居士 香山社와 陶弘景의 松風樹도/ 이러턴동 마던동/ 잇다감 홀 일 업서/ 鶴氅衣 니믈 츠고 烏角巾 빗기 스고/ 黃庭經 녑쯰 기고 靑藜杖 고초 집퍼/ 솔아래 훗거러 못우희 잠간 수여/ 南臺예 朗吟ᄒ고 東皐애 舒嘯ᄒ야/ 알옥간 건너 류홍동 느려가/ 믈ᄀᆞᆺ 조차 고기 낫고/ 芝谷구의 도라 商山洞 드러가/ 구롬 츠자 ᄂᆞᆷ 씨야/ 靑山影裏와 紅蓼花邊으로/ 허롱도이 오락가락 희올 저긔/ 野人山僧과 遊客詩朋을/ 凌波橋 步虛橋애 만나ᄂᆞᆮ 반기ᄂᆞᆮ/ 樽酒談笑로 미일에 지내노라.

㉠ 오호라! 사군자가 이 세상에 태어나 임금을 모시고 백성에게 덕화를 베푸는 것이 진실로 바라는 바이지만, 나아가 뜻을 얻지 못하면 물러나와 산림에 처하는 것을 원하니, 산림은 선비가 머물며 열심히 수양한 땅으로 마땅한 것이다. 평생 배운 바는 이미 실지이니, 마음 먹은 즉 산림에서 힘써 수양함이요, 어찌 경물에만 마음을 쓰는 데 머물 것인가? 대와 못에서 임경·소심·자비·향상 등의 이름을 돌아보고 뜻을 세기며, 요산요수하여 본성을 기르고 하늘의 뜻을 즐기는 데 이른 즉, 공경함에 머물고, 효에 머물고, 믿음에 머무는 것이 역시 어찌 나의 분수에 맞는 일이 아니겠는가? 그러한 즉, 이 정자는 다만 물을 머물게 하는 데 그치는 것이 아니요, 무릇 이른바 그 정해진 바에 머물러야 한다는 것을 알고, 그 머물음에 편안해 할 수 있으며, 지극히 선한 곳에 머무르는 자는 역시 그렇게 될 수 있다.36)

㉣ 다몬댱 士君子 一身이 이 셰예 나 이셔셔/ 致君인돌 아니ᄒ랴 澤民인

---

36) 嗚呼 士君子 生斯世也 致君澤民固所願也 而進不獲其志願則退宜處於山林 山林者士之所當 止而窮養之地也 平生所學旣以實地 爲志則山林窮養 豈止爲景物役哉 于臺于沼 顧名思義 臨鏡·小心·自卑·向上 以至於樂山樂水 而養性樂天 則止於敬 止於孝 止於信者 亦豈非吾分內事乎 然則此亭非止爲止水也 夫所謂知止有定 能安其止 而以止於至善之地者 亦可以此而馴致之也.

들 아니ᄒᆞ랴/ 出處進退예 시롬이 다 이시니/ 得志옷 못ᄒᆞ면 山林에 오려니와/ 그리타 景物만 일삼고 實地을 아니혜랴/ 平生에 비혼거시 忠孝을 顧ᄒᆞ더니/ 비록 窮達이 有時ᄒᆞ둘 ᄆᆞᄋᆞᆷ 잇ᄃᆞᆺ ᄯᅩ 다ᄅᆞ랴/ 북녁 臺예 올라가 塁雲을 ᄇᆞ라보니 思親淚 절로 나고/ 斗星을 瞻仰ᄒᆞ니 戀闕情 못 춤을다/ ᄒᆞ믈며 樂山樂水는 仁智의 일이오/ 登高自卑은 聖賢의 訓이라/ 臺일홈 도라보고 階梯을 ᄎᆞᄌᆞ가니/ 臨鏡 小心ᄒᆞ야 養性 樂天이 이내의 功業이로다/ 진실로 이 졍ᄌᆞ 가지고 이 功業 다ᄒᆞ면/ 浩然之氣예 于于得得ᄒᆞ야/ 萬事 無心ᄒᆞ니 三公괜둘 밧골소냐.

위 인용문에서 알 수 있는 바, <지수정가>와 <지수정기>는 내용뿐만 아니라, 사실을 객관적으로 서술하는 측면까지 유사하다. ①②에서는 터를 잡고 원림과 소정을 조성한 과정을 시간적 순서에 따라 서술하고 있다. ③④⑤는 주변 경물에 대한 서술이며, ⑥은 생활양태를 서술하고 있다. 그리고 ⑦에서는 화자의 생각을 피력하고 있다.

인용문은 사건의 전개과정을 시간적 순서에 따라 서술하거나, 경험적 사실이나 대상을 사실에 근거하여 서술하고, 의론(議論)으로 끝맺음으로서 '기(記)'의 전형적인 서술방식을 모두 사용하고 있다. <지수정가>가 전기 강호가사와 비교하여 주제적 양식의 지배를 상대적으로 강하게 받는 것은 바로 '기(記)'의 양식적 특성을 상당부분 활용하고 있기 때문이다.

이런 특성은 <지수정가>뿐만 아니라 제한적이나마 윤이후의 <일민가>에서도 나타난다. 이 작품은 여타의 강호가사와 달리 '도ᄅᆞ혀 싱각ᄒᆞ니 애ᄃᆞ론 일 하고 만타'고 하여, 삶의 회한(悔恨)을 토로하며 시작하고 있다.37) 이어서 자신이 이목총명(耳目聰明)한 남자로 태어나 어렵

---

37) 일반적으로 강호가사는 억지로 벼슬살이를 했지만 천석고황(泉石膏肓) 때문에 늘 강호로 돌아오기를 원했다고 한다. 즉 강호로 돌아온 기쁨이

게 공명을 이루었지만, 벼슬살이에 굴곡이 많았다고 했다. 또한 목민관의 책무에 충실하려 했으나 정적들- 니마 흰 모딘 범 -로 인해 정계에 환멸을 느끼게 되었고, 이에 당장 옷을 벗고 황관(黃冠)을 쓰고 바삐 말을 몰아 고향에 돌아와 삼경(三逕)을 다스리며 금서(琴書)와 조어(釣魚), 채약(採藥)으로 생활하며 인생지락을 즐긴다고 하였다.

즉 작품 서두에서 도연명의 <귀거래사(歸去來辭)>를 차용하긴 했지만, 은거의 경위를 경험적 현실[38]에 기반하여 서술하고 있다.

강호가사인 <일민가>에서 경험적 현실을 담거나 <지수정가>가 서술방식과 태도에서 '기(記)' 양식을 수용하고 있다는 사실은 가사가 17세기를 기점으로 경험적 현실이나 객관적 사실을 제시하는 도구로서의 기능을 강화하고 있음을 의미한다.

3. 결론

이상에서 살펴본 바, 17세기 강호가사는 공간구성이나 생활양태를 객관적으로 제시하려는 경향이 강해지면서 주제적 양식의 지배력이 점차 확대되어 갔음을 확인할 수 있었다. 또한 16세기에는 보편적인 자연의 이법 그 자체에 관심을 기울인 반면, 17세기에는 특별한 공간, 즉 탈속적이고 자족적인 공간만을 바람직한 공간으로 인식하는 태도를 보인다. 그리고 그것은 전가(田家)형상으로 결과되었으며, 그 전범 중 하나가 도연명적 삶의 양태라고 할 수 있다.

이와 같은 일련의 양상들에는 17세기 자연에 대한 인식의 변화와 17

나 자부심을 토로하면서 시작하는 것이 일반적이다.
38) 작가는 56세 때에 위친걸외(爲親乞外)하여 함평현감(咸平縣監)으로 내려왔다가 1년 만에 서인(西人) 발호로 기관(棄官)하고 귀향하여 남해(진도의 竹島)에 모옥을 짓고, 향리인 옥천(玉泉)과 죽도(竹島)를 왕래하며 여생을 보냈다.

세기 사족의 분화 과정에서 계급적 위상을 유지하기 위한 노력이 투영되어 있다. 16세기에는 특정한 공간이 아닌 자연 자체가 성리학적 도를 의미했다. 때문에 이 시기에는 자연 자체에 구현되어 있는 도의 실체를 발견하고 그것과 일체를 이루는 것이 곧 본성을 회복하는 길이었다.

박인로의 <노계가> 등에서도 자연에 대한 이와 같은 인식은 나타난다. 다른 점이 있다면 자신의 은거공간을 특별한 공간으로 설정하고 있다는 것이다. 전란 이후 중앙과 향촌사회의 권력구조 변화와 사족의 분화가 일어나면서 향촌사족들은 자신의 위상을 계속 유지할 수 있는 방편을 정치, 경제, 이념 등 여러 측면에서 모색하게 된다.

강호가사에 나타난 은거공간과 생활양태는 자신들의 이념적 완전성을 보여주기 위한 방편으로 기능하고 있는 것이다. 그런데 자신이 점유한 공간에 대한 특별한 의미규정은 성리학적 이념의 구현태로서 자연 자체가 갖고 있는 이념성이 특정한 공간에만 한정되는 결과를 가져왔다. 즉 부분(자연물)이 전체(자연, 이법)를 대신하는 전체성에 대한 인식이 붕괴되고 있음을 의미한다.

이와 같은 자연에 대한 인식의 변화는 18세기 이후 기행가사에서 자연전체 내지 자연 자체에 내재한 도 대신 개별 자연 사물이나 경물들의 개별적 의미를 추구하는 자연인식 태도와 인식론적인 차원에서 연결되는 것으로 추정된다.

시야를 17세기 가사 전체로 넓히면, 특히 경험적 현실을 객관적으로 제시하려는 경향이 확대되면서 주제적 양식이 지배력을 확대해 나갔음을 확인할 수 있다.

17세기에는 전란의 경험(박인로의 <태평사>)이나 개인적 경험(강복중의 <위군위친통곡가>, <분산회복가>, 김충선의 <모화당술회가>, 송주석의 <북관곡>), 부조리한 현실(허전의 <고공가>, 이원익의 <고

공답주인가>, 임유후의 <목동문답가>), 사행의 경험(박권의 <서정별곡>, 작가 미상의 <연행별곡>) 등 경험적 현실을 구체적이고 객관적으로 폭넓게 담아내고 있다. 특히 <위군위친통곡가>, <분산회복가>, <모화당술회가> 등은 개인적 경험을 전기(傳記)형식으로 담아내고 있다.

17세기 강호가사에서 공간이나 생활양태를 객관적으로 제시하는 데 초점을 맞춘 것뿐만 아니라, <누항사>에서 장면화를 통해 생활의 단면들을 구체적으로 제시하거나, <지수정가>에서 '기(記)'양식을 수용할 수 있었던 것도 17세기 가사 전반의 이와 같은 경향에 힘입은 바 크다고 생각한다. 특히 '기(記)'양식의 수용은 가사가 산문적인 특성을 포괄함으로서 가사의 산문화뿐만 아니라, 가사체가 장차 대표적인 국문표현수단으로 발전될 수 있는 계기를 마련했다고 본다.

또한 17세기 가사에서 급속하게 확산된 경험적 현실의 객관적 제시는 18세기 이후에 급격히 확대되어 기행가사, 유배가사, 교훈가사, 현실비판가사 등, 조선후기 가사문학의 중심적인 흐름으로 자리를 잡는다는 점에서 중요한 의미를 지닌다.

〔어문논집 45, 2002. 4.〕

17세기 가사의 장르적 특성

1. 서론

　가사의 장르적 특성에 대한 연구는 주로 16세기 이전과 18세기 이후의 작품들을 대상으로 하고 있다. 송강가사를 중심으로 한 초기 작품들은 가사의 원형을 상대적으로 온전하게 담지하고 있다고 여겨져, 가사 장르의 본질적 특성을 규명하기 위한 주 대상이 되었다.
　반면에 18세기 이후의 가사 작품들은 가사 장르의 변모양상을 살피는 연구에서 다루어졌다. 이 중 장르진화론적 관점(운문 → 산문, 서정 → 서사)에서 서사성 내지 서사화에 주목한 경우가 압도적이다. 따라서 17세기는 관심의 대상에서 벗어날 수밖에 없었다.
　제한적이나마 17세기에 주목한 논자가 이혜전이다. 그는 가사가 조선전기부터 서술성에 기반한 서사성을 갖고 있었으며, 후기로 갈수록 서사성이 확대된다고 보았다. 또한 17세기를 가사 장르 변모의 분기점으로 규정하고, <누항사(陋巷詞)>에서 서사성 확대의 단초를 찾고 있다. <누항사>의 소를 빌리러 가는 대목은 소를 빌리는 정경을 서사적 행동 중심으로 담아내고 있으며, 화자와 소주인과의 대화를 객관적으로 드러냄으로서, 경험적 현실을 충실히 반영하려는 작가의 변모된 의

식을 보여준다고 하였다.[1]

하지만 그의 논의는 서사성의 확대에 초점을 맞추었기 때문에, 그 이외의 부분들은 제외될 수밖에 없는 근본적인 한계를 갖는다.

가사 장르에 대한 시각은 교술, 전술, 수필 등 단일장르로 보는 시각과, 서정과 교술, 또는 서정, 서사, 교술이 복합된 장르로 보는 시각, 그리고 어디에도 속하지 않는 중간장르로 보는 시각 등이 있다. 그런데 단일장르로 보든 복합장르로 보든 조선후기에 이르면 가사의 장르적 특성이 전기와는 다른 방향으로 변화된다는 점에 대해서는 대체로 견해가 일치하는 것으로 보인다.

대표적인 예가 김학성의 논의이다. 그는 조선후기 가사의 장르적 특성을 '서정적 주제양식의 극대화', '서사적 주제양식의 극대화', '교술적 주제양식의 극대화'로 규정 하였다.[2] 가사는 기본적으로 주제적 양식에 속하며, 조선후기에 서정적, 서사적, 교술적 양식의 특성들이 전기에 비해 상대적으로 강화된다는 의미로 이해된다.

김학성의 논의는 지금까지 제출된 가사 장르론 중 조선후기 가사의 장르운동 양상을 가장 포괄적으로 구획하고 있다는 점에서 연구사적 의의를 갖는다. 하지만 이 논의는 기본적으로 18세기 이후 가사의 근대성에 초점이 맞추어져 있기 때문에 17세기 가사는 관심의 대상이 되지 못했다.

이제는 양식적 차원이든 장르적 차원이든 서사, 서정, 교술 등의 특성이 극대화된 현상 그 자체를 넘어 그렇게 결과된 과정과 원인에 대해 고찰할 단계라고 생각한다. 실상 16세기 이전과 18세기 이후의 가

---

1) 이혜전, 「조선후기가사의 서사성 확대와 그 의미」(이화여대 석사논문, 1991), 8~10면.
2) 김학성, 「가사의 실현화과정과 근대적 지향」, 『국문학의 탐구』(성균관대 출판부, 1987).

사들은 주제나 담화양식의 측면에서 전혀 이질적인 양상을 보인다. 16세기까지 가사의 중심적인 주제였던 강호가사가 자취를 감춰버리고, 유배가사나 기행가사도 화자의 정서 표출보다는 경험적 사실의 구체적 전달에 초점을 맞춘다. 또한 서사장르로까지 발전한 작품들이 나타나는가 하면, 유흥공간에서 이별의 슬픔이나 연정을 노래한 작품들이 다수 나타나게 된다. 17세기는 이와 같은 가사 장르의 변화의 양상들이 다양하게 나타난다. 즉 17세기 가사는 16세기 가사의 장르적 특성을 계승하면서, 동시에 18세기 이후의 가사의 장르변화의 단초를 함께 지니고 있는 시기이다.

이 글에서는 17세기 가사를 지속과 변화의 측면에서 17세기 이전과 이후의 가사와 비교함으로서 장르적 특성을 해명해 보도록 하겠다.

2. 서술태도

가사문학은 16세기까지 주로 서정적 양식의 지배를 받았다.[3] 그런데 18세기 이후 사대부 가사의 경우 교훈가류, 농부가류, 세덕가류 등 윤리적 당위나 객관적 사실을 전달하거나, 여행을 통한 새로운 경험 등을 구체적으로 전달하려 하기 때문에 주제적 양식이 지배적인 장르로 자리를 잡는다. 그리고 <노처녀가>, <신가전> 등과 같이 플롯의 지배를 받는 서사적 양식이 규방가사를 중심으로 나타난다. 그리고 서정적 양식은 유흥공간에서 불리던 작품이나 규방가사의 일각에서 나타난다. 서정적 양식은 16세기 가사의 지배적인 장르였으며, 이 시기 주제적 양식은 <서왕가>와 <남정가> 등에서 제한적으로 나타났다. 그리고 서사적 양식의 지배를 받는 작품은 전혀 없었다. 그러던 것이

---

3) 장르에 대한 개념은 박연호, 「장르구분의 지표와 가사의 장르적 성격」, 『고전문학연구』 17집(고전문학회, 2000) 참고.

17세기에는 주제적 양식의 지배력이 현저하게 확대·강화되고, 일화를 통해 가사가 장차 서사적 양식으로 발전할 수 있는 계기를 마련한다.

1) 직접 제시

대상을 직설적·단정적 담화양식을 통해 객관적으로 제시하는 것은 주제적 양식의 전형적인 서술태도이다. 17세기에는 이런 경향을 가진 가사작품들이 16세기 이전에 비해 훨씬 광범위하게 나타난다. 이는 가사가 주로 내면의 정서를 표출하던 도구에서 대상 자체에 대한 객관적 정보를 전달하는 도구로 그 영역을 확대시키고 있었음을 의미한다.

이 시기 가사 중 주제적 양식의 지배를 받는 작품들은 교훈이나〔허전의 <고공가(雇工歌)>, 이원익의 <고공답주인가(雇工答主人歌)>, 임유후의 <목동가(牧童歌)>, 김기홍의 <농부사>〕, 개인의 경험〔박인로의 <태평사(太平詞)>, 작자미상의 <연행별곡(燕行別曲)>, 박권의 <서정별곡(西征別曲)>, 박사형의 <남초가(南草歌)>, 강복중의 <분산회복사은가(墳山恢復謝恩歌)>, <위군위친통곡가(爲君爲親痛哭歌)>, 김충선의 <모하당술회가(慕夏堂述懷歌)>〕을 전달하는 데 초점을 맞추고 있다.

허전의 <고공가>와 이원익의 <고공답주인가>에서는 국가의 흥망성쇠를 가문의 흥망성쇠에 비유하여 표현하고 있다. <고공가>는 몰락한 가문의 상황과 망하게 된 원인, 권계 등을 직설적·단정적 담화양식을 통해 구체적으로 제시하고 있다. 그러나 <고공답주인가>는 고공들에게만 모든 책임을 돌리고 있는 <고공가>의 내용을 비판하며, 주인의 잘못도 지적하고 있다.

즉 두 작품의 지향은 구체적인 근거를 들어 전란의 원인을 구체적으로 제시함으로서 역사의 교훈을 전달하는 데 있는 것이다.

임유후의 <목동가>는 문답형식을 통해 바람직한 삶의 자세를 제시하고 있다.

문가(問歌)에서는 유한하고 허무한 인생에 입신양명하는 것만이 대장부의 일이라고 역설한다. 그리고 입신양명을 이룬 인물과 행적 등을 구체적으로 제시함으로서 입신양명의 중요함을 확인시킨다.

답가(答歌)는 문가에 대한 반박이다. 먼저 입신양명을 위해 노심초사하는 문가 화자의 모습을 묘사하고 있다. 이어서 입신양명의 성취여부는 명(命)에 달렸으며, 사람은 저마다 나름대로 살아가는 방법이 있다고 한다. 그리고 입신양명의 화려함 뒤에 숨어있는 구속과 위험성을 비유와 고사를 통해 구체적으로 제시하고 있다. 결국 세속적인 욕망에서 벗어나 자유롭게 사는 삶을 지향한다.

김기홍 <농부사>는 세속적인 욕망을 버리고, 분수를 지키며 인간의 도리를 충실하게 지키며 사는 것이 가장 중요하며, 그것이 가능할 수 있는 필수적인 조건이 항산(恒産), 즉 농업임을 역설하고 있다. 농업의 중요성과 바람직한 사람살이에 대한 화자의 생각은 직설적인 언어로 제시되어 있다.[4]

이상 세 작품은 직설적·단정적 담화양식으로 진리나 그렇게 인식되는 것들을 제시하는 데 중점을 두고 있다. 따라서 지향과 담화양식의 측면에서 전형적인 주제적 양식의 특성을 갖추고 있다고 할 수 있다.

이와는 달리 박인로의 <태평사>, 강복중의 <분산회복사은가>, 김충선의 <모하당술회가> 등은 전기(傳記) 형식으로 개인의 경험을 객관적으로 제시하는 데 초점을 맞추고 있다.

박인로의 <태평사>는 직접 제시의 형태로 작가의 참전 경험을 서술하고 있다. 조선건국으로부터 자신이 참전하기 전(1593년)까지의 상

---

[4] 농업의 유래와 四民(士農工商)의 본분, 1년 농사에서 중요한 일들을 요약적으로 설명하고 있다.

황은 요약적으로 서술되어 있다. 반면에 자신의 참전경험과 승전 이후의 상황을 서술한 본사는 훨씬 자세하게 서술되어 있으며, 설명보다 묘사가 많다.

특히 전력을 재정비한 후 왜군을 몰아내기까지의 상황은 각 장면을 상징적인 언어와 짧은 호흡으로 마무리함으로서, 전투상황의 박진감을 생생하게 전달하고 있다.

즉 이 작품은 직접적인 설명과 묘사를 통해 급박했던 전투상황과 승전이후의 환희와 화려한 모습을 객관적으로 제시하는 데 초점을 맞추고 있다고 할 수 있다. 이는 이 작품이 자신의 상관인 성윤문의 대작(代作)이었다는 점이 무엇보다 중요한 계기로 작용했다고 생각한다.

강복중의 <분산회복사은가>는 갑술년(甲戌年 ; 1574)에 일어난 선산 투장(偸葬) 사건을 당한 후, 이 문제를 해결하기 위해 60여 년 동안 온갖 고초를 겪다가 1638년에 마침내 동악 이안눌의 판결로 문제가 해결되기까지의 과정을 사건 중심으로 구체적으로 서술하고, 문제 해결의 기쁨과 고마움을 노래한 작품이다.

김충선의 <모하당술회가>는 가등청정을 따라 임진왜란에 참전했다가 조선에 귀화한 이후까지의 인생역정을 서술하고 있다.

두 작품은 시종일관 직설적 담화양식을 사용하여 지난 과거를 사건 중심으로 설명, 정리하고 있다.

그 외에도 새로운 경험(작자미상의 <연행별곡>과 박권의 <서정별곡>, 박사형의 <남초가>)이나 개인의 인생역정(강복중의 <분산회복사은가>, <위군위친통곡가>, 김충선의 <모하당술회가>) 등을 주제적 양식에 담아내고 있다.

<연행별곡>과 <서정별곡>[5]은 사행가사로, 연경까지의 여정에서

---

5) 두 작품은 모두 사행의 일원으로 숙종 20년(1693) 11월 3일부터 이듬해 봄까지 연경에 다녀온 경험을 담고 있다. 시기와 장소가 같기 때문에 작품

견문한 바와 감회를 서술하고 있다. 특히 처음 접하는 중국의 광대한 땅과 절험(絶險)한 관문, 웅장하고 화려한 건축물과 거대한 도회지와 성곽, 엄청난 물화, 경유지의 역사적 인물 또는 사건과 관련된 일화나 흔적 등을 중심으로 작품을 서술하고 있다.[6]

즉 개인적인 감회보다는 생소하고 특별한 경험을 보다 생생하고 구체적으로 전달하는 데 초점을 맞추고 있는 것이다. 조선후기 기행가사에서 견문한 바를 자세히 서술한 이유의 하나도 이런 점에 있는 것으로 생각된다.

박사형의 <남초가>는 남초(南草 ; 담배)를 재배하게 된 경위와 담뱃잎의 모양, 맛, 약효 뿐만 아니라[7] 담뱃잎을 잘라 장죽에 넣어 불을 붙여 피우는 모습까지 구체적으로 제시되어 있다.

이상은 17세기에 새롭게 나타나는 경향들로, 생소한 경험을 주제적 양식에 담아냄으로서, 경험적 사실을 객관적으로 전달하는 데 초점을 맞추고 있다.

한편 주제적 양식은 16세기까지 서정적 양식으로 서술되던 유배가

에 서술된 여정도 대동소이하다. 다만 <서정별곡>에는 귀로에 대한 서술이 없는 것이 다르다. 두 작품 모두 국내 여정은 전체 서술분량의 30% 미만으로 중국에서의 여정에 초점을 맞추고 있다.
6) <燕行別曲>은 웅장하고 화려한 중국의 외형적인 모습에 초점을 맞추고 있으며, '거룩하다', '宏麗하다', '壯하다'라는 감탄으로 일관하고 있다. 반면에 <西征別曲>에서는 지난 역사에 많은 관심을 보이고 있으며, "요동(遼東) 옛 지계(地界)를 거의 회복(恢復) 흐련마는 쳔츄(千秋)의 챵망(悵望) 흐니 쇽절 업슬 쑨이로다", "만고(萬古) 졍영위(丁令威)는 어디 가고 못 오던고 홍망(興亡)을 뭇즈 흐나 옛일을 뉘 알소니"라고 하여, 나름의 역사의식을 보이고 있다.
7) 翠鳳의 꼬리ᄀᆞ치 프르고 프른 닙을 / 黃鶴의 느리ᄀᆞ치 누러케 킈워 너여 / 먹던 챠 물리치고 試驗ᄒᆞ야 맛슬 보니 / 燻燻ᄒᆞᆫ ᄂᆡ ᄒᆞᆫ 줄기 喉舌의 ᄀᆞ 너무며 / 氤氳ᄒᆞᆫ 氣運이 腸腑의 ᄀᆞ득ᄒᆞ니 / 從前 싸힌 痰이 ᄒᆞᆫ 쎠예 다 나리게 / 宿病이 다 調和ᄒᆞ니 쏘ᄒᆞᆫ 興을 이라리라.

사와 강호가사에서도 지배력을 확장시켜 나가고 있다.

조선전기 유배가사는 유배의 경위보다는 방축 당한 상황에서의 애절한 슬픔과 변함 없는 충성심을 표출하는 데 초점을 맞추고 있다. 그런데 송주석(1650~1692)의 <북관곡>은 유배의 경위와 여정, 유배지로 가는 과정에서 겪은 경험적 사건들이 시간적 순서에 따라 구체적으로 서술되어 있다. 즉 사건의 전말을 기록함으로서 당사자의 무죄를 적극적으로 해명하는 데 초점을 맞추고 있다.[8]

이 작품의 본사는 내용상 3개의 문단으로 나눌 수 있다. 첫 번째 문단은 1, 2차 예송의 전말과 송시열이 유배를 가게 된 경위를 요약적으로 설명하고 있다.

작품에 서술된 내용과 사건의 전개과정은 이렇다.

① 효종의 부름을 받고 조정에 들어와 유비와 제갈량의 관계처럼 충성을 다했으며, 임금을 여의고 피눈물을 흘렸는데, 상제(喪制)처럼 중요한 일을 그릇되게 처리했을 리가 없다.

② '기년복 중자설〔기해예송(己亥禮訟) ; 1659〕'은 예를 따른 것인데, '해윤 흉소 후에 사설이 횡유하야 비주 이종설과 국본이' 정해지지 못했다. 이런 상황에서 송시열에 대한 참소가 점점 드세지자 현종(顯宗)이 더 이상의 예송논쟁을 금지하여 "망타할 흉한 계교 발뵈디 못"했다.

③ 그러나 '인선후 복제일〔갑인예송(甲寅禮訟) ; 1674〕'이 터지가 '참언이 망극하야' 임금도 의혹을 갖게 되었고, 결국 유배를 가게 되었다. 현종도 처음에는 송시열을 두둔했으나 거듭되는 상소에 결국 마음을 바꾸었다.

---

8) <북관곡>이 <만분가>나 <사미인곡>과 달리 사건의 전개과정과 유배의 여정을 구체적으로 서술할 수 있었던 것은 작가가 두 작품과는 달리 유배의 당사자가 아닌 손자였기 때문이다. 유배가 부당하다고 생각하는 손자의 입장에서는 일의 경과를 자세하게 설명함으로서 조부의 억울한 사정을 풀어줄 필요가 있었던 것이다.

④ 특히 君父(효종)를 폄손(貶損)하고 국통(國統)을 강출(降黜)시켰다는 말은 전혀 사실무근이라고 하였다. 이어서 송시열이 죄를 받은 후 조정에 현사대부(賢士大夫)들이 모두 유배되어 아무도 남지 않은 상황에서 남인들은 기필코 송시열을 죽이려 하는 상황을 안타까워하며, 문단을 마무리한다.

인용문에서 ②와 ③은 단정적이고 직설적인 담화양식으로 사건의 전개과정을 요약적으로 제시하고 있다. 반면에 ①과 ④에서는 감탄형과 의문형을 사용함으로서 수용층과의 정서적 공감대를 형성하려 하고 있다.9) 이런 양상은 여정을 서술한 두 번째 단락에서도 나타난다.

하지만 여기에서 화자의 정서표출은 상황이나 여정별로 단락을 마무리하는 기능을 한다. <북관곡>의 이러한 서술상의 특성들은 18세기 이후 유배가사가 사건의 전개과정, 여정과 배소에서의 경험 등을 구체적으로 서술하는 전통10)을 마련하는 계기가 되었다고 생각한다.

17세기 강호가사에서도 객관적 사실을 직설적·단정적 담화양식으로 제시하려는 경향이 나타난다.

---

9) ①에서는 감탄형을 사용함으로서 송시열과 효종의 특별한 관계와 임금에 대한 절대적 충성심을 부각시킴으로서, 그런 송시열이 喪制를 소홀히 했을 리가 없음을 강조하고 있다. 그리고 ④에서는 송시열의 죄목인 貶損君父와 降黜國統의 근거 없음을 특별히 부각시키기 위해 의문형을 사용하고 있다.
10) 李眞儒(1669~1730)의 <續思美人曲>(1727)에서는 배소인 추자도에 배를 타고 도착하기까지의 고난이 구체적으로 서술되어 있다. 李邦翼(1745~1829)의 <鴻罹歌>(1783)는 龜玆島(全南 康津)에 귀양가서 지은 작품으로, 귀양을 가게 된 동기와 여정, 배소에 도착해서는 관가에서 점고를 받는 상황과 마을의 풍속, 자신의 처참한 생활 등을 서술하고 있다. 金鎭衡(1801~1865)의 <北遷歌>(1853)는 明川에 유배되어 지은 것으로, 배소에서의 七寶山 紀行, 本官의 융숭한 대접, 그곳 기생 君山月과 애정 행각 등 유배지에서의 생활을 서술하고 있다. 安肇源(1765~?)의 <萬言詞>(1798년 경)도 配所인 추자도에서의 처참한 생활을 그리고 있다.

① 臥龍山이 臥龍形을 지에ᄒᆞ고 / 남역크로 머리드러 구의구의 느릿혀 둣다가 / 구족기 니러 안자 구만리 장공을 울워러 천주봉이 되야 이셔 / ᄒᆞᆫ 활기 버더ᄂᆞ려 中央애 밋첫거ᄂᆞᆯ / 저즘의 黃鼠年에 先壟을 安葬ᄒᆞ니 / 千峯은 競秀ᄒᆞ야 ᄂᆞᆫ 鶴이 놀개 편둣 / 萬壑은 爭流ᄒᆞ야 怒ᄒᆞᆫ 龍이 ᄭᅩ리 치둣 / 길고 집푼 고리 거후러 ᄂᆞ리거ᄂᆞᆯ / ② 山家 風水說에 洞口모시 죠타 ᄒᆞᆯᄉᆡ / 十年을 經營ᄒᆞ여 ᄒᆞᆫ ᄯᅡᄒᆞᆯ 어드니 / 形勢ᄂᆞᆫ 좁고 굴근 岩石은 하고 만타 / 녯 길흘 새로 내고 半畝塘을 푸단 마리 / 活水을 혀드러 가는 거슬 머므로니 / 明鏡이 ᄭᅴ 업서 山影만 ᄌᆞᆷ겨 잇다. <지수정가>

인용문은 다음과 같은 정보를 담고 있다.

① 와룡산(臥龍山)이 와룡형(臥龍形)을 이루어 남녘으로 뻗어 내리다가 우뚝 솟아올라 천주봉이 되었다. 천주봉에서 중앙으로 뻗어 내린 혈에 황서년(黃鼠年, 戊子年, 1588)에 선롱(先壟)을 안장(安葬)했다. 그곳의 지형은 학이 날개를 편 듯, 노한 용이 꼬리를 친 듯 길고 깊은 골짜기를 따라 흐르고 있다.

② 산가(山家) 풍수설(風水說)에 동구(洞口)못이 좋다는 말을 듣고 십 년을 경영하여 조그마한 땅뙤기를 얻었다. 그런데 그곳의 형세가 좁고 굵은 암석이 많고 많았다. 이에 옛길을 새로 내고 못(半畝塘)을 팠으며, 활수(活水)를 끌어와 못에 가두니, 명경(明鏡)같은 수면에 산영(山影)이 비쳤다.

이어지는 내용은 원림의 모습과 원림을 둘러싼 산과 강의 모습을 그리고 있다. 그리고 이를 통해 공간의 완전성(명당)과 이념적 고답성을 부각시키고 있다. 이러한 경향은 공간구성뿐만 아니라 생활양태를 서술한 부분에서도 나타난다.[11]

특히 이상의 내용을 포함하여 <지수정가>의 상당 부분이 <지수정

---

11) 자세한 논의는 박연호, 「장르론적 측면에서 본 17세기 강호가사의 추이」, 『어문논집』 45(민족어문학회, 2002) 참고

기>와 대동소이하다는 점은 인용문이 객관적 사실을 전달하는 데 초점을 맞추고 있음을 의미한다.

한편 현실의 문제를 다루고 있다고 해서 모두 주제적 양식으로 서술되는 것은 아니다. 최현의 <용사음>과 작자미상의 <시탄사>는 감탄형과 의문형을 사용하여 부정적인 인물들의 행태와 그로 인해 초래된 부정적 현실을 비판·개탄하고, 이와 같은 심정을 수용자와 함께 공유하는 데 초점을 맞추고 있다.

따라서 주제적 양식의 확대는 경험적 현실이라는 서술대상보다는 대상을 객관적으로 제시하려는 서술태도가 강화되면서 초래된 결과라 할 수 있다. 즉 이 시기에 들어 작가의 경험이나 교훈, 이념적 고답성 등을 객관적으로 제시하려는 경향이 강화되면서 주제적 양식이 확대된 것이다.

한편 앞서 언급한 바, 김득연의 <지수정가>와 <지수정기>는 내용상 대동소이하여 주목된다. <지수정가>와 <지수정기>에서는 터를 잡고 원림과 소정을 조성한 과정을 시간적 순서에 따라 서술하고, 산과 강, 원림의 구성, 생활양태 등을 서술한 후, 화자의 생각을 피력하는 것으로 마무리하고 있다.

사건의 전개과정을 시간적 순서에 따라 서술하거나, 경험적 사실이나 대상을 사실에 근거하여 서술하고, 의론(議論)으로 끝맺는 것은 '기(記)'의 전형적인 서술방식이라고 할 수 있다. 강복중의 <분산회복사은가>와 김충선의 <모하당술회가> 등도 전기(傳記) 형식으로 서술되어 있다.

이러한 경향은 18세기 이후로 넘어가면서 규방가사에서 일대기형식으로 발전하기도 하고, 기행가사가 유산기(遊山記) 형식으로 서술되는 결과를 초래하기도 하였다.

전형적인 산문양식인 '기(記)'의 양식적 특성을 가사가 상당부분 활용한다는 것은 그만큼 주제적 양식의 지배력이 강화되었음을 의미한다.

2) 장면화

17세기에 대상을 객관적으로 제시하려는 경향은 장면화로까지 발전하였다. 장면화는 구체적인 상황을 입체적으로 묘사한 것으로, 상황을 평면적·요약적으로 서술한 것과 대비된다. 17세기 가사에서 장면화가 가장 두드러지게 나타나는 작품은 <누항사>이다. <누항사>에서 장면화된 부분은 모두 일화형식을 갖고 있다.

<누항사>는 세 개의 일화를 갖고 있다. 1. 밥상을 받았는데 아이들이 몰려들어 숭늉으로 요기를 하는 부분, 2. 쥐에게 얼마 안 되는 양식을 빼앗기고 석서삼장(碩鼠三章)을 읊조리며 탄식하는 부분, 3. 소를 빌리러 갔다가 빈손으로 돌아오는 부분 등이 그것이다.

앞에 제시된 두개의 일화는 서술자의 목소리만으로 서술되어 있다. 그리고 세 번째 일화는 이중적 시점으로 서술되어 있다. 또한 화자뿐만 아니라 상대가 되는 인물인 소주인도 전경화(前景化)되어 있으며, 갈등이 나타난다.[12]

이중적 시점은 이미 <관동별곡>의 꿈 부분에 등장하고 있으며,[13]

---

[12] <누항사> : '① 논에 물을 댔는데 소가 없다 → ② 이전의 소주인이 소를 빌려 주기로 약속한 것을 생각했다 → ③ 약속을 믿고 황혼에 소임자를 찾아갔다 → ④ 소를 빌려달라고 부탁했다 → ⑤ 소주인이 이유를 들어 거절했다 → ⑥ 실망하며 집으로 돌아왔다 → ⑦ 새벽까지 잠 못들며 자신의 신세를 한탄했다'로 요약된다.
위 인용문은 중심화자의 입장에서 '상태적 사건A(약속) → 행동적 사건(주인의 거절) → 상태적 사건A'(실망과 탄식)'이라는 최소스토리와 소주인의 입장에서 '상태적 사건A(약속) → 행동적 사건(건넌집 사람의 부탁) → 상태적 사건(약속위반)이라는 최소스토리'를 읽어 낼 수 있다.

이 때문에 서사성의 측면에서 주목된 바 있다. 그러나 <관동별곡>에서 꿈 부분은 <누항사>에 비해 서술 분량의 비율이 훨씬 낮으며, 1개의 최소스토리만을 갖고 있다. 따라서 독립적으로 서사적 양식이 될 수 없다.

이에 비해 <누항사>의 세 번째 일화는 두 개의 최소스토리가 과거와 현재의 시간을 오가며 유기적으로 연결되어 있어서, <관동별곡>의 꿈 부분보다 훨씬 발전된 서사성을 갖으며, 이 부분만을 독립시킨다면 서사적 양식으로 성립될 수 있다. 조선후기에 서사적 양식의 지배를 받는 작품들이 나올 수 있었던 것은 이런 정도로 발전된 일화의 존재가 중요한 계기가 되었다고 생각한다.

그러면 이런 일화들은 어떻게 나타날 수 있었던 것일까? 그것은 작가가 굳이 일화를 삽입하여 작품을 창작한 이유와 밀접한 관련이 있을 것이다.

<누항사>에서 세 번째 일화는 없어서는 안 될 대단히 중요한 부분이다. 물질적인 궁핍을 탈피하기 위해 버둥거리다가 현실의 장벽에 막혀 좌절한 후, 자신의 분수와 본분을 다시 깨닫게 되는 과정을 그린 작품이 <누항사>이며, 깨달음의 계기를 다룬 부분이 바로 소를 빌리는 대목이기 때문이다.

화자는 소를 빌리는 경험을 통해 물질적인 궁핍을 해결하기 위해서는 "건넨 집 져 사람"처럼 "목불근 수기(雄)치)을 玉脂泣(옥지읍)게 쑤어 니고 간이근 三亥酒(삼해주)을 醉(취)토록 勸(권)"해야만 되는 것이 현실이며, 그것은 정도(正道)가 아님을 깨닫는다. 이러한 깨달음은 반대로 우활(迂闊)하게 사는 자신의 현재의 삶에 새로운 의미와 전망을 부

---

13) <관동별곡>의 꿈 부분에서 1인칭 화자는 꿈밖에서 꿈 속의 상황을 들여다보는 서술자의 입장에 있다. 꿈 속의 화자는 꿈밖의 화자와 구별되는 등장인물이라 할 수 있다.

여하게 하는 계기가 되었던 것이다.
　<누항사>에 나타난 현실의 모습은 결코 화자가 원하거나 이상적으로 생각하는 상황이 아니다. 오히려 화자가 벗어나고 싶어 하는, 이상의 반대편에 위치하고 있다. 화자의 갈등은 바로 이와 같은 현실과 이상의 괴리에서 발생한 것이며, 그것을 해소하지 않고는 현재의 삶의 의미도 찾을 수 없다. 갈등을 해소하기 위해서는 현재 결과된 삶의 원인을 찾을 필요가 있었고, 그러기 위해서는 자기 자신과 세계를 객관적으로 바라볼 필요가 있었던 것이다.
　이것이 바로 <누항사>에 자아와 세계를 대상화, 객관화하는 일화가 나타날 수 있었던 이유라고 생각한다. 자아든 세계든 객관화하여 표현한다는 것은 그것을 자신에게든 남에게든 누구에겐가 보여주기 위한 것이다. 이덕형의 물음에 대한 답이었다는 사실은 이점에서 중요하다.
　즉 이 일화는 자신의 현재의 삶의 모습과 지향을 객관적으로 확인하고, 동시에 이덕형에게 자신의 상황을 구체적으로 보여주기 위해 삽입된 것이다.
　한편 가사에서 장면화는 주인물 시점에서 관찰자 시점으로 시점을 전환시킨다. 주인물 시점을 통해 요약적이고 평탄하게 화자의 정서나 생각을 전달하다가 특정 부분을 관찰자 시점으로 장면화함으로서 평탄한 서술에 굴곡을 만드는 것이다. 즉 흰 바탕에 검은 글씨 일색인 인쇄물의 특정 부분에 색칠을 하거나 밑줄을 그음으로서 좀더 깊은 주의를 기울일 수 있도록 하는 것과 같은 기능을 한다.
　이러한 서술방식은 수용자로 하여금 평탄한 서술이 주는 지루함을 극복하고 주의를 환기시키는 기능을 한다. 또한 관찰자시점을 통해 작중 상황을 객관적 사실로 받아들이게 한다. 때문에 가사에서 장면화는 주제와 긴밀하게 관련된 부분에서 사용된다.

17세기 가사에서는 장면화가 <누항사>에서 두드러지게 나타나지만 18세기 이후에는 훨씬 광범위한 영역에서 주요한 서술기법의 하나로 자리 잡는다. 이런 점에서 <누항사>는 18세기 이후 가사가 보다 입체적으로 서술될 수 있는 중요한 서술방식 중 하나를 완벽하게 고안해 냈다고 할 수 있다.

정훈의 <탄궁가>도 <누항사>와 마찬가지로 궁핍한 현실을 탄식하는 가운데, 구체적인 상황을 설명이나 묘사, 대화체 등을 통해 장면화함으로서 서술에 변화를 주고 있다. 때문에 이를 통해 독자는 화자의 상황을 입체적으로 들여다볼 수 있게 된다.

17세기에 장면화와 직접제시를 통해 역사적 사실이나 경험적 현실을 담아내고 있다는 것은 또 다른 의미에서 주목을 요한다. 조선전기 가사에서는 물(物, 대상)과의 교감을 통한 현재의 순간적 감흥을 은유적으로 간략하게 표현하였다. 반면에 17세기로 넘어오면서 대상을 설명적으로 서술하거나 장면화를 통해 입체화시킨다.

그런데 이것들은 모두 대상에 대한 객관적 관찰과 분석의 결과로, 시간적 개념에서 본다면 과거의 경험을 서술하는 것이다. 과거의 경험에 플롯을 부여하면 서사적 양식이 된다는 점에서 경험적 현실에 대한 장면화나 설명적 서술은 가사가 서사적 양식으로 서술될 수 있는 중요한 계기가 되었다고 볼 수 있다.

3. 주제구현방식

독립된 시상의 나열과 통합은 조선전기뿐만 아니라 조선후기에도 여전히 가사에서 시상을 전개하는 기본원리로 작용하고 있다. 뿐만 아니라 조선전기에 그것은 작품을 완결시키고 주제를 구현하는 원동력이기도 하다.

그러나 17세기 이후에 그것은 모든 가사 작품에서 주제를 구현하는 핵심적인 요소나 원동력으로 작용하지는 않는다. 즉 17세기 이후의 가사는 시상전개방식에 있어서는 조선전기 가사를 그대로 계승하면서도, 주제구현방식에 있어서는 훨씬 다양한 방식들을 개발하고 있다. 이것이 일차적으로 17세기 가사에서 나타나는 장르적 특성이라 할 수 있다.

조선전기 가사에서 독립된 시상의 나열과 통합이 시상을 전개하는 기본원리이자, 주제를 구현하는 원동력으로 작용할 수 있었던 것은 이 시기 가사들이 동일한 시상을 나열하고 있기 때문이다. 16세기 이전까지 가사는 독립적인 시상을 나열함으로서 보다 큰 시상을 형성하며 단락을 이룬다. 그리고 이렇게 형성된 단락들이 나름의 질서— 시간적, 공간적 —에 따라 나열되어 전체적인 시상을 형성하고, 결사를 통해 통합되어 하나의 완결된 세계를 구성하게 된다. 이렇게 개별적인 시상들이 주제적으로 통합될 수 있는 것은 동일하거나 유사한 시상들을 나열하고 있기 때문이다. 달리 말하면 모든 개별적인 시상들이 주제를 향해 응집되는 것이다. 17세기에도 이런 방식은 여전히 가사의 주제를 구현하는 중요한 방식으로 사용되고 있다.

17세기 가사 중 동일한 시상을 나열하고 통합함으로서 주제를 구현하는 방식은 강호가사(박인로의 <사제곡>, <독락당>, <소유정가>, <입암별곡>, <노계가>, 김득연의 <지수정가>, 조우인의 <매호별곡>, 정훈의 <용추유영가>, <수남방옹가>, 신계영의 <월선헌십육경가>, 윤이후의 <일민가>), 기행가사(박권의 <서정별곡>, 작자미상의 <연행별곡>, 조우인의 <출세곡>, <관동속별곡>), 유배가사(조우인의 <자도사>, 송주석의 <북관곡>) 등 조선전기부터 꾸준히 창작되어온 주제들에서 사용되고 있다. 그리고 17세기에 새롭게 나타난 주제 중 정훈의 <우활가>, 최현의 <용사음>, 강복중의 <위군위친통곡가>, 작자미상의 <시탄사>, 박사형의 <남초가> 등도 동일한 차원에서 이해할 수 있다.

그러나 17세기에는 이외에 대립적인 시상을 병치하거나 인과적 시상을 나열하기도 하고, 사건을 순차적으로 나열함으로서 주제를 구현해 나간다. 이런 방식들은 구조적인 차원에서 작용하기도 하고, 문체적인 차원에서 활용되기도 한다.

1) 대립적 시상의 병치

17세기에는 동일한 시상뿐만 아니라 대립적인 시상을 병치하고, 그것들을 주제적으로 통합함으로서 주제를 구현하는 방식이 사용되고 있다. 병치된 대립적 시상은 어느 한 쪽을 선택함으로서 주제적으로 통합된다.

대립적 시상의 병치는 조선전기 가사에서도 사용된 바 있다. 방축(放逐)당한 화자의 내면적 갈등을 그린 정철의 '양미인곡'이 그것이다. <사미인곡>과 <속미인곡>은 과거와 현재, 세계와 자아 사이의 갈등을 정서적으로 노정하고 있다. 이 작품들에서 화려한 자연은 초라한 화자의 모습이나 정서와 대립되면서 화자의 비극적 처지와 정서를 부각시키는 기능을 한다.

그러나 이 작품들에서 대립적 시상의 병치는 주제를 구현하는 원리로까지는 발전하지 못하며, 다만 화자의 비극적 형상을 또렷하게 부각시키는 기능을 하는 수준에 머물 뿐이다. 여기에서 주제는 비극적 처지와 정서로 이루어진 시상의 나열과 통합을 통해 구현되는 것이다.

조선후기에도 이와 같은 방식은 화자의 비극적 정서를 표현하는 중요한 방식의 하나로 사용되고 있다. 이 글에서 다룰 작품들은 대립적 시상의 병치가 구조적 차원에서 작용하고 있는 것이다.

한편 대립적으로 병치된 시상은 교훈가사에서처럼 '선-악'이나 '긍정-부정'이 명확하게 나뉘는 경우도 있지만, 모두 그런 것은 아니다. 17세기에 이상과 현실의 문제를 다룬 작품들에서 이런 양상이 나타난다. 17세기 향촌사족에게 이상과 현실의 관계는 현실이 생존과 관련되어 있다는 점에서 조선전기처럼 일방적으로 이상(이념)만을 옹호할 수 있는 상황이 아니었다. 즉 이상과 현실 중 어느 것도 긍정하거나 부정할 수 없는 상황이 된 것이다.

이 시기 작품들에서 현실이 '홍진(紅塵)'을 넘어 구체적인 삶의 양태로 형상화되어 나타나는 것은 이런 상황에서 고뇌하고 방황하는 향촌사족들의 내적 갈등이 투영된 결과이다. 이처럼 내면적인 갈등이 해결되지 못한 채 제시되면 개별적 시상의 주제적 통합은 불가능하다.

<누항사>에서는 전반부에서 '세속적 욕망-이념적 가치'라는 대립적 시상을 병치시키고, 후반부에서 세속적 욕망을 극복하고 이념적 가치를 지향하게 되는 화자의 태도를 제시함으로서 자신의 이념적 견고성을 드러내고 있다. 하지만 표면적으로 귀결된 후자에로의 지향에도 불구하고, 전반부에 장면화를 통해 제시된 삶의 양태는 이념적 견고성만으로 극복할 수 없는 현실의 문제에 만만치 않은 비중을 두고 있음을 의미한다.

이런 점에서 대조적 시상을 병치하면서도 주제의 비중을 어느 한 쪽에 두기 어려운 <누항사>는 문제적이다. <누항사>는 표면적으로 안빈낙도라는 주제를 표명하면서도, 실질적인 창작 의도는 자신의 능력과 상황을 구체적으로 제시함으로서 어려운 현실로부터 구제 받기를 요구하는 작품이기 때문이다.

이 작품은 이와 같은 작품의 의도를 전반부와 후반부의 대립적 시상의 병치를 통해 성취하고 있다. 전반부에서는 자신의 궁핍한 상황을 구체적으로 보여주고, 후반부에서는 그럼에도 불구하고 '강호의 꿈'을 굳건히 지키겠다는 의지를 표명함으로서, 궁핍한 생활과 이념적 견고성을 동시에 각인시키고 있는 것이다.

정훈의 <탄궁가>는 작품 창작의 목적은 다르지만 주제구현방식에 있어서는 <누항사>와 닮은 점이 많다. 서사와 본사 첫 번째 단락의 개별적인 시상들은 모두 궁핍이라는 시상으로 통합된다. 본사 두 번째 단락의 궁귀와의 대화는 구체적인 일화를 통해 깨달음에 이르는 과정을 보여주고 있다. 그리고 결사에서는 깨달음의 귀착점을 보여주고 있는 것이다.

즉 본사에서 궁귀를 쫓아 내려다가 궁귀와의 대화를 통해 새로운 깨달음에 이르고, 결사에서 수분(守分)을 지향함으로서 앞서 전개한 시상을 주제적으로 통합한다.

따라서 이 작품도 <누항사>와 마찬가지로 인식의 전환을 통해 주제를 구현하고 있다. 인식 전환의 구체적인 모습은 본사 첫 번째 단락과 두 번째 단락에서 대립적인 시상을 병치함으로서 극명하게 드러난다. 이로 인해 서사와 결사도 대립적 인식을 보여주고 있다. 따라서 이 작품의 주제구현방식은 대립적 시상과 인식의 병치라 할 수 있다.

다만 이 작품에서 특징적인 것은 논쟁을 통해 대립적인 시상이 병치되고 있다는 점이다. 논쟁구조는 대화나 문답구조와 동일한 구조로, 17세기부터 빈번하게 등장한 기법이라 할 수 있다. 다른 점이 있다면, <누항사>나 <탄궁가>는 두 개의 대립적인 시상이 선악으로 구분되지 않는다는 것이다.

대립적인 시상이 선악, 시비, 긍부(肯否)의 가치판단에 의해 뚜렷이 구분되어 병치되는 경우는 후자가 전자를 부각시켜 주제를 보다 명확하게 드러내는 역할을 한다. 이 경우 개별적인 시상은 주제적으로 통합된다.

대립된 시상이 구조적으로 병치되어 있을 경우에는 대립적 시상의 병치 자체가 주제를 구현하는 가장 핵심적인 원리로 작용한다. <목동문답가>가 그 예이다. 이 작품에서는 삶의 방식과 목표라는 문제를 문답형식을 통해 시비를 가리고 있는데, 여기에서 문답형식은 주제를 구현하는 원동력이 된다. 문답형식을 통해 대립된 시상을 병치하는 것은 주로 설득을 목적으로 하는 작품들에서 사용되는 방식이다. 이와 같은 방식은 조선후기 화답가류에서 공통적으로 발견된다.

선조 38년(1605)에 통주사(統舟師)로 부산에 갔을 때 지은 박인로의 <선상탄>도 대립적 시상의 병치를 통해 주제를 구현하고 있다. <선상탄>에서는 왜적 생성의 근원이 된 배와 어주(魚舟)를 대조적 이미지로 제시하고 있다. 그리고 두 이미지는 대검장창(大劍長槍)이 난무하는 판옥선(板屋船)과 배반(杯盤)이 낭자한 배, 전란과 태평성대 등의 이미지와 짝이 된다. 화자는 끊임없이 후자를 지향하며, 이것이 가능할 수 있도록 심신을 바치겠다는 것이 이 작품의 주제이다. 대립된 이미지는 후자를 지향함으로서 통합된다. 여기에서 부정적 이미지는 긍정적 이미지의 필요성과 그것을 향한 화자의 희원을 부각시키는 기능을 한다.

한편 구조적인 차원에서 대립적 시상을 병치시킨 경우에도 각각의 시상들은 독립적인 시상의 나열과 통합에 의해 보다 큰 시상을 형성하며 대립적인 시상과 병치되고, 병치된 대립적 시상은 어느 한쪽만을 지양한다는 점에서 주제적으로 통합된다. 따라서 독립된 시상의 나열과 통합의 원리는 그대로 작용하고 있는 것이다.

2) 시상의 인과적 나열

17세기 가사의 장르변화에 결정적인 영향을 미친 주제구현방식은 시상의 인과적 나열과 사건의 순차적 제시이다. 두 가지 모두 무언가를 객관적으로 증명하거나 보여주는 것을 목적으로 하고 있기 때문이다. 또한 인과적 시상의 제시는 원인과 결과를 나란히 제시함으로서 주제를 구현하는 방식이다. 17세기에 인과적으로 구성된 작품들은 부정적인 원인과 결과를 다루는 경우가 대부분이다.

먼저 <고공가>를 살펴보도록 하자. 이 작품은 종들의 부정적 행위와 결과가 독립된 시상을 형성하며 나열되어 있고, 그것들이 각 문단에서 '원인-결과(부요-이기심-파산, 근면-부요)'의 구조로 결합되어 보다 큰 시상을 형성하며 주제를 구현한다. 원인과 결과가 결합되어 하나의 독립된 시상을 형성하기 때문에 독립된 시상의 서술 분량이 전기가사에 비해 상대적으로 늘어날 수밖에 없다.

또한 고공들에 대한 '비판-권계-비판'의 구조로 서술됨으로서, 전체적으로 고공들에 대한 비판과 각성의 촉구라는 결사의 주제로 귀결된다. 결사에서는 앞에서 전개한 내용들을 압축적으로 요약, 정리함으로서 주제적 통합을 이룬다.

<고공답주인가>는 이와 다르다. 본사의 전반부에서는 종들의 부정적인 행위(원인)를 서술한 후 후반부에서는 그 결과를 서술하고 있다. 결사에서는 마누라의 책임과 올바른 처신을 이야기하고 있다. 따라서 이 작품도 '원인-결과'의 구조로 서술되어 있다. 다만 종들의 행위가 독립적인 시상을 형성하며 나열되어 보다 큰 시상을 형성하고, 결과도 각각 독립적인 시상을 형성하며 나열되어 보다 큰 시상을 형성한다는 점이 다르다.

이 작품에서 부정적인 결과의 원인은 종들의 행위와 마누라의 잘못

된 처신 모두에 있다. 따라서 결사의 권계는 앞서 제시한 내용들을 포괄하고 있으며, 이 점에서 주제적 통합이 이루어지고 있다.

작자미상의 <시탄사>는 민심이 이반된 현실(결과)을 개탄한 후 그러한 현실을 만들어낸 이해당사자들을 비판하고 있다. 따라서 서술의 초점은 집권층의 실정, 산당의 무능, 붕당정치, 소장파의 과격성 등 민심 이반의 원인제공자들을 비판하는 데 맞추어져 있다. 결사에서는 화자가 산중에 은거하여 세상을 등지고 현실 전체를 부정함으로서 앞서 전개한 시상을 주제적으로 통합한다.

이 시기에 나타나기 시작한 인과적 시상의 나열은 18세기 이후 교훈가사의 가장 중요한 주제구현방식이 된다.

3) 사건의 순차적 제시

사건의 순차적 제시는 일련의 사건들을 시간적 순서에 따라 제시하는 것이다.[14] 사건의 제시 *presentation*는 사건의 재현 *representation*과 구분된다. 전자는 일인칭 시점으로 사건을 평면적, 요약적으로 제시하는 것이고, 후자는 이중적 시점으로 사건을 입체적으로 재현하는 것이다. 전자는 역사서술이나 신문기사처럼 사건의 전개과정을 보고하는 글이, 후자는 소설이 각각 전형적인 예에 해당한다. 17세기 가사에서는 사건을 재현하기보다는 제시한다.

강복중의 <위군위친통곡가>, <분산회복가>, 김충선의 <모화당술회가> 등은 자신의 일생을, 박인로의 <태평사>에서는 전란의 경험을

---

[14] 기행가사는 시간적 순서에 따라 서술되어 있지만 사건을 제시한 것이 아니다. 또한 시간의 흐름보다는 공간의 이동이 시상을 구성하는 핵심적인 요소이다. 따라서 주제를 구현하는 핵심적인 원리는 사건의 순차적 제시가 아닌 시상의 나열과 통합이라 할 수 있다.

시간적 순서에 따라 순차적으로 제시하고 있다.

<태평사>는 독립된 시상들을 경우에 따라 연결어미로 결합함으로서 사건의 흐름을 제시하기도 하고,15) 개별적인 상황들을 구체적으로 서술함으로서16) 하나의 독립된 시상을 형성하기도 한다. 또한 왜적의 침입으로 인한 피해와 격렬했던 전투상황, 승전 이후의 상황을 순차적으로 제시함으로서, 사건의 전개과정을 일목요연하게 보여준다.

따라서 이 작품을 이끌어가는 원동력은 무엇보다 시간의 흐름이라 할 수 있다. 시간의 흐름에 따른 사건의 전개과정을 객관적으로 제시하는 데 일차적인 목적이 있기 때문이다. 또 다른 힘은 대립적 시상의 병치라고 할 수 있다. 승전 이전과 승전 이후의 대립적 상황을 병치하여 제시함으로서, 작품의 주제라 할 수 있는 태평성대의 소중함을 일깨우고 있기 때문이다. 또한 결사에서는 앞서 서술한 내용들을 역사적 교훈이라는 주제로 통합하고 있다.

강복중의 <분산회복가>는 전체적으로 시간의 흐름에 따른 사건의 전개과정을 서술하고 있으며, '고난-극복노력-좌절-고난극복'의 구조로 되어 있다. 이것이 이 작품을 끌어가는 힘이다.

이 작품의 특징은 개별 단락의 사건 전개과정은 매우 유기적이고 인과적으로 서술되어 있지만, 단락별 독립성이 강하다는 점이다. 이는 작

---

15) 나라히 偏小ᄒ야 海東애 ᄇ려셔도 / 箕子 遺風이 古今업시 淳厚ᄒ야 / 二百年來예 禮義을 崇尙ᄒ니 / 衣冠文物이 漢唐宋이 되야ᄯ니 / 島夷百萬이 一朝애 衝突ᄒ야 / 億兆驚魂이 칼 빗츨 조차 나니 / 平原에 사힌 ᄲ녜ᄂᆫ 뫼두곤 노파 잇고 / 雄都巨邑은 豺狐窟이 되얏거ᄂᆞᆯ / 凄凉玉輦이 蜀中으로 뵈아드니 / 煙塵이 아득ᄒ야 日色이 열위ᄯ니 / 聖天子 神武ᄒ샤 一怒를 크게 내야 / 平壤 群兇을 一劍下에 다 버히고 / 風驅南下ᄒ야 海口에 더져 두고 / 窮寇을 勿迫ᄒ야 몃몃 ᄒ를 디내연고.
16) 龍 ᄀᆞᆮᄒ 將帥와 구름 ᄀᆞᆮᄒ 勇士들이 / 旌旗蔽空ᄒ야 萬里예 이어시니 / 兵聲이 大振ᄒ야 山岳을 ᄯᅴ엿ᄂᆞᆫ ᄃᆞᆺ / 兵房 御營大將은 先鋒을 引導ᄒ야 賊陣에 突擊ᄒ니 / 疾風大雨에 霹靂이 즈치ᄂᆞᆫ ᄃᆞᆺ.

품 전체를 통해 하나의 유기적인 사건전개과정을 보여주기보다는 개별 사건들의 정황을 구체적으로 제시하는 데 초점을 맞추고 있음을 의미한다.

또한 각 단락의 말미에 부기된, 개별 상황에 대한 화자의 정서표출은 시상을 독립시키는 역할을 한다. 이는 이 작품이 일련의 사건을 서술하면서도 시상의 독립과 독립된 시상의 나열이라는 가사의 장르적 특성에 지배를 받고 있음을 의미한다.

<위군위친통곡가>는 앞서 제시한 세 가지 방식이 모두 사용되고 있다. 이 작품의 핵심적인 내용은 위군진달(爲君陳達)과 위부사정(爲父私情)이다. 서사와 결사는 조응하며 이 두 가지를 통합한다. 내용적인 측면에서 전혀 결합될 수 없는 두 가지 내용이 하나의 작품에서 동시에 출현할 수 있는 것은 전체적인 작품의 유기적 통합보다는 개별적인 사건이나 판단을 독립된 단락을 통해 개별적으로 담아내는 가사의 특성에 기인한 것이다. 본사 첫 번째 문단부터 세 번째 문단까지는 위군진달이며, 네 번째 문단만이 위부사정에 해당한다. 위군진달에 많은 비중을 둔 것은 위부사정을 이미 <분산회복가>를 통해 서술했기 때문이다.

한편 위부사정 부분은 전체적으로 일관된 사건의 전개과정을 다루고 있으며, <분산회복가>와 마찬가지로 비교적 긴 문장으로 의미단락이 종결되어 있다. 반면에 위군진달 부분은 이에 비해 상대적으로 짧은 의미단락들이 개별적인 시상을 형성하며, 나열되어 단락 내에서 보다 큰 시상을 형성한다. 또한 개별적인 단락들이 모여 전란에 대응하는 인간 군상들의 모습을 총체적으로 보여주고 있다.

유기적 연관성이 없는 인간 군상들의 다양한 행태를 개별적으로 나열하고 있기 때문에 의미단락이 상대적으로 짧은 것이다. 부정적 행위와 긍정적 행위를 대비시키고, 각각의 행위에 대한 화자의 판단을 부기함으로서 교훈적인 성격을 갖는다. 그것이 위군진달이라는 내용으로 통합되는 것이다.

한편 <위군위친통곡가>는 <분산회복가>와 더불어 전기(傳記)적인 서술특성을 보이고 있다. 즉 경험적 사실들을 시간의 흐름에 따라 나열함으로서 사건의 전개과정을 보여주고 있는 것이다. 하지만 개별적인 단락들 간의 유기적인 연결보다는 개별적인 단락 자체가 일화형식으로 서술되어 독립성이 강하다. 이점은 이후 나타나는 서사가사에서도 마찬가지 양상으로 나타나는데, 이는 부분의 독립성과 나열이라는 가사의 장르적 특성에 기인한 것이다.

김충선의 <모하당술회가>는 한 편의 자서전(自敍傳)을 가사체로 쓴 것이라 할 수 있다. 주지하다시피 자서전은 일반적으로 산문의 전기(傳記)문학에 속한다. 산문의 전기문학을 가사체로 쓴 것은 가사가 그만큼 제재의 영역을 넓혔음을 의미한다. 경험적 사실과 각각의 상황에서 느낀 감회를 삽입, 부가함으로서 부분의 독립성을 유지하고 있는 것이다. 그러나 여타의 작품들에 비해 사건이 시간의 흐름에 따라 질서정연하게 나열, 제시되어 있다.

마지막으로 송주석의 <북관곡>은 사건의 순차적 제시, 그리고 나열과 통합이라는 두 가지 요소가 결합되어 주제를 구현하고 있다. 이 작품의 본사는 3개의 문단으로 구성되어 있다. 첫 번째 문단은 1, 2차 예송의 전말과 송시열이 유배를 가게 된 계기를 설명적으로 제시하고 있다. 두 번째 문단에서는 구체적인 여정과 경험한 일들을 구체적으로 서술하고, 그 과정에서 느낀 감회를 표출하고 있다. 세 번째 문단에서는 고향을 생각하며 우울한 심회를 표출하고 있다. 따라서 첫 번째 문단에서는 사건의 순차적 제시, 두 번째와 세 번째 문단에서는 나열과 통합을 통해 주제를 구현하고 있다. 두 가지 방식을 함께 사용함으로서 사건의 전개과정과 억울한 유배에서의 고난을 동등한 비중으로 부각시키고 있다. 하지만 매 문단은 화자의 정서표출로 마무리된다. 그리고 마지막 문단에서 고향과 유배지를 비교함으로서, 유배지의 차갑고 스산한 분위기를 부각시킴으로서 앞서 전개한 시상 전체를 정서적으로 마무리한다. 따라서 이 작품은 궁극적으로 독자와의 정서적 교감을 통해 주제를 구현하려고 있음을 알 수 있다.

4. 결론

이상에서 살펴본 바를 요약하는 것으로 결론을 대신한다.

이 글에서는 서술태도와 주제구현방식의 측면에서 17세기 가사의 장르적 특성을 고찰해 보았다. 그 결과 17세기에도 여전히 강호가사나 유배가사는 서정적 양식의 지배를 강하게 받고 있으며, 현실의 문제를 다룬 작품들에서도 서정적 양식의 지배를 받는 작품들이 있다. 그러나 16세기와 비교할 때, 대상을 객관적으로 제시하려는 경향이 상대적으로 강함을 알 수 있었다. 이런 경향은 전통적으로 서정적 양식의 지배를 받던 강호가사나 유배가사에서도 나타나며, 특히 경험적 현실을 소재로 한 작품들에서 두드러지게 나타난다.

가장 기본적으로는 서술태도의 측면에서 직설적·단정적 담화양식을 통해 대상을 객관적으로 설명·제시하려는 경향이 강화되었음을 확인하였다. 이러한 경향은 <누항사>에서 보이는 바, 서술기법의 측면에서 장면화로 발전하기도 하였고, 문체적인 측면에서는 산문화가 촉진되는 결과를 낳기도 하였다.

한편 주제구현방식의 측면에서는 동일한 시상을 나열하고 주제적으로 통합하는 방식뿐만 아니라, 대립적 시상을 병치하거나 인과적 시상의 나열, 사건의 순차적 제시 등 다양한 방식을 사용하고 있다. 그리고 이러한 방식들은 18세기 이후 가사가 좀더 입체적으로 서술될 수 있는 계기를 마련하였다는 점에서 의미가 있다. 그러나 독립된 시상의 나열과 통합은 17세기 가사에서도 여전히 시상을 전개시키는 기본원리로 작용하고 있다.

18세기 이후에는 사대부가사 대부분이 주제적 양식의 지배를 받게 된다. 이는 기행가사나 교훈가사, 현실비판가사 등이 사대부가사의 중심적인 주제로 자리잡게 되면서 나타난 현상이다. 교훈가사나 현실비판가사는 물론이고, 기행가사도 여행의 생소한 경험을 사실적으로 전달하려는 의도에서 유산기(遊山記) 형식으로 가사를 창작하게 된다.

17세기부터 확대되기 시작한 주제적 양식의 의미는 바로 이러한 18세기 이후 조선후기 사대부 가사의 지배적 장르의 전조가 된다는 점에 있다.

또한 <누항사>의 '소 빌리는 대목'에서 나타나는 바, 이중적 시점을 갖춘 독립된 일화의 존재는 가사가 서사적 양식으로 서술될 수 있는 기법적 토대를 마련했다는 점에서 의의가 있다. 그러나 이런 양상이 곧바로 가사가 서사적 양식으로 서술될 조건이 되지는 못했다. 서사적 양식은 가사의 시상전개방식과는 다른 원리에 지배를 받기 때문이다.

하지만 경험적 현실을 객관적으로 제시하려는 경향 자체가 갖고 있는 대상에 대한 관찰과 과거 시제 지향은 서사적 양식의 중요한 특성이기도 하다는 점에서 가사가 서사적 양식으로 발전할 수 있는 또 하나의 중요한 계기가 되었다고 생각한다.

〔우리어문연구 18, 2002. 4.〕

3부
조선후기 - 확장과 포용

■ 玉局齋 歌辭의 장르적 성격과 그 의미
■ 조선후기 서사가사의 범위와 출현동인
■ 조선후기 가사의 장르적 특성
■ 寓話歌辭 〈鷄恨歌〉 硏究

玉局齋 歌辭의 장르적 성격과 그 의미

1. 서론

『언사(諺詞)』에는 <수로조천행선곡(水路朝天行船曲)>·<초혼사(招魂辭)>·<세장가(說場歌)>·<임천별곡(林川別曲)>·<착정가(鑿井歌)>·<순창가(淳昌歌)>·<정주가(定州歌)> 등 모두 7편의 가사가 실려 있다. 이 중 <정주가>는 그의 아들 의현(義玄)이 지은 것이며, 나머지 6편은 옥국재(玉局齋) 이운영(李運永 ; 1722~1794)의 작품이다.[1] 이운영의 가사들은 소재영 교수에 의해 작가의 생애와 함께 자료가 소개된 이후[2] 본격적인 작품론은 이루어진 바 없다.

작품의 성격은 크게 둘로 나뉜다. 먼저 <수로조천행선곡>·<초혼사>·<세장가> 등은 모두 후렴구를 동반하고 민요형식으로 서술되어 있다. 그리고 <임천별곡>·<착정가>·<순창가> 등은 허구적이고 서사적인 내용을 다양한 양식으로 서술함으로서, 사대부의 경험이

---

1) 필자는 이 글을 작성함에 있어 고려대학교 대학원의 금요토론회 회원들과 특히 한문학 전공자인 김영진 선생으로부터 많은 도움을 받았다. 이 자리를 빌어 고마움을 표한다.
2) 소재영,「「諺詞」 硏究」,『民族文化硏究』第 21 號(고려대 민족문화연구소, 1988).

나 정서를 서술하는 전기가사와는 전혀 다른 지평을 보여주고 있다. 이운영의 가사 6편은 송강가사에 비견될 정도로 다양한 서술기법을 사용하고 있다.

송강가사는 대화체나 삽화를 통해 조선전기부터 이미 가사가 다양한 양식으로 서술될 수 있는 가능태를 담고 있었다.[3] 이운영의 작품들에서는 이러한 가능태들이 구체적인 양식으로 발전되어 있다. 따라서 양식적 측면에서 볼 때 송강가사보다 훨씬 발전된 면모를 보여주고 있다고 생각한다.

더욱이 가사문학에서 민요 또는 민요 형식의 수용[4]이나 서사적 양식,[5] 한시의 민요취향, 야담 등은 조선후기에 와서야 나타나기 시작한다.[6] 이운영의 가사는 18세기 중·후반에 창작되었다는 점에서, 이와 같은 양상들의 초기적인 모습을 담고 있다고 생각한다.

따라서 옥국재 가사(玉局齋 歌辭) 6편은 가사문학의 전개과정에서

---

[3] 김병국, 「쟝르론적 관심과 가사의 문학성」, 『현상과 인식』(1977 겨울). 『한국 고전문학의 비평적 이해』(서울대출판부, 1995)에 「가사의 장르적 성격과 문학성」으로 재수록.
김학성, 「가사의 장르성격 재론」(백영정병욱선생환갑기념논총, 1982). 『國文學의 探究』(성균관대학교출판부, 1987)에 재수록.
[4] 가사에서 민요나 민요형식을 수용한 예는 조선후기 규방가사나 농부가류, 애정가사 등에서 광범위하게 나타난다. 자세한 논의는 박연호, 「애정가사의 구성과 전개방식」(고려대 석사논문, 1993), 김창원, 「조선후기 사족창작 농부가류 가사의 작가의식 연구」(고려대 석사논문, 1993), 백순철, 「규방가사의 작품세계와 사회적 성격」(고려대 박사논문, 2001) 참조.
[5] 17세기까지의 가사 중 작품전체가 서사적 양식으로 서술된 작품은 전혀 없다. 지금까지 제출된 사서가사와 관련된 논문들은 조선후기라는 표제를 달거나 조선후기를 대상으로 하고 있는 것은 가사에서 서사적 양식이 조선후기적인 특성임을 의미한다.
[6] 한시의 민요취향과 야담에 대해서는 이동환, 「朝鮮後期 漢詩에 있어서 民謠趣向의 擡頭-朝鮮後期 漢文學의 歷史的 變化의 一局面」, 『韓國漢文學研究』 3·4집(한국한문학연구회, 1979). 이강옥, 『조선시대 일화연구』(태학사, 1998) 참조.

이러한 양상들이 어떤 계기를 통해 어떤 모습으로 나타나게 되었는가를 추정할 수 있는 중요한 자료라고 생각한다.

이 글에서는 옥국재 가사를 민요형식을 사용한 작품과 구비서사물을 가사화한 것으로 나누어 각 작품들의 장르적 특성과 장르사적 의의를 고찰해 보기로 하겠다.

2. 장르적 성격

장르는 이론적 장르와 역사적 장르로 구분된다. 전자는 서정이나 서사와 같이 문학의 존재양식을 구분한 것이고, 후자는 향가나 시조와 같이 특정한 기간에 특정한 형식으로 존재한 일군의 작품을 의미한다. 따라서 이론적 장르는 진술방식이나 시점 등에 의해 구분되는 반면, 역사적 장르는 특정 작품군이 공유하고 있는 작품 구성의 일반적인 원리 내지는 규칙, 즉 특정 작품군에 대한 담당층의 기대지평에 따라 다른 역사적 장르와 구분된다.

기존논의에서는 가사라는 역사적 장르를 교술, 전술, 주제적 양식 등 하나의 이론적 장르에 귀속시키기도 하고,[7] 단일한 이론적 장르로 포괄할 수 없는 것으로 보기도 한다.[8] 필자의 견해는 후자에 해당한다.

---

7) 조동일, 「자아와 세계의 소설적 대결에 관한 시론」, 『東西文化』 7(계명대 동서문화연구소, 1974). 『한국문학의 갈래이론』(집문당, 1992)에 재수록.
김병국, 앞의 논문.
김학성, 앞의 논문.
성무경, 「歌辭의 存在樣式 硏究」(성균관대 박사논문, 1997).
성호경, 「16世紀 國語詩歌의 硏究」(서울대 박사논문, 1986).
8) 이병기, 『국문학개론』(일지사, 1961).
장덕순, 『국문학통론』(신구문화사, 1963).
김흥규, 『한국문학의 이해』(민음사, 1986)].
성기옥, 「국문학 연구의 과제와 전망 -국문학의 범위와 장르 문제를 중심으로-」, 『이화어문논집』 12집(이화여대 한국어문연구소, 1992)].

그것은 성기옥이 지적한 바, 하나의 역사적 장르가 반드시 하나의 이론적 장르에 대응되어야만 하는 것이 아니기 때문이다.9) 서구문학에서 찬가(ode), 목가시(pastoral), 애가(elegy) 등의 특정한 역사적 장르가 하나의 이론적 장르인 서정시와 대응되는 것은 그것들이 형식이 아닌 내용이나 주제의 차원에서 분류되고 명명되어졌기 때문이다.

그러나 시조, 가사뿐만 아니라 한시 등 동양의 율문들은 대부분 내면이나 정서, 객관적 사실 등 내용이나 주제가 아닌, 글자수나 압운, 행의 숫자 등 형식적 특성에 의해 분류되고 명명되었다. 즉 특정한 역사적 장르에 특정한 이론적 장르가 대응되느냐 아니냐는 특정 역사적 장르가 어떤 기대지평 하에서 형성되었는가에 의해 결정되는 것이다.10)

장르연구의 궁극적인 목적은 특정 작품군이나 개별 작품을 근본적인 차원에서 보다 잘 이해하는 데 있다. 가사문학을 장르론적 측면에서 고찰하는 이유도 여기에 있다. 가사라는 역사적 장르는 여러 가지 이론적 장르들을 포괄하고 있다. 따라서 이론적 장르와 역사적 장르의 차원을 모두 고려할 때 가사의 본질과 개별 작품에 대한 올바른 이해에 보다 가깝게 접근할 수 있다고 본다.

서사가사라는 표제를 단 논문들도 가사가 서사적 양식까지 포괄하고 있다는 전제 하에 논의를 진행하고 있다.
가사의 장르적 성격에 대한 기존연구 성과에 대해서는 〔박연호, 「장르구분의 지표와 가사의 장르적 성격」, 『고전문학연구』 17집(고전문학회, 2000). 한창훈, 「가사의 갈래적 성격 연구」, 『백록어문』 13집(1997), 『시가와 시가교육의 탐구』(월인, 2000)에 재수록〕 참조.
9) 성기옥은 서정, 서사, 희곡, 교술 등의 장르류로부터 개별문학에서 나타나는 장르종이 분화된 것이 아니라는 점을 들어 하나의 장르종을 하나의 장르류에 대응시키는 기존 시각의 오류를 지적하고, 가사를 서정적 양식과 주제적 양식이 복합된, 복합성 장르로 규정하였다. 성기옥, 앞의 논문, 521~526면.
10) 이에 관한 자세한 논의는 박연호, 「장르구분의 지표와 가사의 장르적 성격」, 『고전문학연구』 17(한국고전문학회, 2000) 참조.

1) 民謠形式의 使用

(1) 水路朝天行船曲

<수로조천행선곡>은 배따라기노래로 청나라로 떠나는 봉명사신(奉命使臣)을 위해 지은 것이다. 창작시기는 1775년에 <종계석상봉신지상숙자함씨부연지행(宗稧席上奉贐池上叔子涵氏赴燕之行)>이라는 시를 남긴 것으로 보아 이 무렵에 지은 것으로 추측된다.11) 이 작품은 '행선곡(行船曲)' 즉 '배따라기'노래로, 여음을 삽입하고 있다는 점에서 민요형식으로 서술되어 있다고 할 수 있다.

서두는 "어긔싸 지국총 지국총 어긔싸 닷들고 돗츨 달고 비 씌우고 노져허라"라는 여음으로 시작하고 있다. 이 부분이 서두로 기능할 수 있는 것은 여음으로 시작하는 민요의 전통이 있기 때문이다. 이어서 "비씌여라 비씌여라 이 비 타고 어듸 갈고"라는 여음이 나오고, 동일한 여음이 중간에 다시 한 번 반복되어 있다. 즉 이 구절은 민요의 여음과 마찬가지로 의미 단락을 나누는 구실을 한다. 따라서 이 작품은 여음에 의해 크게 두 개의 문단으로 나뉜다.

첫 번째 문단의 첫 번째 단락에서는 배와 관련된 고사를 노래하고 있는데, 매우 상징적이고 압축적으로 서술되어 있다. 두 번째 단락에서는 배가 떠나는 곳의 쓸쓸한 풍경과 심회를 과거와 현재를 대조함으로서 노래하고 있다. 명나라로 사신을 보내던 과거의 모습은 오운(五雲)

---

11) 『玉局齋遺稿』 卷之四, 이 시에서는 험한 여정에 대한 걱정과 이전의 사신들처럼 후안무치한 짓을 하지 말고 조선 사신으로서의 엄중한 몸가짐과 책무를 다 할 것을 당부하고 있다. 그 중 변발한 황제에게 절을 하며 폐백을 드려야만 하는 상황에 대해 남아가 때를 잘 못 타고난 때문이라고 하여 비감한 심정을 피력하며, 춘추대의가 붕괴된 상황에서 정도가 회복되기를 간절히 열망한다는 내용(如天皇極殿 高坐剃頭帝 九頓九級下 雙擎獻摯幣 男兒生不辰 中心定茹悲 黃河淸何日 天醉醒何時 一部獜經義 置之勿復道)은 <수로조천행선곡>과 일치한다.

이 어리고, 만국(萬國)의 광비(光比)가 화려하게 모였던 반면, 청나라에 사신을 보내는 현재는 외로운 달빛(孤月色)만이 감돌뿐이다.

세 번째 단락에서는 명나라로 조공을 보내고 싶어도 갈 수 없는 나라가 된 상황을 비감한 심정으로 노래하고 있다. 네 번째 단락에서는 청나라로 떠나는 봉명사신이 타고 갈 배와 돛이 명나라의 은덕을 입은 나무와 비단으로 만들어졌다는 사실을 노래하고 있다.

이 부분은 "비쯰여라 비쯰여라 이 비 타고 어듸 갈고"라는 여음과 만나 명나라의 은혜를 받아 만든 배를 타고 청나라로 떠나야 하는 상황을 제시함으로서 비극적 정서를 표출하고 있는 것이다. 이점에서 첫 번째 단락은 비견의 제시가 아닌 비견의 설정, 즉 서정적 양식에 해당한다.

두 번째 문단의 첫 번째 단락은 "신쥬(新主, 청나라)를 북망(北望)하니 만亽(萬事)가 상심(傷心)ᄒ다"라고 함으로서, 청나라를 새로운 주인으로 모셔야만 하는 화자의 참담한 정서를 표출하는 것으로 시작하고 있다. 이 점에서 "비쯰여라 비쯰여라 이 비 타고 어듸 갈고"라는 여음은 첫 번째 문단과 두 번째 문단의 시상을 연결하는 동시에 새로운 시상을 전개시키는 계기로 작용한다.

한편 숙환정에 부는 슬픈 바람과 낙화가 된 홍도화, 찬 물결, 한일(寒日), 고사나 옛 곡조로만 남아있는 명왕조의 역사 등은 참담한 심정의 은유적 표현에 다름 아니며, 비풍한설(悲風寒雪)도 창명수(滄溟水)를 더하는 눈물로 인식되는 것이다.

두 번째 단락에서는 교룡(蛟龍)에게 왕명을 받아(待命) 어쩔 수 없이 청나라로 가는 것이니 풍랑을 일으키지 말아 달라고 기원한다. 이것은 청나라에 대한 부정적 인식과 힘의 논리에 따라야만 하는 현실적 한계, 그로 인한 참담한 심정 등을 복합적으로 담고 있다. 그리고 언젠가 명나라가 부활하여 만국이 제항(梯航)할 때 다시 올 수 있게 되기를 기원함으로서 미래에 대한 희원으로 마무리하고 있다. 이것이 바로 이 작품의 주제이다.

<배따라기>는 서울식과 서도식이 있으며, 험난한 바다를 터전으로 살아야만 하는 뱃사람의 비극적 삶과 신세자탄을 담고 있는 매우 구슬프고 처량한 노래라고 한다.12) <수로조천행선곡>은 제목에서 <배따라기> 노래(行船曲)임을 표방하고, 여기에 비감한 여음구를 삽입시킴으로서 비극적인 정서를 증폭시키고 있다.

이상에서 살펴본 바, 두 번째 문단의 소재나 제재도 화자의 내면을 표출하기 위한 보조관념으로 사용되고 있으며, 그것들은 모두 명나라의 멸망에 대한 안타까움과 청나라를 섬겨야 하는 자괴감을 은유적으로 표출하는 기제가 되고 있다는 점에서 비젼의 제시가 아닌 비젼의 설정이며, 따라서 서정적 양식에 해당한다.

한편 시상 구성의 측면에서 볼 때, 이 작품은 "빗쯰여라 빗쯰여라 이 비 타고 어듸 갈고"라는 구절에 의해 크게 두 개의 문단으로 나뉜다. 앞 문단은 개별적인 상황의 나열을 통해 명나라의 멸망을 회고하는 화자의 비감함을 노래하고 있으며, 뒷 문단은 청나라를 섬겨야만 하는 조선의 참담한 심정을 독립된 시상의 나열을 통해 노래하고 있다.

두 문단의 시상은 "빗쯰여라 빗쯰여라 이 비 타고 어듸 갈고"라는 여음에 의해 연결되며, 앞 문단의 시상은 뒷 문단의 첫 번째 단락에서 구체화되고 통합된다. 그리고 마지막 단락에서 주제를 구체적으로 제시함으로서 전체를 통합한다. 즉 이 작품은 부분의 나열과 통합, 주제적 통합이라는 가사의 장르적 성격에 부합되고 있다고 할 수 있다.

한편 이 작품을 끌어가는 힘은 과거-현재-미래의 상황 대조, 시상

---

12) 이창배, 『한국가창대계』(홍인문화사, 1976) 303~304면.

(정서)의 점진적 구체화 등이라 할 수 있다. 기존논의에서는 이를 일반적으로 평면적인 재설명을 의미하는 부연(敷衍)으로 규정하고, 이를 가사의 서술원리로 설명하고 있다.

하지만 가사의 부분의 통합을 통한 부연은 단순하고 평면적인 부연의 수준을 넘어 개별적으로 무질서하게 나열된 대상에 질서와 통일성을 부여하는 힘(원리)으로 작용한다. 즉 가사에서의 부연은 독립적으로 나열된 시상을 통합하고 구체화하는 구심력으로 작용하고 있으며, 이를 통해 작품에 질서와 통일성을 부여하는 것이다. 독자가 가사 한 편을 하나의 완결된 작품으로 인식하게 되는 것은 바로 이러한 가사의 장르적 특성 때문이다.

(2) 招魂辭

<초혼사>는 임진왜란 때 사망한 넋들을 위로하기 위해 지은 작품이다.[13] 이 작품도 <수로조천행선곡>과 마찬가지로 여음을 동반한 민요 형식으로 서술되어 있으며, "넉시야 넉시로다 망자시의 넉시로다"라는 여음으로 시작하고 있다.

첫 번째 단락에서는 왜란에 억울하게 죽어 저승에서 편안히 쉬지 못하고 구천을 헤매는 영혼을 애도함으로서 노래를 짓게된 계기를 제시하고 있다.(넉시야 넉시로다 망자시의 넉시로다) 두 번째 단락에서는 죽음 앞에서 한없이 무기력한 인간의 운명을 노래하고 있다.(넉시야 넉시로다 망자시의 넉시로다) 세 번째 단락에서는 중국의 부소, 여상, 왕자안 등의 죽음을 통해 모든 죽음은 운명임을 노래하고 있다.(넉시야

---

[13] 작가가 1785년에 금산 군수(錦山 郡守)를 지냈으며, 1786년에 <칠백총(七百塚)>[玉局齋遺稿 卷之八]이라는 시를 남기고 있는 것으로 보아, 이 무렵에 지은 것으로 보인다.

넉시로다 망즈시의 넉시로다)

네 번째 단락에서는 임진왜란 당시 왜구에게 목숨을 빼앗긴 수많은 창생들, 충무공을 위시한 장수들, 고경명을 위시한 의병들과 칠백 명의 넋을,(넉시야 넉시로다 망자시의 넉시로다) 다섯 번째 단락에서는 금산군 정양산에서 순절한 오백 의사 등을 추도함으로서 초혼의 대상을 구체적으로 제시하고 있다.(넉시야 넉시로다 망즈시의 넉시로다)

여섯 번째 단락에서는 시체가 뒹구는 황량한 벌판과 혈육의 시신만이라도 찾겠다고 헤매며 오열하는 사람들의 모습을 구즌비, 잔나뷔 파람, 고아, 과부, 이이곡 등으로 표상함으로서 전장의 처참함과 산 자와 죽은 자의 원한을 노래하고 있다.(넉시야 넉시로다 아는다 모로는다)

일곱 번째 단락에서는 처참하게 흩어진 유골을 수습하는 모습과 그것들을 모아 매장한 봉분이 산처럼 높은 모습을 노래함으로서 원한 맺힌 혼령이 얼마나 많은가를 부각시키고 있다.(넉시야 넉시로다 아는다 모로는다)

마지막 여덟 번째 단락에서는 혈육을 떠나 모두가 애도하는 모습과 혈육에게 수습되지도 못하고 이름 없이 매장된 원혼을 위해 비가를 받치는 상황을 노래하고 있다.(넉시야 넉시로다 신막동셔남북시라)

이상에서 살펴본 바, <초혼사>는 전란의 현장을 돌아보고, 당시의 처절했던 역사적 상황을 상상하며, 그로 인해 촉발된 화자의 비감한 심정을 노래하고 있다는 점에서 서정적 양식에 해당한다.

시상구성의 측면에서 볼 때, <초혼사>는 여음을 기준으로 독립된 시상을 형성하는 단락들이 나열되어 있으며, 시상을 점진적으로 구체화시켜 나가는 방식을 사용하고 있다. 즉 첫 번째 단락에서는 노래를 짓게 된 계기를 마련하고, 두 번째 단락에서는 죽음이 인간의 운명이라는 점을 노래하고 있다. 그리고 세 번째 단락에서는 두 번째 단락의 구체적인 예를 들고 있다.

여기까지가 인간의 운명에 대한 일반적인 서술이라면, 네 번째부터 일곱 번째 단락까지는 왜란으로 인해 처참하게 파괴된 산 자와 죽은 자의 모습에 대한 구체적 서술에 해당한다. 그리고 마지막 여덟 번째 단락에서는 이들에게 비가(悲歌)를 바침으로서 구천을 헤매는 영혼만이라도 천도하려는 화자의 안타까운 심정을 표출하고 있다.

이 작품에서 시상을 이끌어 가는 힘의 원천도 시상의 점진적 구체화와 통합이라 할 수 있다. 전란으로 인한 죽음이라는 문제를 인간의 운명(일반적)에서 접근하여 전란이 초래한 상황을 장면화를 통해 구체적으로 제시함으로서 위령과 처참한 상황에 대한 연민의 정을 동시에 드러내고 있다.

한편 마지막 문단에 제시된 모든 사람의 슬픔과 비가는 일차적으로 구천을 헤매는 원혼들을 위한 것이지만, 그것은 전란에서 살아남아 고통받는 사람들을 위로하기 위한 노래이기도 하다. 그리고 비가는 바로 <초혼사>이다. 즉 이 작품의 모든 부분은 마지막 단락을 향해 점진적이고 동심원적으로 통합·응축되어 있다고 할 수 있다.

이 작품에서 후렴구는 단락의 독립성을 강화시키는 동시에 작품 전체가 지향하고 있는 비극적 정서를 지속적으로 환기시킴으로서 단락의 독립과 통합이라는 이중적 역할을 한다. 특히 망자(亡者)와 유족(遺族)의 모습을 서술한 부분에서 여음구의 뒷부분을 다르게 표현[14]함으로서 시상의 통일과 정서적인 변화를 함께 꾀하고 있다.

한편 『독립신문』이나 『대한매일신보』 등에 게재된 사설형식의 가사를 제외하면 이 작품처럼 후렴구에 의해 여러 개의 작은 시상이 나열된 경우는 거의 없다.

---

14) 망자(亡者) : 넉시야 넉시로다 망즈시의 넉시로다. 유족(遺族) : 넉시야 넉시로다 아는다 모로는다.

이와 같은 민요의 형식을 수용할 수 있었던 이유는 가사가 부분의 나열이라는 원리를 본원적으로 갖고 있었기 때문이다. 하지만 가사는 민요와는 달리 독립된 부분들이 전혀 다른 의미맥락으로 분산되지 않고 하나의 통일체를 형성한다. 이는 부분의 통합이나 주제적 통합이라는 가사의 장르적 성격에 지배를 받기 때문이다.

(3) 說場歌

<세장가>는 면천군수 재임시절 임진년(壬辰年, 1772)에 부임한 사돈인 충청감사(忠淸監司)로부터 억울하게 해임 당한 후 어느 정도 시간이 지나 당시의 억울했던 상황을 회상하며 노래한 것이다.15) 이 작품은 18행에 불과한 매우 짧은 노래로, 앞의 두 작품과 마찬가지로 "이제라도 싱각ᄒ면 뮙고 뮙고 ᄯᅩ 뮙도다"라는 구절을 여음처럼 두 번 반복하고 있으며, 이것을 경계로 문단이 두 개로 나뉜다.

이 작품의 첫 번째 문단은 당시에 유행하던 <자장가>를 약간 변형하고,16) 여기에 자신을 파직시킨 충청감사에 대한 원망을 덧붙이고 있

---

15) 소재영, 앞의 논문, 35~36면.
16) 세쟝 세쟝 우세쟝의 강남 져즈 어졔 가셔 / 밤 ᄒᆞ되를 어더다가 독 안의 너허더니 / 머리 감은 싀양쥐가 다 ᄶᅡ 먹고 다만 ᄒᆞ나 남아시니 / 밋 업슨 가마의 물 업시 살마닉여 / 껍질과 본을낭은 누구을 쥬ᄌ 말고 / 너희 외죠 할아버지 긔나마 쥬어볼가 …중략… 다디단 졈살낭은 너고 나고 둘이 먹자.<세장가>
이 노래는 엄필진의 『朝鮮童謠集』(세상 세상 한아비가 서울京城 길을 가다가 밤栗 한 말을 사셔 고무다락에 치처 두엇더니 머리 감은 싀양쥐가 다 ᄶᅡ 먹고 밤 한 톨―個이 남앗거늘 너고나고 먹자 달궁 달궁.<달궁 달궁>)에도 자장가 항목에 실려 있어, 최근까지 거의 변화되지 않고 향유되었음을 알 수 있다.
坏窩 金相肅(1717~1792)도 이와 유사한 노래(市栗一升上置于懸架 玄首䶈鼠盡剝食 餘一顆 穀則與父 皮則与母 吾与女肉哺.『續日知錄』, <海東俚謠>)를 자장가로 소개하여 한역하고 있다.

다. 자장가를 변형시킨 부분[17])에서는 말도 안 되는 상황을 제시하고 있는데, 이는 자신을 파직시킨 충청감사의 잘못된 처사에 대한 비유적 표현으로 보인다. 그리고 여음처럼 제시된 "이졔라도 싱각ᄒ면 뮙고 뮙고 ᄯᅩ 뮙도다"라는 구절을 통해 이와 같은 화자의 정서를 응축적으로 표현하고 있다.

두 번째 문단에서는 온갖 맛있는 해산물들을 해학적으로 나열[18])한 후, 그것들을 두고 도연명처럼 금방 돌아온 상황을 생각하며 자신을 파직한 충청감사를 원망하고 있다. 즉 이 작품은 충청감사에 대한 원망의 정서를 표출하는 데 중점이 두어져 있다는 점에서 서정적 양식에 해당한다.

시상구성의 측면에서 볼 때, 이 작품도 부분의 나열과 통합[19])이라는 가사의 전형적인 시상구성방식을 따르고 있다. 첫 번째 문단과 두 번째 문단은 완전히 독립적인 시상을 형성하며 나열되어 있으며, 두 단락은 "이졔라도 싱각ᄒ면 뮙고 뮙고 ᄯᅩ 뮙도다"라는 여음에 의해 하나로 통합된다.

한편 충청감사가 미운 근본적이고 실질적인 이유는 자신을 해임한 사실에 있다. 해임은 사대부 관료로서의 명예에 관련된 문제이기 때문이다. 그럼에도 불구하고 화자는 해임으로 인해 '산해진미를 못 먹게 되었기 때문'에 충청감사가 밉다고 하였다. 즉 심각한 문제는 가볍게

---

17) 밋 업슨 가마의 물 업시 살마너여 겹질과 본을낭은 누구을 쥬ᄌ 말고 너희 외죠 할아버지 긔나마 쥬어볼가.
18) "고마 슈영 싱복이야 아산 평틱 황셕슈어 / 양지 방죽 황금부어 두 눈굼기 말동말동 / 광쳔쟝 비웃슨 흑 혼ᄒ니 데여 두고 / 기다ᄒ 낙지로셔 넙격ᄒ 곳게로셔 / 오증어 쑬독이을 시오를 더 바치라 / 이리조흔 희삼 진미 꿈 속의나 먹어본가"<세장가>.
19) 가사는 부분이 독립적으로 개별적인 시상을 형성한다. 개별적인 시상들은 단락을 이루며 보다 큰 시상을 형성한다. 이에 대한 자세한 논의는 박연호, 앞의 논문 참조.

젖혀두고 가벼운 문제를 심각한 문제처럼 전면에 부각시키고 있는 것이다.

'산해진미를 못 먹기 때문'에 충청감사가 밉다고 한 것은 충청감사에 대한 우회적인 조롱이다. 충청감사는 면천군수라는 세속적인 직책을 중요하게 생각하지만, 화자는 그것을 먹거리 정도의 하찮은 것으로 여기고 있다는 것을 의미하기 때문이다. <자장가>의 단순하고 가벼운 리듬과 음식사설의 해학적이고 경쾌한 리듬은 이러한 효과를 위해 동원되고 결합된 것이다.

따라서 이 작품을 이끌어 가는 힘은 대상에 대한 풍자와 민요의 형식에서 가져온 발랄하고 경쾌한 율동성에 있다고 할 수 있다. 이와 같은 요소들로 작품을 이끌어 가는 방식은 전기 가사에서는 전혀 볼 수 없던 것으로, 가사가 민요와 만남으로서 새롭게 얻게된 힘이라 할 수 있다.

이 작품은 풍자를 통해 대상을 비판하고 있다. 여기에 부조리한 현실을 비판하면서도 결코 현실적인 힘의 논리에 저항할 수 없는 상황이기에 해학을 동반하고 있다. 민요적인 발랄한 율동성은 이러한 해학을 가능하게 하는 보조도구이다.

또한 이런 작품이 나올 수 있었던 데는 회해(恢諧)를 좋아하고, 만천(曼倩)의 해희(諧嬉)로 좌중을 웃겼던 그의 성향[20]이 중요한 기반으로 작용하고 있었던 것으로 보인다.

이상 민요형식을 사용한 세 작품은 사적 시점에 의한 화자의 정서표출에 중점이 두어져 있다는 점에서 모두 서정적 양식에 해당한다. 기존의 작품들과 변별되는 점이 있다면, 역사적 사건이나 개인적인 경험 등 구체적인 사건을 소재로 하고 있다는 점이다.

---

20) 『漢山世稿』 1면. 『玉局齋遺稿』 해설. 그의 시 중에도 이런 것들이 많다.

<남정가>나 <태평사> 등 역사적 사실이나 경험과 관련된 작품들은 대부분 주제적 양식으로 서술됐던 전통을 상기할 때, 위 세 작품이 서정적 양식으로 서술된 것은 가사가 소재에 관계없이 다양한 양식으로 서술될 수 있음을 의미한다.

2) 口碑敍事物의 歌辭化

(1) 林川別曲

<임천별곡>은 영감이 할미에게 성적 결합을 요구하는 상황을 둘러싸고 벌어진 해프닝을 다루고 있는 작품이다. 이 작품은 작가가 직접 경험하거나 목도한 현실을 기록한 것이 아니라 여항에 떠돌던 이야기를 가사로 창작한 것으로 보인다. 물론 이런 일들이 일어났을 가능성도 전혀 배제할 수는 없다.

<임천별곡>을 인물의 대화를 따라 내용을 요약해 보면 다음과 같다.

1. 영감 : * 춥고 갈 곳도 없으며 둘 다 늙은이니 방에 들어가게 해 달라고 부탁한다.
2. 할멈 : * 할멈은 노인이 유성 손님임을 알아보고 방에 들어오는 것을 허락한다.
3. 영감 : * 오늘밤은 나가지 않은 것이라고 다짐하며, 할멈의 나이를 물어본다. 그리고 할멈의 가슴에 손을 한 번 넣게 해달라고 요구한다.
4. 할멈 : * 깜짝 놀라며 지난 밤 꿈자리가 나빠 당한 일이라고 한다. 나이가 71세인데 무엇 하러 새서방을 맞겠느냐며 거부한다.
5. 영감 : * 늙어도 욕망은 같으며, 서로 비밀만 지키면 아무 일 없을 것이니 인연을 맺자고 설득한다.
6. 할멈 : * 양반의 직분을 망각하고 계집을 밝히는 것이 우습다고 조롱

　　　　　　　한다.
　　　　　　* 만일 서방을 삼으려면 젊고 돈 많은 사람을 고르지, 아무 것
　　　　　　　도 없는 노인을 고르지는 않을 것이라며 면박을 준다.
　　　　　　* 아들과 딸이 모두 하인과 기생으로 관청에 있으며, 아들들이
　　　　　　　용력이 강해 소리만 지르면 노인을 한 주먹에 죽일 수도 있
　　　　　　　다고 하며 위협한다.
　7. 영감 : * 양반을 몰라보고 욕을 보인다고 책망한다.
　　　　　　* 자신은 월산대군의 증손이며 올해 70세이고 소대과(小大
　　　　　　　科)에 등과했으며, 경화사족 및 권력층이 모두 자신과 막역
　　　　　　　한 사이라고 하며 위협한다.
　　　　　　* 늙어 쓸쓸함을 달래려고 부탁한 것인데, 동냥은커녕 쪽박을
　　　　　　　깼다고 책망한다.
　　　　　　* 양반능욕죄로 관아에 고발하고 싶지만 넓은 도량으로 용서
　　　　　　　한다고 한다.
　　　　　　* 부끄럽다며 고향으로 돌아간다.

　이 작품은 '영감의 입실요구 → 할미의 허락 → 영감의 입실', '영감의 육체적 요구 → 할미의 거부 → 요구의 실패', '영감의 재요구(설득) → 할미의 거부(협박) → 영감의 패배(협박)' 등 모두 3개의 최소스토리가 유기적으로 연결되어 보다 큰 하나의 완결된 스토리를 형성한다.
　또한 영감의 방문과 입실, 육체적 요구, 할미의 거부, 영감의 패배 등 각각의 사건들은 어느 것도 삭제하거나 순서를 바꿀 수 없다는 점에서 분명한 플롯을 갖고 있다. 그리고 서술자의 개입이 없이 인물간의 대화만으로 이루어져 있다. 따라서 이 작품은 플롯과 인물쌍방적 시점이라는 극적 양식의 모든 조건을 충족시킨다.
　대화체를 통한 인물쌍방적 시점은 이미 <속미인곡>에서도 사용된 바 있다. 하지만 <속미인곡>에서는 주인물인 을녀(乙女)의 1인칭 독백이 작품전체를 압도하고 있다. 반면에 갑녀(甲女)는 을녀의 발화를

이끌어내기 위한, 보조적인 인물에 불과하다. 때문에 갑녀의 발화가 없이도 작품이 성립될 수 있다. 따라서 <속미인곡>은 플롯도 없으며, 대화가 작품을 성립시키는 필수적인 요소로 기능하지 못한다는 점에서 극적 양식에 포함될 수 없다.

그러나 <임천별곡>에서의 영감과 할미의 발화는 명확히 상대방에게 의사를 전달하는 기능을 하고 있다는 점에서 완벽한 대화라 할 수 있다. 즉 두 인물은 모두 동등한 비중을 가진 초점화자로 기능하고 있는 것이다. 게다가 <임천별곡>에서는 할멈과 영감의 대화, 그리고 그들 사이의 대립과 갈등이 사건전개의 원동력이 된다는 점에서 극적 양식에 해당되는 것이다.

그런데 <임천별곡>은 본격적인 극이라기보다는 대화체로 이루어진 만담(漫談)에 가깝다. 대화체 만담은 일반적으로 갈등관계에 있는 대립적인 인물을 설정하고, 두 인물 사이의 설전(舌戰)을 통해 대상을 풍자하며 웃음을 유발한다. 따라서 대화체 만담은 극의 초보적인 단계라 할 수 있다.

이 작품도 대화체 만담과 마찬가지로 웃음과 풍자를 함께 담고 있다. 요약문에 나타난 바와 같이 두 인물 중 누구도 공격이나 비판의 대상이 아니다. 작가는 다만 영감과 할미의 발화를 통해 당대 사회를 조롱하고 풍자하여 웃음을 유발할 뿐이다.

또한 이 작품에는 인물의 발화에 서술자의 시각이 개입된 부분이 있다. 천민인 할멈이 양반인 영감을 보고 "어져 거 뉘신고 유성 손임 아니신가"라는 부분이 그것이다. 이 부분은 정상적인 극적 양식에서는 당연히 존칭을 사용해야 했을 것이다. 이와 같이 서술자의 개입이 나타나는 것은 1인칭 자기토로형식이라는 가사의 장르적 전통에 견인된 결과라 하겠다.

가사문학에서 부분적으로 대화체를 사용하는 예는 많다. 하지만 필자가 과문한 탓인지는 몰라도 작품 전체가 극적 양식으로 서술된 작품은 <임천별곡>뿐이다.21) 이는 이운영이 여항의 이야기를 생동감 있게 표현하기 위해 극적 양식을 사용했으며,22) 가사가 극적 양식까지 포괄할 수 있는 역사적 장르임을 의미한다.

한편 이 작품은 인물간의 대화를 통해 앞의 상황을 계기적으로 연결, 심화시켜 나간다. 이러한 시상전개방식은 논쟁형 문학의 일반적인 형식이며, 이것이 이 작품을 이끌어나가는 원동력이다.

이 작품을 이끌어 가는 또 하나의 중요한 요소는 해학과 풍자라고 할 수 있다. 할멈에게 젖을 만지게 해 달라고 요구하는 영감의 모습은 그대로 풍자의 대상이 된다. 또한 할멈이 급창 겸 고지기를 하는 아들(득손이)과 수겹 행수의 번을 드는 딸(초심이), 삼반 하인으로 군관청에서 일하는 일족들을 대단한 배경인 양 자랑스럽게 주워 섬기는 모습이나, 영감이 자신은 월산대군의 증손이며, 70세이고, 젊어서 등과한 재원으로 경화의 고관대작들이 모두 자신과 매우 친한 사이라고 함으로써 자신의 배경을 과시하는 모습 등은 모두 풍자의 대상이 된다. 즉 이 작품은 한 인물만을 일방적으로 풍자하는 것이 아니라 두 인물 모두를 풍자함으로서 당대의 세태를 풍자하고 있는 것이다.

여기에서 또 하나 짚고 넘어가야 할 문제는 가사에서는 생소한 극적 양식이 어떻게 가사의 시상구성방식과 만나 <임천별곡>과 같은 작품을 탄생하게 했는가 하는 것이다.

---

21) <거사가>나 <양신화답가> 등도 인물간의 대화를 통해 이야기를 전개시켜 나간다. 하지만 여기에는 서술자의 목소리가 가치판단이나 해설형식으로 삽입되어 있다.
22) 이운영이 극적 양식으로 영감과 할미의 이야기를 서술한 것은 대화를 통한 장면화가 현장감을 가장 잘 살릴 수 있고, 그만큼 강렬한 웃음을 유발할 수 있다고 생각했기 때문일 것이다.

극적 양식과 가사를 연결해 주는 연결고리는 대화체에 있다. 대화체에서 인물의 연속된 발화는 여러 개의 독립된 시상들을 담고 있으며, 이것들이 모여 보다 큰 독립된 시상을 형성한다. 이렇게 형성된 독립된 시상은 또 다른 인물의 발화와 계기적으로 연결되어 보다 큰 시상을 형성하며 전체적으로 통합된다.

즉 대화체 자체가 가사의 시상전개방식에 전혀 위배되지 않았기 때문에 <임천별곡>이 극적 양식으로 서술될 수 있었던 것이다. 대화체의 이러한 특성은 <북천곡>이나 최내현 <농부가>를 비롯한 많은 조선후기 가사에 대화체가 자연스럽게 삽입된 예를 통해서 확인할 수 있다.

한편 본격적인 극에서는 일반적으로 장과 막이 나뉘며, 복수의 스토리라인story-line이 결말부분에서 서로 만나 대단원을 이룬다. 하지만 이 작품에서는 하나의 스토리라인만이 존재한다. 이는 하나의 시상이나 주제를 향해 유사한 시상들을 동심원적으로 통합하는 가사의 장르적 전통에 견인된 결과이다. 즉 가사는 복잡한 이야기를 통해 다양한 주제를 전달하는 극적 장르나 서사적 장르와는 다름을 의미한다.

또한 인물의 발화가 독백으로 나아가려는 경향을 보인다. 이는 1인칭 자기토로 형식이라는 가사의 장르적 특성에 견인된 결과이며, 이 때문에 화자의 발화량이 본격적인 극에 비해 상대적으로 많은 것이다.

(2) 淳昌歌

<순창가>는 순창(淳昌) 하리(下吏) 최윤재가 의녀(醫女)들을 고발한 사건을 소재로 한 것이다. 이 작품도 <임천별곡>과 마찬가지로 여항에서 떠돌던 이야기를 소재로 한 것으로 보인다. 부도덕한 지배층의 횡포에 시달리는 지방하리와 기생의 비극적 삶이라는 역사적 사실을 해학적으로 그려냄으로서 본격서사형식에 좀더 가깝게 다가선 작품이다.

서두는 "순창하리 최윤직"가 "지원극통"하여 올린 "발괄소지"로 시작된다. 이 소장(訴狀)에는 사건의 전말이 서사적으로 자세하게 기록되어 있다. 소지의 내용은 다음과 같이 요약된다.

① 담양안전 생신에 수배로서 행차를 배행했다.
② 각 고을의 관리들이 9월 14일 조식(朝食) 후에 모여들었다.
③ 담양과 순창 명기의 가무로 이 날을 보냈다.
④ 밤이 되어 호남 소금강으로 놀이를 떠났다.
⑤ 화순원님이 기생을 마음에 두고 자주 돌아보았다.
⑥ 원님의 눈길이 거북하여 말에서 탔다 내리기를 반복하였다.
⑦ 그러다가 실족하여 다쳤다.
⑧ 병세가 갈수록 위중해져 죽을 것으로 예상했다.
⑨ (억울한 마음에) 실족의 원인을 생각하였다.
⑩ 기생 때문이라고 생각한다.
⑪ 기생들을 처벌하라

인용문의 초점화자는 순창하리 최윤재이다. 이상에서 ①②③은 당일 낮의 일을 시간적 순서에 따라 나열한 것으로, 인과관계는 없다. 따라서 최소스토리를 형성하지 못한다. 최소스토리가 성립되는 것은 소지의 핵심내용인 ④~⑪이다. ⑤는 ⑥의, ⑥은 ⑦의, ⑦은 ⑧의, ⑧은 ⑨의, ⑨는 ⑩의, ⑩은 ⑪의 계기로 작용한다는 점에서 6개의 최소스토리가 유기적으로 연쇄되어 전체 이야기를 형성하고 있다.

이어서 소장(訴狀)을 접수한 후 재판하는 과정이 제시되어 있다. 내용을 요약하면 다음과 같다.

① 사   또 : 형방영리(刑房營吏)는 범인(네 명의 기녀)을 잡아오라고 명한다.

② 사　또 : 죄인들에게 최윤재를 상하게 한 이유를 묻는다.
③ 서술자 : 형장과 죄인의 모습 설명
④ 의녀들 : 츈운신, 도화신, 슈화신, 차겸신 등이 차례로 이름과 나이를 보고한다.
⑤ 의녀들 : 자신들의 억울한 사정을 말하겠다고 한다.
⑥ 의녀들 : 기생이 아전에게 간섭할 일이 없으며, 화순사관이 자주 뒤를 돌아보았는데, 아전이 스스로 말에서 내리다가 다친 것이니 자신들은 죄가 없다고 한다.
⑦ 의녀들 : 기녀는 가난하며 먹고 살기도 힘든데, 습악(習樂)과 침선(針線), 수청(守廳), 몸치장을 위한 과다한 지출 등 고초가 심하다고 하며 기생의 처지를 원망한다. 그런데 이처럼 어이없는 일로 벌을 받아 죽게 되었으니 억울하고 원통하다고 한다.
⑧ 사　또 : 말을 들어보니 순창하리의 소장은 모함이라고 판결한다.
⑨ 서술자 : 감병사(監兵使)나 수령들은 선비의 도를 지키라고 한다.

목소리의 주체와 내용을 기준으로 요약해 보았다. 작품은 전체적으로 인물들의 언어를 통해 이야기가 전개되지만 중간과 끝에 서술자의 목소리가 삽입되어 있다. 따라서 플롯과 이중적 시점을 갖고 있다는 점에서 서사적 양식에 해당한다.

그런데 이 작품은 설화나 소설 등의 서사물과 비교할 때, 다른 점이 몇 군데 발견된다. 우선 상황의 비약이 발견된다. ①과 ② 사이에는 죄인을 잡아오는 과정과 사또 앞에 대령하는 장면이 생략되어 있다. 그리고 ④ 앞에도 누군가의 명령이 있어야 하는데, 그것도 생략되어 있다. 즉 중요한 상황만이 장면화되어 있는 것이다.

이런 기법은 서사문학에서는 거의 발견되지 않으며, 연극에서 막이 바뀌어 전혀 다른 장면으로 전환되었을 때 발견되는 것이다. 따라서 이런 식의 장면화는 극적 양식의 특징에 해당한다. 즉 이 작품은 서사적 양식에 극적 장면화를 혼합한 방식이라 할 수 있다.

④~⑧까지는 기녀들의 호소인데, 목소리의 주인공이 네 기녀 중 누구의 것인지 제시되어 있지 않다. 그 이유는 물론 작가가 이 부분을 통해 개인이 아닌 기생 전체의 보편적인 어려움을 부각시키려고 했기 때문에 특정인으로 제한할 필요가 없었던 데 있다. 그러나 좀더 근본적인 이유는 이 작품이 주인물 단독의 목소리로만 서술하는, 즉 1인칭 장르라는 가사의 장르적 전통에 강하게 견인되었기 때문이라고 생각한다.

한편 이 작품은 4음보 1행 기준으로 전체가 92행인데, 그중 순창 하리의 소장(訴狀)이 44행, 의녀(醫女)의 반론이 38행, 사또의 언어가 5행, 서술자의 언어가 5(2+3)행을 차지하고 있다. 즉 순창하리의 소장과 기생의 반론이 전체의 90%가량을 차지하고, 사또의 말과 서술자의 말은 겨우 5%씩을 차지하고 있을 뿐이다.

따라서 이 작품은 순창하리와 기생들을 통해 당대 관에 매인 하층민의 열악한 삶을 고발하고, 이런 상황의 원인제공자인 관리들의 각성을 촉구하고 있는 것이다.

각성을 촉구하는 방식은 직접적인 경계와 간접적인 예시가 있다. 이 중 보다 확실한 방식은 <순창가>와 같은 간접적인 방법이다. 이런 방식들을 조선후기 교훈가사에서 흔히 발견할 수 있으며, 이운영이 실질적인 예화를 통해 이를 제시한 것도 동일한 선상에서 이해할 수 있다.

이상에서 살펴본 바, <순창가>는 <거사가>나 <양신화답가>와 마찬가지로 순창하리, 사또, 기녀, 서술자 등 복수의 초점화자가 등장하여 전경화되어 있으며, 또한 사건의 전개가 기생과 순창하리 간의 갈등을 축으로 전개되고 있다는 점에서 서사적 양식의 요건을 완벽하게 갖추고 있다. 또한 작품의 중점이 이야기의 전개에 두어져 있으며, 이중적 시점이 완벽하게 구현되어 있다는 점에서 서사갈래에 속한다고 볼 수 있다. 즉 이 작품은 '서사가사'라고 할 수 있다.

<양신화답가>와 다른 점이 있다면, <양신화답가>에서의 인물은 사랑의 감정을 1인칭 자기토로 형식으로 서술하고 있는 반면, <순창가>에서는 사건의 전말을 대화형식으로 서술함으로서 상대적으로 높은 서사성을 지닌다는 점이다.

한편 소지에 사용된 어법이 실질적인 소지의 어법과는 달리 가사의 어법인 1인칭 자기토로 형식으로 서술되어 있다.[23] 즉 등장인물이 완전하게 전경화되어 있으면서도 어법적인 측면에서는 가사의 장르적 특성을 유지하고 있는 것이다. 또한 인물들의 행위보다는 인물들의 겉모습이나 행차의 성대함 등 무시간적 상황의 묘사에 비중을 두고 있는 것도 가사의 장르적 전통을 따르고 있음을 의미한다.

(3) 鑿井歌

이운영의 <착정가>는 물이 부족하여 새로운 우물을 파고 지은 노래이다. 작품의 배경이 되는 반송방(盤松坊)은 한산이씨의 세거지로 작가의 거주지였을 가능성이 크다. 또한 그의 문집에 <용연기우문(龍淵祈雨文)>이나 <황악산기우문(黃嶽山祈雨文)> 등이 있는 것으로 보아, 이 작품은 작가의 경험과 물에 대한 관심, 기존의 설화(盤松坊초리우물설화[24])가 만나 이룩된 작품으로 보인다.

---

23) "삼각산 고골풍뉴 몃 번인 줄 모를로다", "장쳥셔 비힝ᄒ던 기싱들의 탓시로다 네 쇠뿔이 아니런들 니 담이 문허지랴", "불샹이 죽는 넉슬 위로ᄒ야 주오실가" 등에서 보는 바, 관원에게 올리는 소장이라면 당연히 존칭을 써야 하며, 상대방을 청자로 설정해야 함에도 불구하고 독백적인 어조로 서술하고 있다. 실질적인 소장에 맞는 어법은 마지막 부분의 "실낫ᄀ치 남은 목숨 하늘갓치 ᄇ라니다" 정도이다.
24) 소재영 교수에 의하면, 반송방(盤松坊) 팔각정(八角亭)[현 서대문 금화초등학교 터 천영정(天然亭) 근처] 근처의 '초리우물'에 관련된 설화가

이 작품은 용을 의인화여 용의 목소리로 서술되어 있다. 이야기를 요약하면 다음과 같다.

① 그대는 속객이니 내 이름을 어찌 알겠는가? 나는 동물의 우두머리인 용이다.
② 조선에 대한 찬양.
③ 우물의 유래 - 옥황상제가 한양의 동서남북 문(門) 10리 허, 성내에 청백적흑황룡(靑白赤黑黃龍)을 각각 배치, 우물의 물을 뿜어 만물을 이롭게 하라고 명했음.
④ 초리우물의 유래 - 백룡(白龍, 西)이 반송방(盤松坊) 팔각정(八角亭) 내린 맥에 구혈(甌穴)을 점지하여 물을 뿜음.
⑤ 수근(水根)은 유한(有限)하고 먹을 사람은 많다. - 구체적인 예를 나열.
⑥ 물 부족으로 인한 분쟁.
⑦ 물의 중요성.
⑧ 여중 호걸이 새로운 우물을 파기로 결심하고 수원을 찾아 정성을 드림.
⑨ 내(용)가 감동해서 물을 뿜어 주었다.
⑩ 새로운 우물에 대한 찬양.
⑪ 그대는 나의 은혜를 잊지 말라.
⑫ 국왕도 용궁에 예물을 바치니, 그대도 예물을 갖추어 나에게 감사하라. - 잔치음식 나열.
⑬ 정성을 들이면 부귀공명을 누릴 것이다.
⑭ 용이 한 번 성을 내면 어려운 일이 닥치니 정성을 다해 고사를 지내면 오복을 받을 것이다. - 잔치에 필요한 도구 나열.

이상에서 서사적 양식으로 서술된 곳은 ④~⑨까지이다. ④~⑨는 '④ 우물을 점지했다. → ⑤ 수요가 많아졌다. → ⑤' 물이 부족하게 되

채록되었다고 한다. 소재영, 앞의 논문, 31~32면.

었다. → ⑥ 분쟁이 일어났다. → ⑧ 새로운 우물을 찾아 나섰다 → ⑨ 내가 물을 주었다'라는 6개의 사건으로 요약할 수 있다. ④⑤⑤', ⑤⑤' ⑥, ⑤'⑥⑧⑨ 등은 각각 최소스토리를 형성하며 연쇄되어 있다.[25] ④~ ⑨에서는 특히 물 부족으로 인한 갈등이 사건전개의 계기가 된다는 점에서 보다 발전된 서사적 양식을 보여주고 있다.

그러나 위 이야기는 1인칭 주인물 시점의 서술 속에 액자형식으로 삽입되어 있다. 서사적 양식이 액자형식으로 삽입된 경우는 이미 17세기 박인로의 <누항사>에서 발견된다는 점에서 <착정가>의 삽입서사는 특이할 것이 못된다.

이 작품의 가사문학사적 의미는 다른 곳에 있다. 그것은 용을 의인

---

25) 인용문의 각 최소스토리에서 ④, ⑤, ⑤'⑥은 상태적 사건이 되며, ⑤, ⑤', ⑧은 행동적 사건이, ⑤', ⑥, ⑨는 변화된 상태의 상태적 사건이 된다. story는 적어도 한 개 이상의 행동적 사건과 두 개 이상의 상태적 사건이 시간의 연쇄, 인과관계, 전도(顚倒)의 조건을 충족시킬 때만 성립된다. (예, 부자였다 → 낭비했다 → 가난해졌다) 즉 적어도 하나의 상태적 사건(부자였다)이 하나의 행동적 사건(낭비했다)을 통해 다른 하나의 상태적 사건(가난해졌다)으로 바뀌어야 이야기가 될 수 있는 것이다. 이것을 최소스토리 minimal story라고 한다.
스토리의 개념에 대한 논의는 아래 책을 참고할 것.
Shlomith Rimmon-Kenan 著(1983), 崔翔圭 譯, 『小說의 詩學』(文學과 知性社, 1985).
Gerald Prince 著(1982), 崔翔圭 譯, 『서사학 -서사물의 형식과 기능』(文學과 知性社, 1988).
Seymour Chatman 著(1980), 한용환 옮김, 『이야기와 談論 - 영화와 소설의 서사구조』(고려원, 1991).
Steven Cohan & Linda M. Shires 지음(1991), 임병권·이호 옮김, 『이야기하기의 이론 -소설과 영화의 문화기호학』(한나래, 1997).
Shlomith Rimmon-Kenan은 스토리를 형성하는 최소 요건으로서 시간의 연속성만 있으면 충분하다고 하지만[앞의 책, 36면], 사건을 '하나의 사태로부터 또 하나의 사태로의 변화'[앞의 책, 31면]로 규정하고 있기 때문에 인과관계와 전도를 포함하고 있다고 볼 수 있다.

화시켜 중심화자로 삼고 있다는 점이다. 이를 통해 작가와 서술자를 완전히 분리시키고, 작품을 허구화시킨다. 가사는 전통적으로 서술자나 주인물이 작가와 동일하거나 적어도 작가의 생각을 대변하는 존재였다. 그러나 이 작품에서는 이런 전통이 파괴되었다.

또한 좁은 의미의 서사, 즉 에픽*epic*적인 관점에서 서사는 허구를 특징으로 한다는 점에서 이 작품의 허구성은 가사가 본격서사로 발전할 수 있는 계기를 마련했다고 할 수 있다. 사실 삽입서사의 내용은 집안에서 실제로 일어난 실화일 가능성이 있다. 하지만 삽입서사의 내용을 <초리우물설화>와 관련시킴으로서 작품 전체의 내용을 허구화하고 있다. 이런 점에서 이 작품의 삽입서사는 '경험의 허구화'라고 할 수 있다.

그렇다면 이 작품은 이론적 장르 중 어디에 해당할까? 먼저 이 작품은 스토리 내지 플롯에 지배를 받지 않는다는 점에서 서사나 극은 될 수 없다. 또한 이 작품의 중점은 정서의 표출에 있지 않기 때문에 서정적 양식도 아니다. 이 작품의 주제는 물은 뿜어 준 용에게 감사하라는 것이다. 물을 관장하는 것이 용이라는 생각은 당대인의 보편적인 관념이므로, 용에 대한 감사를 촉구하는 것은 물의 소중함을 강조하기 위한 우회적 표현이라 할 수 있다. 따라서 이 작품은 주제적 양식에 해당한다.

이상에서 살펴본 바, <임천별곡>, <순창가>, <착정가> 등은 모두 구비서사물이란 동일한 소재를 각각 극적 양식, 서사적 양식, 주제적 양식 등으로 서술되어 있다. 이는 가사가 소설에 견인되어 서사화된 것이 아니라 가사가 구비서사물인 여항의 이야기를 다양한 방식으로 담아내는 과정에서 자연스럽게 발전된 것임을 의미한다.

사실 짧은 이야기를 가사체로 서술한 예는 16, 17세기에도 발견할 수 있다. <관동별곡>의 꿈 부분과 <누항사>의 삽화들이 그것이다. 그러나 이 작품들에서 이야기는 독립된 일화형식으로 특정 부분에 삽입되어 있을 뿐이다.

전기가사에서도 부분적으로 짧으나마 서사적 양식으로 서술되었다는 것은 가사가 이미 특정한 스토리를 서사적 양식으로 서술할 수 있는 능력을 자체 내에 담지하고 있었음을 의미한다. 즉 전기가사에서부터 가사 내부에 담지되어 있던 서사적 양식의 가능태들이 구비서사물이라는 소재를 만나 독립된 작품으로 성립된 것이다.

조선후기 가사 중 서사가사로 볼 수 있는 작품은 <거사가>, <노처녀가>, <원한가>, <덴동어미화전가>, <계한가>, <신가전>, <꼭독각시전>, <규중처녀감탄가(閨中處女感嘆歌)>, <김부인열행가> 등을 들 수 있다.

이중 <노처녀가>는 이미 그와 관련된 설화가 존재하며, <꼭두각시전>은 <노처녀가>를 소설화한 작품으로 이야기되고 있다. 그리고 <거사가>는 승려의 파계를 다룬 것인데, 이에 관계된 설화도 다수 존재한다. <계한가>는 <닭노래>라는 민요[26]와 관련되어 있고, 동물우

---

[26] 꼬끼리요 / 양모비단 접저고리 / 요리공단 짓을 달고 / 조리공단 고름 달고 / 손이 오면 대접하고 / 병이 들면 보신하고 / 조선땅에 널쩐 곡식 / 내끼없이 다 조묵고 / 그리하여 그 짐승을 / 어이 그래 지천할꼬. <경산 닭노래>, 〔『MBC한국민요대전·경상북도편』(문화방송, 1995), 131면〕. 숭에비단 접저구리 / 유리비단 짓을 달아 / 옥돌비단 고름달아 / 이 달에는 알을 낳고 / 새 달에는 새끼 까고 / 줄줄이 주는 모시 / 낱낱이 줏어 먹어 / 넘서밭에 들어가면 / 원수라고 척을 지어 / 니기 집이 손님 오믄 / 내 자식이 손님 대접 / 니기 자식 병이 들면 / 내 자식이 약 아닌가. <부안 닭타령>, 〔『MBC한국민요대전·전라북도편』(문화방송, 1995), 503면〕. 두 노래 중 <계한가>는 <부안 닭타령>과 더 가까우며, 이런 내용을 서사적으로 확장시켜 놓았다.

화의 한 형식이라는 점에서 설화와 관련된다.27) <김부인열행가>는 『대동야승(大東野乘)』에 실려 있는 열녀설화를 가사화한 것이며,28) <원한가>, <덴동어미화전가>, <신가전> 등도 여성의 기구한 운명을 다루고 있다는 점에서 당대에 유통되던 설화를 좀더 확장시킨 작품으로 보인다.29)

한편 조선전기에도 서사적 양식으로 서술될 가능성을 내포하고 있었음에도 불구하고 조선전기에는 서사적 양식으로 서술된 가사가 출현하지 않은 원인은 다음과 같이 생각해 볼 수 있다.

먼저, 당대의 문학 담당층들은 가사를 시조와 유사한 차원에서 우리말로 개인의 정서를 표현하는 제한적인 도구로 생각했던 것으로 보인다. 즉 가사를 시조와 마찬가지로 한시나 한문으로 표현할 수 없는 우리만의 정서를 표현하기 위한 제한된 도구로 인식, 사용한 것으로 보

---

27) <계한가>에 대해서는 박연호, 「우화가사 <계한가> 연구」, 『우리어문연구』 12집(우리어문학회, 1998) 참조.
28) 민족문화문고간행회, 『國譯 大東野乘 I』, 筆苑雜記 제2권(재단법인민족문화추진회, 1973), 316~317면.
29) 어영하[「閨房歌詞의 敍事文學性 硏究」, 『國文學硏究』 4집(효성여대 국어국문학연구소, 1973)]는 이외에 설화를 가사화한 작품으로, <윤낭자영남루원설가(尹娘子嶺南樓冤雪歌)>, <칠석가(七夕歌)>, 민담을 가사화한 작품으로 <결정선가(結情善歌)>와 <규중처녀감탄가> 등을 거론한 바 있다. 이중 <규중처녀감탄가>는 당대에 유통되던 영웅소설과 많이 닮아 있다는 점에서 <자치가>나 <게우사>처럼 소설을 가사화한 것일 가능성도 크다.
한편 규방가사는 초기부터 여인의 기구한 일생을 일대기형식으로 서술하기 시작하였고, 이외에도 화전놀이나 친영 등 여성들에게 관심이 있었던 사건들을 장면화를 동반하며 시간의 흐름에 따라 추보식으로 서술한 작품들이 많다.
즉 조선후기 규방가사는 초기부터 시간의 흐름에 따른 사건전개를 갖춤으로서 서사적 양식에 상당히 가깝게 접근해 있었다고 할 수 있다. 이운영의 작품을 제외한 대부분의 조선후기 서사가사들이 규방에서 창작, 유통된 것은 규방가사의 이와 같은 전통에 힘입은 바 크다고 생각한다.

인다. 조선전기 가사가 대부분 서정적 양식의 지배를 받았다는 점은 이를 대변한다.30)

그러나 조선후기로 오면서 표기수단으로서의 가사체의 위상에 변화가 생긴 것으로 보인다. 우리는 흔히 인물의 행위, 배경, 경물들의 자세한 묘사라든가 김치 담그는 법, 장 담그는 법, 아이 기르는 법, 기행문 등은 운문보다는 산문으로 기록하고 읽는 것이 훨씬 편하고 의미전달도 정확할 것으로 생각한다.

그러나 그것은 묵독(默讀)과 산문(散文)에 익숙한 근대인의 생각일 뿐, 성독(聲讀)과 율독(律讀)에 익숙했던 중세인들에게는 동서양을 막론하고 산문보다 율문이 훨씬 일반적이고 익숙한 표현방식이었다.31)

특히 4음보는 조선시대 시가뿐만 아니라 판소리와 소설에서도 광범위하게 나타나는 것으로 보아, 4음보 율문은 근대 이전의 문학에서 가장 보편적인 표현도구였다고 할 수 있다. 정재호가 지적한 바, '가사체의 보편화'32)은 이런 상황을 대변하고 있다고 할 수 있다. 그리고 일정한 리듬 안에서 소리 내서 읽는 방식은 산문보다는 운문에 적합한 형식이며, 이는 독서뿐만 아니라 글쓰기에도 그대로 적용되었을 것이다.

따라서 4음보 연속체의 가사체는 이와 같은 근대 이전의 읽기와 쓰기 방식에 가장 적합한 형식이라 할 수 있다. 조선후기 가사의 내용적, 장르적 개방성은 당대에 '가사체'가 표현도구로서 차지하고 있었던 이

---

30) 박연호, 앞의 논문.
31) 글의 종류를 불문하고 최근세까지도 묵독(默讀)보다는 '소리내서 읽기〔성독(聲讀)〕'가 일반적인 독서방식이었다. 어떤 글을 혼자 읽든 타인을 위해 낭독을 하든, 성독(聲讀)을 할 때는 대부분 일정한 율격이 동반되었던 사실은 한 두 세대 전 어르신들의 소설이나 편지 읽기 습관을 생각하면 쉽게 확인할 수 있다.
서구의 독서습관에 대해서는 알베르토 망구엘 저, 정명진 옮김, 『독서의 역사』(세종서적, 2000), 제 2장 「눈으로만 읽은 독서」 참조.
32) 정재호, 『한국가사문학론』(집문당, 1990), 17면.

와 같은 위상에 기인하는 것으로 생각된다.

즉 조선후기 가사가 주제적 양식이나 서사적 양식을 지향하여 자신의 장르적 특성을 바꾼 것이 아니라, 우리의 시각에서 볼 때 서사적 양식이나 주제적 양식으로 서술되어야 할 것들이 가사체로 서술되었다고 보는 편이 옳을 것이다. 다시 말해 조선후기 가사가 새로운 내용을 담기 위해 자신의 장르적 성격을 바꾼 것이 아니라, 모든 양식을 담아낼 수 있는 가장 익숙하고 보편적인 표현도구로 가사체가 선택되었다는 것이다.

조선전기 시조는 응축과 긴장을 통해 사대부의 서정을 표출하는 도구로 사용되었다. 반면에 가사는 이완과 확장을 통해 사대부의 감흥을 담아내던 특수하고 제한된 도구로 사용되었다. 즉 조선전기에는 시조나 가사가 한문학의 여기(餘技)로 인식되었으며, 문학 담당층에게 가사체는 시조와 동등하거나 비중이 떨어지는 대단히 제한된 표현도구로 인식되었던 것으로 보인다.

하지만 조선후기에는 앞서 지적한 바, 가사체가 가장 보편적인 표현도구로 인식되었던 것으로 보인다. 그리고 이렇게 된 데는 우리말과 글을 중심적인 표현도구로 사용하던 계층으로의 담당층의 확대가 무엇보다 커다란 역할을 했을 것이다.

한편 이운영은 평소 여항의 이야기들에 관심이 많았던 것으로 보인다. 이러한 성향은 <곡배옹(曲背翁)>과 <조역리옹(嘲驛吏翁)>이라는 시와 <김중술전(金仲述傳)>을 통해 확인할 수 있다.

<곡배옹(曲背翁)>은 귀양 온 79세의 등이 굽은 노인과의 일화를 서술한 것으로, 전과는 달리 등은 굽었지만 늘그막까지 마음만은 살과 같이 곧음〔노인은 항상 등이 굽어 있지만, 마음은 진실로 귀하기가 화살과 같다(曲背老之常 心眞貴如矢)〕을 찬양하고 있다.

<조역리옹(嘲驛吏翁)>은 늙은 역리의 일화를 시화한 것이다. 역리는 끼니를 제대로 잇지 못해 삼일 째 출근을 못하고 집에서 어망(魚網)을 엮는다. 그러나 눈이 어둡고 손이 둔해 그물눈의 크기가 제 각각이어서 고기도 잡을 수 없고 남의 웃음거리가 되자 하릴없이 못가에 앉아 자유롭게 헤엄치는 고기를 부러워한다.

　<김중술전(金仲述傳)>은 김중술이란 인물의 일화를 다루고 있다. 김중술은 사족이지만 조실부모하여 글씨도 못 배우고 충북 영동(永同)에서 가난하게 살았다. 그가 가진 재주란 누리잡가(鄙俚雜歌)를 잘 부르는 것밖에 없었다. 그런데 그의 잡가 솜씨가 널리 소문이 나 영남까지 불려 다니게 되었고, 수삼 년이 지나자 많은 돈을 모아 집으로 돌아왔다. 그리하여 아직 늦도록 결혼을 못한 세 아들에게 짝을 맺어 주었다. 모아 놓은 돈과 세 며느리와 부인의 방적(紡績)으로 살림이 풍족해지자 중술은 사족으로서 글을 모르는 것을 부끄럽게 여겼다. 이에 친구의 조언에 따라 『대학(大學)』을 읽게 되었다. 후에 친구가 찾아와 『대학』을 읽어 좋은 점이 무엇이냐고 묻자 세 며느리가 방적(紡績)을 하고 졸다가도 자신이 "대학지도 재명명덕(大學之道 在明明德)"이라고 큰 소리로 읽으면 깜짝 놀라 다시 일을 하는 것이 가장 유익한 것이라 했다.

　이어서 또 하나의 일화를 제시하고 있는데, 여기에서는 중술이 장에 소를 팔러 가는 과정에서 친구와의 대화를 기록하고 있다. 친구가 무엇을 팔러 가느냐는 질문에 중술은 '중술(仲述)'을 팔러 간다고 대답한다. 중술이 중술을 팔러 간다는 것이 도대체 무슨 말인가라고 묻자 다음과 같이 대답한다. 요약하면 다음과 같다.

　중술은 집에 소를 한 마리 키우고 있었으며, 사람들이 수시로 빌리러 왔다. 그런데 소를 빌리러 올 때마다 사람들이 '중술(仲述)'이라는 이름을 불렀고, 중술은 그것이 여간 거북하지 않았다. 이에 소를 팔아 버리면 소를 빌리러 오지 않을 것이고, 그렇게 되면 '중술(仲述)'이라는 말도 듣지 않을 것이라 생각했다. 그러니 소를 파는 것이 곧 '중술(仲述)'을 파는 것이라고 하였다.

중술은 수년 전에 상주로 이사했고, 현재 58~9세 정도 되었으며, 지금도 『대학』을 읽는다고 하였다. 자신이 충북 영동의 황간(黃澗)에 유배되어 있을 때, 중술의 이야기를 처음에 듣고는 한 번 보기를 원했는데, 후에 들으니 자신의 적소를 지나갔는데 못 본 것이 한이 된다며 이야기를 마치고 있다.

한편 『계서야담(溪西野談)』의 작가 이희평(李羲平)이 그의 조카였던 점을 상기할 때, 그를 둘러싼 문화적 환경 자체가 여항의 이야기와 밀접한 관련이 있었던 것으로 보인다.

3. 결론

앞서 살펴본 바, 『언사』소재 이운영의 가사 6편은 역사적 사건, 개인적 경험, 여항의 이야기 등 구체적인 사건이나 이야기를 소재로 삼고 있다.[33] 이중 민요형식을 사용한 작품은 서정적 양식으로, 여항의 이야기를 가사화한 작품은 각각 주제적, 극적, 서사적 양식으로 서술되어 있다.

이처럼 역사적 사건, 개인적 경험, 여항의 이야기 등을 서술하는 데 4가지 양식을 모두 사용했다는 것은 가사가 소재의 특성에 관계없이 그것을 대하고 인식하는 화자의 태도에 의해 얼마든지 다양한 양식으

---

33) <착정가>・<임천별곡>・<순창가>는 물론이고, <수로조천행선곡>과 <초혼사>는 청나라에의 조천(朝天)과 임진왜란(壬辰倭亂)이라는 역사적 사건을, <세장가>는 개인의 경험을 소재로 하고 있다.

로 서술될 수 있음을 의미한다. 이는 또한 이 시기 가사가 소재적 측면에서 허구의 영역으로까지, 장르사적 측면에서는 극적 양식과 서사적 양식으로까지 확대되었음을 의미한다. 그리고 이러한 양식적 확장은 앞서 살펴본 바, 가사체의 위상변화에 힘입은 바 크며, 특히 서사적 양식은 구비서사물을 가사화함으로서 출현가능했던 것이다.

이운영의 가사들에서 또 하나 주목되는 점은 민요나 여항의 이야기를 기록한 도구가 한자가 아닌 우리말이라는 것이다.

조선후기 문학에서 민요의 수용은 시조, 가사, 한시 등 다양한 장르에서 이루어졌다. 가사에서는 특히 규방가사에서 반복과 나열 등의 민요의 형식이 광범위하게 발견된다. 그 외에 농부가류 가사에서 삽입가요의 형태로 수용된 예가 있다. 규방가사의 경우는 규방여성들이 민요에 익숙했기 때문에 민요기법의 수용은 자연스러운 현상이라 할 수 있으며, 농부가류는 농민들을 교화할 목적으로 창작되었기 때문에 농민들에게 보다 친숙하게 다가갈 목적으로 민요를 수용하고 있다.

규방가사나 농부가류를 제외하면 사대부 남성들의 민요수용은 대부분 한시를 통해 이루어졌다. 조선후기 사대부의 민요에 대한 높은 관심은 기존논의에서 상세히 밝혀진 바, 민요의 한역으로부터 모티프, 시점, 정서, 시어, 세계관 등에서 민요취향의 한시들을 창작하는 데까지 이르렀다.[34] 그러나 '그 形態的(형태적)인 具現方式(구현방식)을 漢詩(한시)의 旣存形態(기존형태)에 그대로 依存(의존)했다는 데에 근원적인 限界(한계)가 있다.'[35]

이운영의 가사 작품들은 한역이나 한시를 통한 민요적 세계의 수용

---

[34] 이에 대한 자세한 논의는 이동환, 「朝鮮後期 漢詩에 있어서 民謠趣向의 擡頭-朝鮮後期 漢文學의 歷史的 變化의 一局面」, 『韓國漢文學硏究』 3·4집(한국한문학연구회, 1979) 참조.
[35] 이동환, 앞의 글, 48면.

을 넘어, 우리말 노래인 가사(歌辭)로까지 확대시켰다는 점에서 커다란 의의를 부여할 수 있다. 게다가 그의 작품들에서는 원래 민요가 갖고 있던 정서적 특성과 형식이 정서표출의 중핵으로 작용하고 있다는 점에서 당대 한시의 민요취향과 변별된다.

  구비서사물의 가사화도 동일한 차원에서 의의를 부여할 수 있다. 규방가사를 제외하면, 조선시대 전 시기를 통해 사대부들이 일화나 야담 등 비교적 간단한 이야기를 서사적 양식으로 기록할 때는 주로 한자라는 표기수단을 사용했다. 이운영은 구비서사물을 한자뿐만 아니라 우리말 노래인 가사로도 서술함으로서, 당대 사대부의 표기수단의 한계를 뛰어넘고 있는 것이다.

〔민족문화연구 제33호, 2000, 12.〕

조선후기 서사가사의 범위와 출현동인

1. 문제제기

가사의 장르적 특성과 관련하여 가장 많은 주목을 받은 부분이 서사성이다. 서사(적)가사는 가사의 근대성이라는 측면에서 80년 이후 많은 주목을 받아왔고, 연구 성과 또한 적지 않게 제출되었다. 그러나 서사성을 보조자질 정도로 볼 것인가, 아니면 작품을 성립시키는 원리로 볼 것인가에 대해서는 논자마다 시각이 다르다.

서사성을 보조자질로 보는 시각은 주로 가사를 교술이나 주제적 양식 등 단일장르로 보는 연구자들이 견지하고 있다. 이들은 가사가 왜 서사장르가 될 수 없는지, 또는 서사장르와 어떻게 다른지, 그리고 보조자질로서의 서사성의 의미는 무엇인지를 규명하는 데 초점을 맞추고 있다.

반면에 서사성이 특정한 가사 작품들을 성립시키는 원리로 작용하고 있다고 보는 것은 가사를 복합장르로 보거나 서사가사에만 초점을 맞추어 연구를 진행한 연구자들이 견지하는 시각이다. 이들은 일부의 가사가 왜 서사장르로 규정되어야 하는지, 서사가사가 다른 서사장르들과 다른 점은 무엇인지에 초점을 맞추고 있다.

한편 서사장르로 실현된 가사작품을 인정하든 아니든, 조선전기가사와 비교할 때 조선후기가사에서 서사성이 현저하게 강화된다는 것은 공통된 시각이다. 그러나 전자는 기본적으로 서사가사 자체를 인정하지 않기 때문에 서사성과 관련되어 거론하는 자료의 범위가 후자와 다르다.

사실 보조자질로서의 서사성은 정도의 차이는 있을지언정 대부분의 작품들이 갖고 있다. 따라서 이들이 조선후기 가사의 서사성을 논의하기 위해 다루는 작품들은 서사가사를 인정하는 논자들이 대상으로 하는 작품들과 다르다. 그럼에도 불구하고 많은 서사가사 관련 논문들이 전자의 시각에서 거론된 서사의 개념이나 작품들을 논거로 사용하고 있다. 서사가사로 분류되는 작품들이 논자마다 다른 중요한 이유가 여기에 있는 것이다.

서사가사와 관련하여 또 하나 검토되어야 할 것은 서사성의 강화 내지 서사가사의 출현동인에 관한 것이다. 기존논자들은 이것을 근대라는 외적요인에만 관련시켜 논의하였으며, 이는 전자와 후자 모두의 공통된 시각이다. 이런 시각은 여전히 유효하고 유의미하다고 본다. 그러나 그 원인은 무엇보다 가사문학 내부에 있다고 생각한다. 또한 서사성의 확대나 서사가사의 출현동인을 모두 반봉건 내지 근대와 관련시켜 설명할 수는 없다.

이 글에서는 기존논의에서 설정한 서사의 개념과 그것들을 증명하기 위해 선정된 작품들이 타당한지에 대해 검토해 보고, 더불어 서사가사의 출현동인을 가사문학 내부에서 고찰해 보기로 하겠다.

2. 서사의 개념

서사의 개념을 살펴보기 전에 먼저 장르론과 관련된 몇 가지 문제들을 짚고 넘어가야 할 필요가 있다.

첫째, 모드mode와 장르Genre의 구분이다. 기존논의에서 이것들은 일반적으로 양식과 장르로 명명되고 있으며, 모드는 서정적, 서사적, 극적 등 형용사로 지칭되고, 장르는 서정, 서사, 극 등 명사로 지칭된다. 그리고 모드는 작품의 부분적인 자질(또는 미시적 자질)을, 장르는 전체적인 자질(거시적 자질)을 나타내는 것으로 보고 있다. 즉 하나의 소설작품은 서사장르Genre이지만 작품 안에는 서정적 양식mode과 서사적 양식, 극적 양식 등 다양한 양식적 특성을 담고 있다는 것이다.

그러나 보다 근본적으로 장르와 모드는 문학작품을 분류하는 시각에 의해 구분된다. 그리고 문학 분류의 전통에서 볼 때, 장르는 19세기 자연과학 중 특히 생물학의 분류학이 인문사회과학 분야까지 적용되면서 나온 개념이다. 이러한 시각을 대표하는 것이 헤겔이며 주관과 객관이라는 기준에 의해 문학을 주관의 서정장르, 객관의 서사장르, 주관과 객관의 혼합인 극장르로 분류하였다. 그리고 모든 개별적인 문학작품은 서정, 서사, 극 등 하나의 이론적 장르와 일대일 대응을 이룰 수 있다고 보았다.

하지만 역사적 장르와 이론적 장르는 일대일 대응을 이루고 있는 경우도 있지만 그렇지 못한 경우도 있다. 분류학적 차원의 장르 개념에 문제를 제기한 사람이 슈타이거이다. 그는 stil(style)이라는 개념을 사용하고 있으며, 보통 '양식'이라는 용어로 번역된다. 그는 앞서 언급한 Genre론의 문제점을 인식하고, 분류자체보다는 서정이나 서사 등으로 특징지을 수 있는 근본적 자질(속성) 자체를 규명하는 데 초점을 맞추었다. 이 때문에 서정, 서사, 극은 모든 문학작품이 깃들 수 있는 집이 아니라, 모든 작품 속에 구현된 기본적인 자질로 보게 된 것이다.

모드도 이와 유사한 차원의 개념으로 사용되고 있으며, 우리말로도 역시 '양식'이라는 동일한 용어로 번역되고 있다. 우리가 흔히 문체로 번역하는 'stil'이라는 개념을 슈타이거는 현재 우리가 알고 있는 모드의 개념으로 사용하고 있는 것이다.

한편 헤르나디는 모드 mode를 기본적 자질로서 뿐만 아니라 그것들의 지배력에 따라 개별 작품이나 작품군을 분류하는 장르개념으로도 사용하고 있다. 이는 곧 개별 작품의 분류체계를 고정된 무엇이 아닌 '정도 degree'의 문제로 보고 있는 것이다. 그에게 있어 분류학적 개념의 Genre란 mode의 지배정도에 따라 결정되는 것이다. 즉 mode는 그 자체로 개별 작품이나 역사적 장르를 뛰어넘는 문학의 기본자질이면서, 동시에 개별 작품을 성립시키는 가장 중요한 원리에 어떤 양식적 특성이 작용하는가, 즉 어떤 양식적 특성이 특정한 작품을 지배하는 원리로 작용하느냐에 따라 분류체계인 Genre가 결정되는 것이다. 이런 점에서 mode는 미시적 차원의 기본자질이지만, 거시적 차원의 Genre 개념과 불가분의 관계에 있는 것이다. 필자는 사용하는 mode와 Genre는 이런 차원에서 사용됨을 밝힌다.

둘째, 소설=서사로 보는 시각이다. 기존 논의에서는 가사가 소설적 서사로까지 발전했는가 아닌가 여부를 기준으로 가사가 서사장르다 아니다를 나누고 있다. 그러나 소설은 서사장르의 대표가 아니다. 소설은 서사장르 중에서 매우 발달된 서술기법을 갖고 있는 하나의 역사적 장르일 뿐이다. 소설=서사장르라는 시각은 많은 작품들을 서사장르로부터 추방시키기도 한다.

셋째, 서정, 서사, 극, 교술 등의 이론적 장르를 장르분류의 종착점으로 인식하는 태도이다. 하나의 역사적 장르를 이론적 장르 중 어느 하나로 분류하는 것이 장르분류의 최종적인 단계라고 생각하는 것이 그것이다. 그러나 이론적 장르 차원의 특성은 해당 작품 내지 작품군의 근본적이지만 보편적인 자질의 하나를 지적하는 것에 불과하다. 특히 동아시아문학처럼 역사적 장르가 이론적 장르와 1:1 대응을 이루지 못하는 경우에는 그 의미가 더욱 약해진다. 이론적 장르와 역사적 장르가 1:1 대응을 이루지 못한다는 것은 해당 역사적 장르에 대한 기대지평이 서구문학의 전통과는 전혀 다른 곳에 있음을 의미하기 때문이다.

장르론에서 서사라는 용어는 에픽*epic*과 내러티브*narrative*의 두 가지 의미로 사용된다. 에픽은 일반적으로 호머의 <일리어드>, <오딧세이>와 같은 고대 희랍의 영웅서사시, 또는 서사시 일반을 지칭하는 용어이면서 동시에 '서사'라는 장르의 명칭으로 사용되고 있다. 에픽은 기본적으로 영웅서사시를 의미하기 때문에 '허구'라는 개념이 또 하나의 중요한 특징이 된다.

반면에 내러티브는 허구뿐만 아니라 객관적 사실 등 스토리, 즉 이야기 형식을 갖고 있는 모든 기술물을 의미한다.[1] 따라서 내러티브는 에픽을 포괄하는 보다 큰 개념이며, 허구와 경험, 문학과 비문학을 모두 포괄하는 개념이다. 따라서 에픽의 관점에서 보느냐, 아니면 내러티브의 관점에서 보느냐에 따라 서사의 개념은 달라질 수밖에 없는 것이다.

필자는 기본적으로 서사를 에픽이 아닌 내러티브의 관점에서 보아야한다고 생각한다. 서유럽과는 달리 동아시아에서는 허구서사뿐만 아니라 경험서사가 수다하게 존재하며, 이것들이 대부분 문학작품으로 인식되었기 때문이다.

'서사학*narratology*'에서 서사의 핵심은 스토리*story*이다. 스토리는 적어도 한 개 이상의 행동적 사건과 두 개 이상의 상태적 사건이 시간의 연쇄, 인과관계, 전도(顚倒)의 조건을 충족시킬 때 성립될 수 있다. 하나

---

[1] narrative는 이야기가 없는 서술물, 즉 산문까지 포함하는 용어로 사용되기도 하지만, 서사학에서는 최소한 최소 스토리가 존재하는 것들을 의미한다. 이글에서는 서사학의 개념으로 narrative라는 용어를 사용하였다.

의 상태적 사건이 하나의 행동적 사건을 통해 다른 하나의 상태적 사건으로 바뀐 것을 최소스토리*minimal story*라고 한다. 스토리는 복수의 최소스토리가 계기적으로 연결되어 처음과 중간과 끝을 갖고 있는 전완체(全完體)를 말한다.

서사학에서는 최소스토리부터 서사물로 본다. 최소스토리는 모든 서사물의 필수조건이다. 그러나 문학의 서사장르나 서사적 양식으로서의 서사물은 또 다른 조건이 필요하다. 그것은 스토리를 전달하는 사람*narrator*이 존재해야하고, 플롯의 지배를 받는다는 점이다.

서사물이 플롯의 지배를 받는다는 것은 다른 무엇이 아닌 플롯을 통해 주제를 구현한다는 것을 의미한다. 플롯은 복수의 핵사건[2]들이 특정한 순서와 관계맺음에 의해 만들어진다.[3]

서사장르는 핵사건뿐만 아니라 위성사건이 첨가되어 있는데, 위성사건은 스토리에 흥미를 부여하는 기능을 한다. 플롯의 지배를 받는다는 것은 한편으로는 독자로 하여금 스토리에 흥미를 갖게 하는 것을 의미한다. 즉 서사장르란 앞으로 일어날 사건에 궁금증을 갖고 기대하게 함으로서 흥미를 유발하는 장르라 할 수 있다.

따라서 문학작품으로서의 서사물은 복수의 최소스토리를 갖고 있고, 플롯의 지배를 받으며, 서술자*narrator*에 의해 전달되는 것이라고 정의할 수 있다.

---

2) 사건은 핵사건과 위성사건이 있다. 핵사건은 스토리를 전개함에 있어 순서가 바뀌거나 빠져서는 않되는 필수적인 사건으로, 핵사건의 배열이 곧 플롯이다. 반면에 위성사건은 순서를 바꾸거나 삭제할 수 있으며, 장식적인 역할을 하는 사건들을 말한다.
3) 예를 들어 <춘향전>에서 이도령과 춘향의 만남과 이별, 재회, 변학도의 수청요구 등의 사건은 삭제할 수 없다는 점에서 이 사건들은 핵사건이며, 제거하거나 순서를 바꿀 수 없다는 점에서 플롯의 일부가 된다.

3. 기존 논의의 검토

서사가사와 관련된 연구는 애초 장르교섭의 측면에서 가사의 소설화라는 관점에서 시작되었다. 가사의 소설화와 관련된 논의는 이명선이 『조선문학사』에서 <괴똥전>을 언급하면서부터 시작되었고,[4] 김기동에 의해 가사의 소설화가 하나의 문학사적 경향임을 지적하면서[5] 본격화되었다.

이후 어영하는 인물과 사건을 갖춘 이야기로된 규방가사를 서사가사의 범위에서 논의하고 있으며,[6] 이것들이 특히 전설이나 민담의 가사문학화 양상(歌辭文學化 樣相)을 보여준다고 하였다.

최원식[7]은 가사의 소설화경향을 '갈래의 복합(<추풍감별곡(秋風感別曲)>·<부용(芙蓉)의 상사곡(相思曲)>·<청년회심곡(靑年悔心曲)>)'과 '갈래의 전환(<노처녀가(老處女歌)> → <꼭독각시젼>)'으로 나누어 논의하였다. 그는 조선후기에 주정주의적 경향을 보이는 가사 작품들은 '주자주의 아래 억압된 정서의 방출체'이며, 서사적 경향을 보이는 작품들은 '관념과 경험의 대립을 날카롭게 드러내며 이 속에서 객관적 인물과 사건에 대한 강한 관심을 확대함으로서 소설장르에 수렴하고 있다'고 하였다.

서인석은[8] 가사와 소설의 갈래교섭양상을 다섯 가지로 나누고,[9] 가

---

4) 이명선, 『조선문학사』(조선문학사, 1948).
5) 김기동, 「가사의 소설화시론」, 『동국대논문집』 3·4합집(동국대, 1968).
6) 어영하, 「규방가사의 서사문학성연구」, 『국문학연구』 4(효성여대, 1973).
   이 논문의 대상 작품은 <福善禍淫歌>, <結情善歌>, <金夫人烈行歌>, <老處女歌>, <閨中處女感嘆歌>, <尹娘子嶺南樓冤雪歌>, <海牙會議에 가는 密使>, <七夕歌> 등 8 편이다.
7) 최원식, 「歌辭의 小說化 傾向과 封建主義의 解體」, 『창작과비평』 46호(창작과비평사, 1977 겨울).
8) 서인석, 「가사와 소설의 갈래교섭에 대한 연구」(서울대박사논문, 1995).

사의 장르적 특성과 갈래교섭의 한계를 논의하고 있다. 이 논문은 그동안 단편적으로 이루어졌던 가사와 소설의 갈래교섭문제를 소설사적 관점에서 전체적으로 포괄하고 있다.

조동일은 <일동장유가>, <북천가>, <만언사>를 대상으로 서사가사의 성립여부를 논의하고 있다. <일동장유가>는 아주 복잡한 긴 줄거리를 가진 긴 이야기이지만, 실제로 있었던 이야기이며, 사실을 전달하기 위해 썼다는 점에서 서사갈래가 될 수 없다고 하였다. 이런 특성들은 <북천가>와 <만언사>에서도 동일하게 나타난다고 하였다. 즉 이 작품들은 허구성과 이야기 자체의 흥미를 통한 감동과 교훈이라는 서사갈래의 특성을 충족시키지 못하고 있다는 점에서 서사가사가 될 수 없다고 하였다.10)

세 작품에 한정할 때, 조동일의 논의는 타당하다. 그러나 서사가사를 언급한 논자라면 누구나 거론하는 <노처녀가>나 <신가전>, <덴동어미화전가> 등은 논의에서 제외되었다는 점에서 대상 작품 선정에 문제가 있다. 이 작품들 외에도 <계한가>나 <순창가> 등은 허구적인 이야기이며, 이야기 자체의 흥미를 통해 주제를 전달하고 있다.

김학성은 조선후기 서사성이 극대화된 작품들도 서사장르가 아닌 의사 서사 양식이라고 했다. 그 이유는 보고와 독백, 대화 형식을 교체·결합하는 서사장르와는 달리 보고가 압도적이며, 허구적 인물들에 대한 화자의 보고는 있어도 인물 자체의 자기 재현을 찾아보기 힘들기

---

9) 1) 소설적 지향을 보이는 가사(신가전, 괴똥전, 노처녀가), 2) 가사에서 소설로 전환되거나 가사의 전통에서 나온 소설(꼭독각시전, 김부인열행록), 3) 가사가 삽입된 소설(장경전, 정두경전, 채봉감별곡, 청년회심곡), 4) 가사체를 부분적으로 수용한 소설(유충렬전, 권익중전, 매화전), 5) 가사체를 전면적으로 수용한 소설(구운몽, 조생원전의 이본 일부). 이중 서사가사와 관련하여 주목되는 항목은 1)과 2)이다.
10) 조동일, 『한국문학의 갈래 이론』(집문당, 1992), 57~60면.

때문이라고 하였다. 또한 줄거리와 등장인물들이 작자의 사상과 감정 표현에 하나의 도구로서 이용될 뿐이어서, 줄거리 자체나 등장인물 자체의 창조는 그만큼 위축될 수밖에 없다는 점을 들고 있다.

이런 관점에서 조선후기에 서사성이 극대화된 작품들로 첫째, 일련의 시간과 공간의 체험론적 진술에 기초한 가사〔<만언사(萬言詞)>·<일동장유가(日東壯遊歌)>·<호남기행가(湖南紀行歌)>·<한양가(漢陽歌)>·<한양오백년가(漢陽五百年歌)>〕, 둘째, 조선 봉건 관료의 수탈상과 그로 인한 서민의 참상을 첨예하게 드러내고 있는 가사〔<기음노래>·<합강정가(合江亭歌)>·<정읍군민란시여항청요(井邑郡民亂時閭巷聽謠)>·<거창가(居昌歌)>〕, 셋째, 서사적 인물의 창조에 관련한 가사〔<우부가(愚夫歌)>·<용부가(庸婦歌)>·<노처녀가(老處女歌)>·<백발가(白髮歌)>·<원한가(怨恨歌)>〕 등을 들고 있다. 그리고 첫째와 둘째는 현실의 관찰에 의한 보고라는 점에서, 셋째는 인물과 줄거리의 창조가 불완전하다는 점에서 의사 서사 양식에 해당한다고 하였다.11)

김학성의 논의에서도 조동일과 마찬가지로 작품 선정에 문제가 있다. 또한 보고와 독백, 대화의 교체·결합, 인물 자체의 자기 재현, 줄거리와 등장인물의 창조 등을 기준으로 서사장르여부를 판단하고 있다. 즉 대화와 독백을 통한 등장인물의 전경화와 줄거리의 창조를 서사장르의 지표로 보고 있는 것이다.

그러나 이는 서사장르의 지표라기보다 '소설'이라는 역사적 장르의 지표에 해당한다. 설화의 경우에는 단순한 줄거리를 서술자의 목소리만으로 서술하고 있는 경우가 흔하기 때문이다.12) 서사장르의 지표는

---

11) 김학성, 「歌辭의 實現化過程과 近代的 指向」, 『고전시가론』(새문사, 1984). 『국문학의 탐구』(성균관대학교출판부, 1987), 154~161면.
12) 고려대학교 사범대학 국어교육과 학술조사반, 「85국어교육과 학술조사

앞서 언급한 바, 서술자와 플롯의 존재라고 할 수 있다. 그가 예로 든 작품들은 대부분 플롯이 없다는 점에서 서사장르가 될 수 없다. 하지만 <노처녀가>는 플롯과 서술자라는 조건을 모두 만족시킨다.

서사가사와 관련된 또 하나의 논의는 가사의 서사성 내지 서사구조를 다룬 것들이 있다. 정재호는 <우부가>와 <용부가>를 등장인물의 전형성, 생애의 일대기적 구성, 소설과 동일한 권선징악의 주제적 특성, 가사뿐만 아니라 기담(奇談)으로도 수용되었던 점 등을 들어 서사장르에 귀속될 수 있다고 보았다.[13]

김유경과 장정수는 일부의 가사들을 서사장르로 인정하고 논의를 전개하였다. 김유경은 입체적 성격을 지닌 인물에 의해 있을 수 있는 사건이 서술자의 서술과 인물의 대화를 통해 전개되는 허구적 성격의 가사작품들을 서사가사라는 독립된 장르로 설정하고 있다.[14] 장정수는 인물, 구성(플롯), 주제의 측면에서 이것들이 허구적 서사물에 속한다고 보았다.[15]

이혜전은 <우부가>, <용부가>, <백발가>, <거사가>, <과부가>, <청춘과부곡>, <원한가>, <화전가>, <만언사>, <북천가>, <신가전>, <복선화음가>, <갑민가> 등을 가사 장르에 기반을 두고 서사성이 자생되어 나온 작품들로 보고 있다. 그리고 시점과 구성방식을 중심으로 논의를 전개시켜 나가고 있다.[16]

자료집」, 『한국어문교육』 창간호(고려대학교 사범대학 국어교육학회, 1986) 296면에 있는 전남 부안군 <는들바위와 아기장수 전설(Ⅰ)>은 줄거리도 단순할 뿐만 아니라, 서술자의 목소리만으로 이야기를 전달하고 있다.
13) 정재호, 「愚夫歌考」, 『韓國歌辭文學論』(집문당, 1982), 116면.
14) 김유경, 「서사가사연구」(연세대석사논문, 1988).
15) 장정수, 「서사가사특성연구」(고려대석사논문, 1989).
16) 이혜전, 「조선후기가사의 서사성 확대와 그 의미」(이화여대석사논문, 1991).

그는 특별히 서사장르가 무엇인가를 규정하지 않고 있다. 다만 시간에 따라 전개되는 사건의 형상화, 대화체를 통한 객관적 태도와 구체적인 행동제시, 경험적 현실의 반영, 인물과 사건으로 구성되는 이야기성의 확대 등의 용어들을 서사성과 관련하여 사용하고 있다. 따라서 이전의 연구자들이 사용했던 서사장르에 대한 규정들에 의거하고 있음을 알 수 있다.

서사학의 관점에서의 본격적인 논의는 최현재에 의해 이루어졌다.[17] 그는 채트먼의 논의에 의거하여, 서사의 필수조건으로 서술자와 플롯의 존재를 들고 있다. 그런데 실재 작품분석에서는 플롯에 대한 언급은 거의 없고 다양한 서술자의 양상에 초점을 맞추고 있다.

가사의 서사화와 관련된 기존 논의의 가장 큰 문제점은 이들이 주로 서술자와 등장인물에 초점을 맞추고 있으며, 플롯에 대해서는 상대적으로 관심의 비중이 떨어지거나 간과하고 있다는 점이다. 앞서 살펴본 바, '서사'의 핵심은 서술자*narrater*와 플롯의 지배에 있다. 플롯의 지배 여부로 볼 때, 지금까지 서사가사로 논의되었던 많은 작품들은 재고를 요한다.

4. 서사가사의 범위

지금까지 서사가사로 논의되었던 작품은 대략 다음과 같다.

1. <김부인열행가(金夫人烈行歌)>, <규중처녀감탄가(閨中處女感嘆歌)>, <윤낭자영남루원설가>
2. <추풍감별곡(秋風感別曲)>, <부용상사곡(芙蓉相思曲)>, <청년회심곡(靑年悔心曲)>.

---

17) 최현재, 「朝鮮後期 敍事歌辭 硏究」(서울대석사논문, 1995).

3. <만언사(萬言詞)>, <일동장유가(日東壯遊歌)>, <북천가(北遷歌)>, <한양가(漢陽歌)>
4. <원한가(한별곡)>, <칠석가>, <비쳐가>, <청춘과부가>, <과부가(악부본)>
5. <우부가(愚夫歌)>, <용부가(庸婦歌)>, <나부가(懶婦歌)>, <백발가(白髮歌)>, <복선화음가(福善禍淫歌, 괴똥젼)>
6. <임천별곡>
7. <거사가(居士歌)>, <화전가(덴동어미화전가)>, <노처녀가>, <신가전(申哥傳)>, <갑민가(甲民歌)>, <순창가(淳昌歌)>, <계한가(鷄恨歌)>

이중 1.은 소설을 가사화하거나 소설로 전환된 것으로 보이며,18) 2.는 소설에 가사가 삽입된 형식이어서 서사가사와는 일정정도 거리가 있다. 그리고 3.은 앞서 언급한 바, 경험적 현실을 나열하여 객관적으로 보여주는 데 초점을 맞추고 있다. 또한 부분적으로 인물의 행위나 스토리가 나타나기는 하지만 이야기들 사이의 인과성과 계기성이 결여되어 있어, 플롯이 존재하지 않는다. 이 글에서는 4~6에 해당하는

---

18) 서인석은 <김부인열행록>을 <꼭독각씨전>과 함께 '가사의 소설적 전환과 가사계소설'이라는 제목으로 다루고 있다. 즉 이 작품들은 가사가 소설로 전환된 경우로, '1인칭 화자가 아닌 서술자의 지문을 안내로 한 다양한 인물들이 자신들의 언어로써 작품세계를 채우고 있'다는 점에서 문어체 소설적인 면까지 보여준다고 하였다. 또한 갈등의 양상도 여타의 작품보다 더 분명하다는 점을 지적하고 있다[서인석, 앞의 논문, 70~83면].
<閨中處女感嘆歌>와 <윤낭자영남루원설가>도 마찬가지이다. 어양하는 전자를 '英雄 있고, 戰場 있고, 葛藤 있고, 나아가 結婚이 있기 때문에 敍事詩의 플롯을 다 가지고 있으나' 영웅서사시는 아니고 '敍事文學性을 지닌 作品'이라고 하였다. 그리고 후자는 '韻文歌辭와 散文說話가 習合되어 阿娘說話를 보다 具體的인 스토리가사로 昇華시켜 이룩된 것'이라 하였다[어영하, 「閨房歌詞의 敍事文學性 硏究」, 『國文學硏究』4집(효성여대국어국문학연구, 1973), 83면].

작품들을 대상으로 논의를 진행하도록 하겠다.

1) 〈원한가〉 계열

〈원한가〉 계열은 주인공의 일대기가 나타나며, 부분적으로나마 사건의 전개가 나타난다는 점에서 서사가사로 거론되었다. 여기에는 〈칠석가〉, 〈비쳐가〉, 〈청춘과부가〉, 〈과부가(악부본)〉, 〈원한가(한별곡)〉 등이 해당한다. 이중 상대적으로 많이 거론되는 〈원한가〉와 〈청춘과부가〉를 살펴보기로 하겠다.

먼저 〈원한가〉를 살펴보도록 하자. 〈원한가〉는 노인과 결혼한 한 여인이 자신의 신세를 한탄하다가 회심하여 남편을 받아들인다는 내용이다. 서두에는 어린 신부가 결혼하는 모습이 장면화되어 있다.

　　꽃같은 고은 新婦 玉같은 어린 신부 / 綵緞禮服 갖초아서 禮席으로 맞아들 제 / 龍紋席 鳳紋席에 水石屛風 둘러 치고 / 奠雁을 마춘 후에 서동 부서 창홀하니 / 玉香의 어린 낭자 花冠을 숙여 쓰고 / 약질이 기운 없이 염보가 조용할 때 / 玉郞의 거동 보소 / 雙鶴防霸 분홍 冠帶 사모각대 잡아 매고 / 공단사모 익선꼬지 머리 우에 둘러 씨고 / 부선 일배 서답 일배 禮節도 빈빈할사 / 洞房華燭 첫날 밤에 둘이 모여 앉았으니 / 같은 연기 묘한 모양 보난이도 앙정하다 / 인간에 이런 자미 어데다 비하올꼬

인용문에서 화자는 관찰자 시점을 취하고 있으며, 동갑내기(같은 연기) 부부의 아름다운 모습을 부러운 시선으로 바라보고 있다. 하지만 인용문은 늙은이와 결혼한 자신의 비극적인 처지를 부각시키기 위해 동원된 삽화로, 이 작품의 스토리 전개에는 아무런 영향을 미치지 않는다.

현재의 상황에 이르기까지의 상황은 다음과 같이 제시되어 있다.

열일곱살 들은 나이 저 늙은이 만났고나 … 중략(탄식) … 우리 부모 나를 나며 귀애함도 귀애할사 / 貴愛도 끔찍하고 거래도 장할시고 / 강보에 있난 것을 추처안고 하신 말씀 …중략(아이 어르는 노래) … 어와 罔極하다 저 늙은이 거동보소 … 중략(늙은이의 추한 모습과 행위 나열 <42행>) → 탄식 … 다 몰래라 하는 양반 열네 해를 모시었네 / 열종에 소심으로 질고풍상 겪었고나 / 春夏間 긴긴 날에 단배를 고르면서 / 두서 없는 세간살이 몸서리가 절로 나네 / 내 가심을 헤쳐보면 哀痛이 몇 번이고 / 祭祀가 당해오면 허도 못해 애통이요 / 老人이 病이 들면 어쩔새라 애통이요 / 방애품 남의 길삼 못할 일이 그것이요 / 조석거리 없을 적에 꾸로가기 죽기로다 / 年年이 木凶저서 한 꽃이 구경할가 / 큰 옷이 무엇인고 낀 것이 단불일세 / 바지 뜯어 토수 집고 허리띠로 보선 기워 / 색색이 미봉하니 내 일신이 거러지라 / 雪寒風에 베치마요 五六月에 명적삼을 / 四時장천 입고사니 그걸사 까지로다 / 저 老人곳 아니 오면 내 주제가 이럴손가 / 百年을 드난 해도 원수 것은 첩이로다 / 있는 것이 不足커든 입난 것이 유난커나 / 각색으로 이러하니 낸들 어이 하잔말고 / 원수 맺인 아들자식 연생오자 생하였다. / 四五六歲 겨우 차면 차차로 잃어버려 / 유아의 걷난 거는 솔숨어 정자로다 / 多産 끝에 병을 얻어 곤신이 되였으니 / 겨울이면 眼疾頭痛 여름이면 가삼앓기 / 죽은 것들 키우다가 팔다리가 病身이라 / 年歲로 좇아보면 삼십세 많찮으나 / 근력으로 생각하면 저 노인에 질배 없다 …중략(탄식)… 불쌍한 저 늙은이 내 어찌 잊을손고 / 다시 마음 고쳐먹어 저 노인 귀키 보자.

인용문에서 화자는 노인과 결혼하여 자식 다섯을 두었으나 모두 병으로 잃고 30대에 노인이 되었다. 그리고 마음을 고쳐먹고 남편을 받아들인다는 사실 등이 담겨 있다.

그런데 이상의 사실들은 화자의 탄식을 통해서 간접적으로 알 수 있을 뿐이다. 또한 개별적인 사건들은 시간적인 순서에 의해 계기적으로 연결되어 있는 것이 아니라, 과거라는 시간 속에 인과성이 없이 무질서하게 섞여 있을 뿐이다. 이것은 <우부가>의 행위 나열과 다를 바 없다.

이런 방식으로 서술된 것은 작품의 지향이 이야기의 전개에 있는 것이 아니라 화자의 비극적인 정서를 표출하는 데 있기 때문이다. 즉 노인과 결혼한 여인의 고뇌와 슬픔, 회심 이후의 마음 상태 등을 토로하는 데 초점이 맞추어져 있는 것이다. 결혼 이후 현재까지의 여인의 과거사는 현재의 심리적 갈등의 원인을 알려주는 기능에 머물 뿐, 서사장르와 같이 작품을 지배하는 원리로 작용하지 못한다.

이런 양상들은 남편을 사별한 여인의 내면 정서를 노래한 '과부가류'에서 결혼과 행복한 신혼, 남편의 죽음 등의 일련의 사건을 간략하게 제시하는 형식과 동일한 차원에서 이해할 수 있다.

다음은 <청춘과부곡>을 살펴보자. <청춘과부곡>은 공방살림의 어려움을 토로하며 시작된다. 그리고 임에 대한 그리움, 홀로 늙어가는 외로움을 토로하며 신세를 한탄한다. 이어서 임과의 만남과 사별의 과정을 간략하게 이야기한다. 멋진 남편을 만났는데 일찍 사별하였으며, 그로 인한 슬픔은 아무도 위로할 수 없다고 탄식한다.

이어서 계속 님에 대한 그리움을 토로하고 있다. 조물주에 대한 원망이나 남과의 비교 등은 모두 자신의 슬픔을 부각시키기 위한 것이다. 급기야 중이 되거나 여취여광(如醉如狂)하며 살까하고 생각한다. 이것도 화자의 심리적 갈등을 우회적으로 표현한 것에 다름 아니다. 심리적 갈등을 해소하기 위해 '유산구경'을 하게 된다. 여기에서도 주변 경관과 그로 인해 촉발된 정서가 야단스럽게 표현되어 있다.

이어서 종소리를 듣고 절에 이르러 여승을 만난다. 불전에 배례하고 불당에 참여하니, 노승이 화자의 전사(前事)를 묻는다. 이에 화자는 남편을 사별한 기박한 여인임을 이야기한다. 그러자 노승이 부인이 전생에 이 절의 법승이었으나 부처님께 득죄하여 속세로 쫓겨 났으며, 청룡사 부처님이 불쌍하게 여겨 이 절로 인도 하였으니 슬퍼하지 말라고 이야기한다. 이에 화자는 자신의 불행의 원인을 깨닫고 불문에 귀의하여 수도에 열중할 것을 다짐한다.

이상에서 전반부는 과부가류의 일반적인 전개방식과 같다. 그리고 노승을 만나 자신의 전생을 듣는 부분은 꿈이 아닌 현실로 설정된 것이 다를 뿐 <관동별곡>과 닮아 있다. 즉 이 작품에서 서사적 양식으로 서술된 부분은 현재의 심리적 갈등의 원인을 제시하거나 심리적 갈등을 해소하게 되는 계기를 제공하는 삽화의 수준에 머문다는 점에서 주제를 구현하는 원리로 작용하지 않는다. 이 작품은 임을 잃은 화자의 그리움과 외로움의 정서를 표출하는 데 초점이 맞추어져 있다는 점에서 서정적 양식의 지배를 받는다고 할 수 있다.

2) 〈우부가〉 계열

<우부가>, <용부가>, <백발가>, <복선화음가> 등은 교훈가사에 속한다. 이 작품들의 공통점은 행위를 나열하고 그 결과를 제시한다는 것이다. 지금까지 이 작품들이 서사장르로 분류된 근거는 인물과 사건이 있다는 점이다. 이 작품들은 동일한 서술방식을 사용하고 있어 하나의 계열로 묶었다.

먼저 **<우부가>**를 살펴보자. <우부가> 중 개똥이와 관련된 스토리는 다음과 같다.

> 상태적 사건A : 남촌 한량 개똥이는 부모 덕에 호의호식하며 편히 자랐다.
> 행동적 사건B : 1.유행 따라 의관마련 2.낮잠자기 3.반찬 투정 4.무상출입 5.매일장취 6.도로기 7.투전질 8.기생첩질 9.세도구멍 기웃거리기 10.장사하기

상태적 사건A1 : 11.남의 빚이 태산
행동적 사건B1 : 1.착한 행실 투기 2.천한 사람 없이 보고 어진사람 미워하기 3.인색하고 헤픔 4.집안불목 5.승기자(勝己者)를 싫어함 6.자기위주 7.병날 노릇을 하며 보약을 먹음 8.주색잡기를 하면서 돈걱정 9.자신의 허물은 생각지 않고 남을 나무람 10.부모는 방기하고 처자식만 위함 11.일가친척 구박 12.제 할 일은 하지 않고 남만 흉봄 13.남에게 시비 걸기
상태적 사건A2 : 1.빚으로 빚을 갚음 2.손님은 채권자(債客)요 논의(論議)는 재리(財利)다.
행동적 사건B2 : 1.전답과 종을 팔아 고리대금업하기 2.구목(丘木) 베어 장사하기 3.책 팔아 고리대금업하기 4.원근의 백성을 잡아들여 저당잡고 빚 독촉하기
상태적 사건A3 : 1.인심을 잃음
행동적 사건B3 : 1.남을 원망함 2.이장(移葬)과 이사(移徙)를 생각함 3.위답을 팔아 투전빚을 갚음 4.제기(祭器)를 팔아 술값으로 사용함
상태적 사건A4 : 1.빚이 늘고 관자구설에 오름 2.외톨이가 됨 3.걸객(乞客)이 됨 - 걸객의 구체적인 모습 3.동네인심을 원망.

인용문은 <우부가>의 세 인물 중 첫 번째 인물인 개똥이에 대해 서술한 부분을 작품의 순서에 따라 나열한 것이다. 이상을 요약하면 다음과 같다.

개똥이는 '1.부모 덕에 부유하고 편하게 생활했다(상태적 사건A) → 낭비하고 나태하며 허욕(虛慾)을 부렸다(행동적 사건B) → 경제적으로 어려워졌다(상태적 사건A1) → 2.자기중심적이고 독선적으로 행동했다(행동적 사건B1) → 경제적으로 더욱 어려워졌다(상태적 사건A2) → 3.물욕 때문에 윤리도 저버렸다(행동적 사건B2) → 인심을 잃었다

(상태적 사건A3) → 4.투전과 주색잡기로 가산을 탕진했다(행동적 사건B3) → 사회적 경제적으로 완전히 몰락했다(상태적 사건A4)'.

이상은 상태적 사건만으로만 본다면 뒤로 갈수록 점점 상황이 악화되는 양상을 보인다. 그러나 상태적 사건과 행동적 사건의 인과성이 약하다. 상태적 사건A → 행동적 사건B → 상태적 사건A1과 상태적 사건A2 → 행동적 사건B2 → 상태적 사건A3은 하나의 스토리를 형성한다.

그러나 상태적 사건A1 → 행동적 사건B1 → 상태적 사건A2는 다르다. 행동적 사건B1에 제시된 대부분의 행위는 윤리적으로 지탄을 받을 행위이지 경제적 몰락을 초래하는 행위가 아니기 때문이다.[19] 또한 행동적 사건B3은 경제적 몰락뿐만 아니라 윤리적으로 지탄받을 행위이다. 그러나 상태적 사건A4에는 失人心과 경제적 몰락만이 부각되어 있다. 행동적 사건B1, B3와 상태적 사건A2, A4의 인과성을 인정한다 해도 여전히 개똥이 이야기는 서사장르가 될 수 없다.

박혜숙은 <우부가>가 인물들이 상호 어떤 관계도 맺고 있지 않으며, 인물과 사건이 유기적으로 결합되어 있지 않다는 점을 지적하였다.[20]

<우부가>는 세 인물의 이야기를 개별적으로 독립시켜서 보아도 서사장르와 다르다.

우선 행동적 사건에 제시된 개별적인 행위들이 모두 하나의 상태적 사건에 연결되어 있다는 것이다. 즉 상태적 사건A → 행동적 사건B → 상태적 사건A1은 '부유하고 편하게 살았다'는 하나의 상태적 사건과

---

19) 행동적 사건B에 제시된 2. 낮잠자기 3. 반찬 투정 4. 무상출입 등도 마찬가지이다. 이것들은 경제적 몰락이라는 상태적 사건의 직접적인 원인으로 볼 수 없다.
20) 박혜숙, 「敍事歌辭와 歌辭系 敍事詩」, 『고전문학연구』 10집(한국고전문학회, 1995) 302~304면.

10여 개의 행동적 사건, 그리고 '남의 빚이 태산이 되었다'는 하나의 변화된 상태적 사건을 갖고 있다. 처음의 상태적 사건과 행동적 사건에 의해 변화된 상태적 사건이 하나이면, 아무리 행동적 사건이 많아도 하나의 최소스토리만을 형성한다. 이는 개별적인 행위들 사이에 계기성이 전혀 없기 때문이다.

이것은 전체적인 이야기 전개에 있어서도 마찬가지이다. 개똥이의 이야기는 '풍유롭고 편하게 살았다(상태적 사건) → 사회적, 윤리적, 경제적으로 잘못 행동했다(행동적 사건) → 인심과 재물을 모두 잃었다(변화된 상태적 사건)'로 요약할 수 있으며, 이것이 이 작품의 스토리다.

그런데 상태적 사건A4는 행동적 사건B3뿐만 아니라 B1과 B2, 즉 행동적 사건 전체를 포괄한다. 또한 상태적 사건A가 상태적 사건A4로 변화되기 위한 조건으로는 행동적 사건B나 B2만으로도 충분하다. 하나의 행동적 사건(B 또는 B2)을 제외한 나머지 행동적 사건들은 생략 가능하다.

즉 모든 행동적 사건은 핵사건이 될 수 있으며, 하나의 행동적 사건을 제외한 다른 행동적 사건들은 생략이 가능하다. <우부가>에 제시된 모든 행동적 사건은 하나의 상태적 사건과 변화된 상태적 사건과 독립적으로 연결되어 최소스토리를 형성하고 있는 것이다. 달리 말하면, <우부가>는 위성사건이 없이 핵사건만이 독립적으로 나열된 형태를 갖고 있는 것이다.

이런 서술방식은 핵사건과 위성사건이 명확히 구분되고, 핵사건을 뼈대로 위성사건을 덧붙여 이야기를 전개해나가는 서사장르와는 전혀 다르다. <우부가>에서 독립적으로 나열된 최소스토리는 서사장르의 이른바 줄거리에 상응한다. 줄거리는 핵사건만을 간추려 요약한 것이기 때문이다. 줄거리는 서사장르가 아니라 주제적 양식에 해당한다. 문학작품의 골격을 설명한 것이기 때문이다.

　서사장르는 궁금증과 흥미를 유발함으로서 사건을 전개시켜 나간다. <우부가>에서 흥미는 사건전개과정이 아니라, 우수꽝스러운 행위나 행색에서 유발된 것이다. 즉 <우부가>는 부정적 행위로 인한 경제적 몰락과 공동체로부터의 추방이라는 결과를 구체적인 예를 통해 객관적으로 제시함으로서 부정적인 행위를 교정하는 데 초점이 두어져 있다. 따라서 주제적 양식에 해당한다. <용부가>와 <나부가>, <백발가> 등도 이와 동일한 구성과 주제를 지향하고 있다. 따라서 <우부가>와 마찬가지로 주제적 양식에 해당한다.

　<우부가>와 비교하여 <복선화음가>는 사건의 계기적 전개가 나타나 주목된다. <복선화음가>에서 김씨부인의 이야기를 서술단락별로 요약하면 다음과 같다.

1. 김익주의 손녀로 부덕(여공, 열녀전)을 닦으며 풍요롭게 자람.
2. 16세에 출가하여 황설강의 손부가 됨. – 시댁이 매우 가난함.
3. 배행 온 오라버니가 돌아가자고 권유. → 부녀자의 도리가 아니라며 거절.
4. 양식이 없어 패물(금봉채)을 팔아 쌀과 반찬을 마련. – 4~5일 만에 없어짐.
5. 서방님은 글만 읽어 아무것도 모름, 시누이는 없는 흠을 들추어냄, 무죄한 꾸중 – 참고 견딤.
6. 거친 음식과 갈옷으로 생활함.
7. 부덕에 충실함.
8. 친정 도움을 더 이상 받지 않음.
9. 설미를 보내 이웃집에서 쌀을 꾸게 함 → 전에 꾼 쌀도 갚지 않고 또 왔다고 문전박대를 당함 → 탄식.
10. 마음을 다지고 치산(治産)에 힘쓸 것을 다짐.

11. 치산(治産) - 방적(紡績), 역농(力農), 절검(節儉), 가축(닭, 개) 사육, 근면.
12. 10년 만에 부유하게 됨(앞들의 논, 뒤뜰의 밭, 기와집, 가마솥, 노세, 나귀).
13. 사구고(事舅姑) - 비육불포(非肉不飽), 비백불난(非帛不煖), 목친척(睦親戚) - 궁족구제(窮族救濟).
14. 절검(節儉), 근면(勤勉), 강조.
15. 내외해로, 자손창성(팔도감사, 육조판서).
16. 출가하는 딸에 대한 당부 - 계녀가.

위에 제시된 바, 김부인 이야기는 출가하기 전의 풍족한 생활에서부터 결혼 이후의 가난한 생활, 가난 극복, 다시 부유해진 상황에 이르기까지의 사건들이 시간적 순서에 따라 순차적으로 서술되어 있다. 특히 김부인을 배행한 오라버니가 사돈집의 가난한 살림을 보고 돌아가자고 한 대목과 몸종인 설미로 하여금 양식을 꾸러 보냈다가 문전박대를 당하고 돌아오자 치산(治産)을 결심하는 대목 등에서는 이중적 시점이 나타나고 있다. 그 중에서도 후자는 김부인이 궁핍한 현실을 타개하기 위해 치산을 결심하게 되는 계기로 작용한다는 점에서 <우부가>보다는 강한 서사성을 갖는다. 그러나 이 작품의 서사성은 <우부가>에 비해 상대적으로 강한 것일 뿐 서사적 양식으로까지는 발전하지 못하고 있다.

　이 작품에서 이중적 시점이 나타나는 곳은 3과 9뿐이고, 나머지는 모두 주인물시점으로 서술되어 있다.
　둘째, 인물의 행위가 구체적인 시·공간과의 관련성을 획득하지 못하고 있다. 이는 구체적인 행위를 묘사하지 않고 행동양식 또는 양태를 개괄적으로 설명하기 때문이다. 요약적, 개괄적, 설명적 서술은 이중적 시점이 나타나는 3과 5를 제외한 모든 부분에서 나타난다.

셋째, 이 작품도 <우부가>와 마찬가지로 사건의 전개과정에서 흥미를 유발함으로서 주제를 전달하지 않는다. 다만 근면과 절검으로 치산(治産)에 힘쓴 결과 가난을 극복하고 부유하게 되었다는 사실을 전달하는 데 주력하고 있는 것이다. 이는 이어지는 '괴쏭어미'이야기와의 대조에서도 드러난다. 괴쏭어미의 행위와 결과는 김씨부인이야기에서 제시된 바람직한 행위에 철저히 배치되는 것에 지나지 않기 때문이다.

넷째, 이 작품은 바람직한 행동양식을 자세하게 설명하는 데 많은 비중이 두어져 있다. 서사적 인과성이 전혀 없는 7, 13, 14등의 서술비중이 높다는 사실과 부유하게 되는 원인인 행동적 사건(11)이 무계기적 행위의 나열로 이루어진 것도 이 때문이다. 즉 이 작품은 개별적인 행위의 계기성보다는 행위의 결과에만 초점을 맞추고 있는 것이다. 이 때문에 '김부인'이야기는 서사적 양식이 되지 못하고 주제적 양식이 되는 것이다.

다섯째, '괴쏭어미'이야기는 <용부가>와 동일한 서술방식을 사용하고 있으며, 주제적 양식에 해당한다.

여섯째, 이 작품의 주제에 해당하는 결사는 목친척(睦親戚), 형제우애(兄弟友愛), 어노비(御奴婢), 접빈객(接賓客), 봉제사(奉祭祀), 사군자(事君子), 사구고(事舅姑), 칠거지악(七去之惡), 삼종지의(三從之義) 등 전통적인 부덕에 충실하라는 내용과 더불어 아녀자에 의해 가문의 흥망이 결정된다는 내용을 담고 있다. 김씨부인 이야기와 괴쏭어미 이야기는 시집가는 딸에 대한 직접적인 당부가 나오는 결사의 내용을 징험하기 위한 예화에 해당한다.

즉 <복선화음가>의 김씨부인이야기는 스토리의 존재를 인정한다고 할지라도 <누항사>의 일화들처럼 여전히 주제를 부각시키기 위해 동원한 일화에 지나지 않는다는 것이다. 따라서 <복선화음가> 전체는 주제적 양식의 지배를 받는다고 할 수 있다.

결론적으로 <우부가>계열의 작품들은 독자로 하여금 사건 전개에 대해 궁금증을 품게 함으로서 흥미를 유발시키는 데 초점이 맞추어져 있지 않다. 독자는 이미 우부형 인물이나 용부형 인물의 결말에 대해 알고 있기 때문이다.

3) 〈임천별곡〉

<임천별곡>은 가사 장르사에서 매우 특이한 작품으로, 지금까지 발견된 가사문학 작품 중 유일한 극가사로 생각된다. <임천별곡>은 물론 플롯을 갖고 있다. 이 작품은 '영감의 입실요구 → 할미의 허락 → 영감의 입실', '영감의 육체적 요구 → 할미의 거부→ 요구의 실패', '영감의 재요구(설득) → 할미의 거부(협박) → 영감의 패배(협박)' 등의 순서로 사건이 전개된다.

그런데 서술자의 개입이 없이 인물간의 대화만으로 이루어져 있다. 게다가 두 인물은 동등한 비중을 가진 초점화자로 기능하고 있으며, 인물간의 대립과 갈등이 사건전개의 원동력이 된다. 이상의 특징들은 극적 양식의 기본 조건을 충족시킨다.

가사문학에서 부분적으로 대화체를 사용하는 예는 많다. 하지만 작품 전체가 극적 양식으로 서술된 작품은 <임천별곡>뿐이다.[21] 이는 이운영이 여항의 이야기를 생동감 있게 표현하기 위해 극적 양식을 사용했으며,[22] 가사가 극적 양식까지 포괄할 수 있는 역사적 장르임을

---

21) <거사가>나 <양신화답가> 등도 인물간의 대화를 통해 이야기를 전개시켜 나간다. 하지만 여기에는 서술자의 목소리가 가치판단이나 해설형식으로 삽입되어 있다.

의미한다.

그런데 <임천별곡>은 본격적인 극이라기보다는 대화체로 이루어진 만담에 가깝다. 대화체 만담은 일반적으로 갈등관계에 있는 대립적인 인물을 설정하고 이들의 설전을 통해 대상을 풍자하며 웃음을 유발한다. 따라서 대화체 만담은 극의 초보적인 단계에 해당된다고 할 수 있다. 이 작품도 대화체 만담과 마찬가지로 웃음과 풍자를 함께 담고 있다. 두 인물 중 누구도 공격이나 비판의 대상이 아니다. 작가는 다만 영감과 할미의 발화를 통해 당대 사회를 조롱하고 풍자하여 웃음을 유발할 뿐이다.

한편 이 작품에는 인물의 발화에 서술자의 시각이 개입된 부분이 있다. 천민인 할멈이 양반인 영감을 보고 "어져 거 뉘신고 유셩 손임 아니신가"라는 부분이 그것이다. 이 부분은 정상적인 극적 양식에서는 당연히 존칭을 사용해야 했을 것이다. 이와 같이 서술자의 개입이 나타나는 것은 1인칭 자기토로형식이라는 가사의 장르적 전통에 견인된 결과라 하겠다.

또 하나 짚고 넘어가야 할 문제는 가사에서는 생소한 극적 양식이 어떻게 가사의 시상구성방식과 만나 <임천별곡>과 같은 작품을 탄생하게 했는가 하는 것이다. 극적 양식과 가사를 연결해 주는 연결고리는 대화체이다. 대화체에서 인물의 연속된 발화는 여러 개의 독립된 시상들을 담고 있으며, 이것들이 모여 보다 큰 독립된 시상을 형성한다. 이렇게 형성된 독립된 시상은 또 다른 인물의 발화와 계기적으로 연결되어 보다 큰 시상을 형성하며 전체적으로 통합된다. 즉 대화체 자체가 가사의 시상전개방식에 전혀 위배되지 않았기 때문에 <임천별

---

22) 이운영이 극적 양식으로 영감과 할미의 이야기를 서술한 것은 대화를 통한 장면화가 현장감을 가장 잘 살릴 수 있고, 그만큼 강렬한 웃음을 유발할 수 있다고 생각했기 때문일 것이다.

곡>이 극적 양식으로 서술될 수 있었던 것이다. 대화체의 이러한 특성은 <북천곡>이나 최내현 <농부가>를 비롯한 많은 조선후기 가사에 대화체가 자연스럽게 삽입된 예를 통해서 알 수 있다.

한편 본격적인 극에서는 일반적으로 장과 막이 나뉘고 복수의 스토리라인story-line이 존재하며, 이것들이 결말부분에서 서로 만나 대단원을 이룬다. 하지만 이 작품에서는 하나의 스토리라인만이 존재한다. 이는 하나의 시상이나 주제를 향해 유사한 시상들을 통합하는 가사의 장르적 전통에 견인된 결과로, 가사가 복잡한 이야기 구조를 통해 다양한 주제를 전달하는 극이나 소설과는 다름을 의미한다. 또한 이 작품에서는 인물의 발화가 대화라기보다는 독백에 가까운데, 이는 1인칭 자기토로 형식이라는 가사의 장르적 특성에 견인된 결과이며, 이 때문에 화자의 발화량이 본격적인 극에 비해 상대적으로 많은 것이다.

4) 〈居士歌〉 계열

<거사가>, <화전가(덴동어미화전가)>, <노처녀가>, <신가전>, <갑민가>, <순창가>, <계한가>는 모두 서술자와 플롯이 존재하는 서사가사이다.

먼저 <거사가>를 보자. 이 작품은 '과부의 입산부터 거사의 파계까지' 일련의 사건들을 담고 있다. 줄거리는 다음과 같다.

1. 각시(과부)가 입산하였다.
2. 그곳에서 각시는 거사를 만났다.
3. 거사는 각시에게 함께 살 것을 강요했다.
4. 각시는 그럴 뜻이 없음을 밝히고 놓아달라고 애원하였다.
5. 거사는 각시의 요구를 거부하고 강제로 각시를 취하였다.
6. 거사는 파계를 하고 하산하였다.

이상에 나열된 사건들은 생략하거나 순서를 바꿀 수 없다는 점에서 플롯이 존재하고 있음을 알 수 있다. 여기에서 각시의 입산과 거사의 외로운 생활은 미리 전제되어 있는 원래의 상태적 사건이 된다. 그리고 각시의 입산은 행동적 사건으로, 거사가 이성을 욕망하게 하는 변화된 상태적 사건의 계기가 된다.

한편 각시의 입장에서 보면 거사의 욕망추구는 행동적 사건이다. 수절하려는 처음의 상태적 사건에서 훼절을 하고 거사와 결합하는 변화된 상태적 사건의 계기가 되기 때문이다. 또한 과부와의 결합은 거사가 세속적인 삶의 가치를 깨닫고 파계하게 하는 계기가 된다는 점에서 행동적 사건이 된다. 따라서 <거사가>는 복수의 최소스토리가 인과적으로 연쇄되어 플롯을 형성한다는 점에서 서사장르의 기본적인 조건을 충족시킨다.

<거사가>는 중심화자인 거사뿐만 아니라 각시와 서술자의 목소리까지 등장한다. 즉 이중적 시점으로 서술되어 있다. 그런데 전체 57행 중 43행이 거사의 목소리로 서술되어 있고, 11행이 각시의 목소리이며, 3행만이 서술자의 말이다. 즉 거사의 목소리가 압도적이며, 각시의 목소리는 사건전개를 위해 삽입된 형식을 취하고 있다.

그리고 서술자의 목소리는 "어화 뎌 거스의 ᄒᆞ는 거동 괴이ᄒᆞ다 범증의 말슴으로 급격물실 뎨일이라 쳐스가 완완ᄒᆞ면 그 사이에 좀이 난다"라고 하여, 중심화자인 거사의 행위를 비판하고 거사의 조바심을 설명하는 기능을 한다. 따라서 <거사가>는 비록 플롯과 이중적 시점을 갖고 있지만, 여전히 1인칭 장르로서의 가사의 장르적 특성을 강하게 견지하고 있음을 알 수 있다.

이 작품이 서사장르로 귀속될 수 있는 또 하나의 중요한 요인은 작품의 초점이 정서의 표출이나 객관적 사실 또는 주제의 전달에 있지 않고, 사건전개 자체에 두어져 있다는 점이다. 독자로 하여금 앞으로 일어날 사건들에 대해 궁금증을 갖게 함으로서 흥미를 유발하고 이를 통해 주제를 전달하는 것이 서사장르의 기본적인 특성이라는 점에서 <거사가>는 서사장르의 중요한 특성을 견지하고 있는 것이다.

<노처녀가>도 마찬가지이다. 이 작품도 플롯과 이중적 시점을 갖고 있으며, 사건의 흐름 자체가 독자로 하여금 흥미를 유발시킨다. <노처녀가>의 줄거리는 다음과 같다.

1. 병신 처녀가 늙도록 결혼을 하지 못하고 괴로워했다.
2. 그러나 아무도 노처녀의 결혼에 무관심했다.
3. 이에 스스로 남편을 구하기로 결심했다.
4. 꿈속에서 결혼을 했다.
5. 개소리에 잠이 깨어 욕망이 좌절되었다.
6. 홍두깨를 허수아비로 만들어 모의결혼을 했다.
7. 가족들이 노처녀의 바램을 알아차렸다.
8. 김도령과의 혼인을 추진·성사시켰다.
9. 혼인 후 정상인이 되어 잘 살았다.

이 작품에서 노처녀의 신체적 결함과 미혼, 그로 인한 심리적 갈등 등은 일련의 행동적 사건을 촉발시키는 근본적인 원인이 된다는 점에서 상태적 사건에 해당한다. 그리고 혼인도 노처녀의 적극적인 노력과 일련의 행동들의 결과인 동시에 신체적 불구의 치유라는 또 하나의 변화된 상태적 사건의 원인이 된다. 즉 혼인은 상태적 사건이면서, 또 다른 최소스토리의 행동적 사건이 된다.

따라서 <노처녀가>도 <거사가>와 마찬가지로 복수의 최소스토리들이 유기적으로 연결되어 있으며, 핵사건의 순서를 바꾸거나 생략할 수 없다는 점에서 플롯을 갖고 있다고 할 수 있다. 또한 플롯을 통해 주제를 구현하고 있다는 점에서 플롯의 지배를 받고 있으며, 특정한 주제의 전달보다는 사건의 전개과정에 더 비중이 두어져 있다는 점에서 서사장르에 해당한다.

그러나 <노처녀가>도 <거사가>와 마찬가지로 주인물인 노처녀의 독백이 많은 비중을 차지하고 있으며, 사건의 진행과정보다는 각 사건의 결과를 제시하는 데 초점을 맞추고 있다. 또한 서술자의 목소리는 인물에 대한 평 정도에서 매우 제한적으로 나타날 뿐이다. 따라서 진술방식 상으로는 여전히 가사의 기대지평을 견지하고 있음을 알 수 있다.

<신가전>은 좀더 복잡한 플롯을 갖고 있다. <신가전>의 줄거리는 다음과 같다.

1. 한림댁의 유복자이며 무남독녀로 귀하게 자란 여인이 있었다.
2. 어릴 적부터 여공(女工)을 익히며 부덕을 닦았다.
3. 15세부터 중매를 넣었으나 16세기 되도록 혼처가 정해지지 않아 고민하였다.
4. 애통방골 고자가 이 사실을 알고 언변 좋은 매파를 통해 청혼을 했다.
5. 한림댁은 매파의 말에 속아 결혼을 약속했다.
6. 한림댁은 사위가 고자라는 사실을 모르고 즐겁게 결혼 준비를 했다.
7. 초례를 치르는 날 신랑의 흉악한 모습과 고자라는 사실을 알고 초례도 엉망이 되었고 어머니는 화병이 들어 3일만에 세상을 떠난다.
8. 신부는 3년상을 마치고 자살하려 하지만 유모와 시비들의 만류로 실패한다.
9. 중이 되기로 결심하고 시비와 앙강골 여승을 찾아가 머리를 깎아 달라고 요청한다.
10. 앙강골 여승이 만류하나 결국 중이 되어 90세에 세상을 떠났다.

혼인시도로부터 시작된 사건은 고자와의 사기 결혼, 그로 인한 어머니의 죽음, 딸의 자살기도와 입산위승(入山爲僧) 등으로 이어져 하나의 플롯을 형성한다. 그리고 이 작품은 플롯을 통해 한 여인의 기구한 인생역정을 그려내는 데 초점이 맞추어져 있다는 점에서 서사장르에 해당한다.

물론 작품의 말미에 사치하지 말고 부덕을 잘 지키며 살라23)는 부녀자들에 대한 서술자의 당부가 있지만, 그것은 이 작품이 본래 지향하는 바와는 무관하다는 점에서 필사자의 부기(附記) 정도로 이해하는 것이 좋을 듯하다. 이 작품은 상대적으로 복잡한 플롯 전개, 이중적 시점, 인물들간의 대화 등에서 볼 때, 다른 서사가사 작품들에 비해 소설적 서사에 가깝다.

하지만 역시 이 작품도 주인물시점이 지배적이고, 사건의 전개와 관련된 부분보다는 1인칭 화자의 독백적 진술이 많다는 점에서 가사의 진술방식에 강하게 견인된다고 할 수 있다.24) 물론 <거사가>나 <노처녀가>에 비하면 주인물 외의 다른 인물이나 서술자의 목소리의 비중이 상대적으로 높다는 점에서 소설적 서사에 가깝다고 할 수 있다.

<갑민가>는 웬 양반이 갑산민을 보며 던지는 말로 시작되며, 양반에 대한 갑산민의 당부로 마무리된다. 그리고 이야기의 중심은 과거의 갑산민의 삶의 역정이라는 점에서 액자형식을 갖고 있다.

서두에서 양반은 유민에게 군역을 피해 도망하는 사람이라 지적한다. 다른 곳에 옮겨 살면 천하게 되며, 군역은 어디에서도 피할 수 없으니, 차라리 살던 곳으로 돌아가 노력(채삼, 돈피, 잠매)하면 잘 살게

---

23) 인싱 이갓ᄒ니 모드신 부인니 사치를 슝샹말고 뉴슌ᄒ기 본심이니 열ᄉ의 품을 가져 빅연 경조 ᄒ오소셔.
24) 이는 특히 혼수를 준비하는 과정을 서술한 부분에서 패물과 즙물, 그리고 혼례를 준비하는 과정에서 기물과 진행인원, 방치례 등을 길고 자세하게 나열한 부분에서 알 수 있다. 이 외에도 신랑의 모습과 초야를 치르는 상황, 어머니와 딸의 탄식 등에서도 두드러지게 나타난다.

될 것이라고 타이른다.

이에 갑산민이 자신의 말을 들으라며, 도망하게 된 사연을 이야기한다. 갑산민이 말한 사연의 줄거리는 이렇다.

조상이 남중 양반으로 진사급제를 연면하여 중앙관료를 지냈다. 그런데 시기인(猜忌人)의 참소를 입어 갑산으로 유배되었고, 이곳에서 칠팔대를 살았다. 갑산에서는 대대로 선음(先陰)을 입어 좌수, 별감, 풍헌, 감관 등 향리를 지냈다. 그런데 자신의 대(代)에 와서 누군가의 모해(謀害)로 군역(軍役)을 지게 되었다. 자신이 군역을 지게 되니 일가붙이가 차례로 군역을 지게 되었다. 조선봉사(祖先奉祀)를 책임진 자신은 도망할 수 없어 그대로 갑산에 묶여있었지만, 다른 사람들은 모두 도망하였다. 그래서 족징(族徵)으로 12명의 막대한 군역을 부담하게 되었다. 매년 신역(身役)으로 46냥을 물고 보니 가세가 기울었다. 산삼을 캐러 허항령 보태산을 헤맸지만 헛수고였다. 팔구월에 돈피를 구하기 위해 백두산 앞 분계강(토문강)[25] 아래서 산신께 발원했지만 뜻을 이루지 못했다. 빈손으로 삼지연에서 하루를 묵으려 했는데, 입동이 지난 3일 후에 대설(大雪)이 내려 움직일 수 없었다. 양식도 떨어지고 옷도 얇아서 얼어 죽을 것을 걱정하여 길을 헤매다가 새벽에 검천거리의 인가에 도착했다. 반주검이 되어 그 집에 쓰러진 후 정신을 차려보니 발가락 열 개가 모두 없어졌다. 간신히 목숨만 건져 소에 실려 돌아왔다. 어머니는 살아서 돌아온 사실만으로 기뻐하였다. 가산을 모두 처분하여 46냥을 갖고 파기소를 찾아갔으나 사또의 영으로 돈피 이외에는 받을 수 없다고 하여 다시 돌아왔다. 다시 신역을 제촉하여 어머니의 외출복까지 팔아 50여 냥을 마련하여 삼수의 각 진을 돌며 26장의 돈피를 마련하는 데 10여일이 걸렸다. 그 동안에 처가 군역을 물지 않았다는 이유로 옥에 갇혔다가 죽자, 아이들은 울부짖고 어머니는 기절했다. 신역을 모두 바치고 장사를 지내고 사묘를 모셔 땅에 묻었다. 군사도망하면 화외민(化外民)이 되는 줄은 알지만 금년 신역을 물 수도 없고 해

---

[25] 1712년(숙종 38년)에 청나라와의 국경분쟁을 해결하기 위해 <白頭山定界碑>를 세우고, 이후 토문강을 분계강이라 불렀다고 한다.

결 방책도 없어 유리하게 된 것이다.
　북청부사는 제신역을 대소민호(大小民戶)에 고르게 나누어 징수하니, 많으면 닷돈 적으면 서돈이다. 그래서 인근 백성들이 모여들어 민호가 늘어난다. 북청의 이런 사정을 써서 갑산 본읍에 올렸다가 형문만 맞은 후 북청을 향해 야반도주하게 된 것이다. 그대도 내년 이맘때면 나와 같은 처지에서 내말의 뜻을 알 것이다. 할 말은 많지만 길이 멀어 하직하고 간다.

　이상의 내용은 매우 설명적으로 서술되어 있다. 이 작품은 당대 갑산지방을 통해 불합리한 조세제도와 탐관오리의 수탈로 인한 민의 유망과 향촌사회의 붕괴를 고발하고 북청지방을 통해 해결의 대안을 제시하고 있다. 그런데 이와 같은 주제가 플롯을 갖춘 이야기의 형태로 재현되어 있다. 즉 플롯이 주제를 구현하는 지배적인 원리로 작용하고 있는 것이다. 따라서 이 작품은 서사가사에 해당한다.
　<갑민가>가 앞의 다른 서사가사 작품들과 다른 점은 보고적 진술에 가깝다는 것이다. 지금까지 가사는 1인칭 주인물시점에 의해 서술되었으며, 주인물의 독백이 주된 진술방식이었다. 그런데 <갑민가>는 1인칭 화자의 독백보다는 사건의 전개과정에 대한 서술자의 보고적 진술방식을 채용하고 있다는 점에서 주목된다.
　다음으로 <순창가>는 순창(淳昌) 하리(下吏) 최윤재가 의녀(醫女)들을 고발한 사건을 소재로 한 것이다. 부도덕한 지배층의 횡포에 시달리는 지방하리와 기생의 비극적 삶이라는 역사적 사실을 해학적으로 그려냄으로서 본격서사형식에 좀더 가깝게 다가선 작품이다.
　<순창가>는 순창하리, 사또, 기녀, 서술자 등 복수의 초점화자가 등장하여 전경화되어 있으며, 사건의 전개가 기생과 순창하리 간의 갈등을 축으로 전개되고 있다는 점에서 소설적 서사에 상당히 접근해 있다. 특히 가사가 일반적으로 1인칭 자기토로 형식으로 서술되는 반면, <순창가>에서는 사건의 전말을 대화형식으로 서술함으로서 상대적

으로 높은 서사성을 지닌다.

한편 소지에 사용된 어법이 실질적인 소지의 어법과는 달리 가사의 어법인 1인칭 자기토로 형식으로 서술되어 있다.26) 즉 등장인물이 완전하게 전경화되어 있으면서도 어법적인 측면에서는 가사의 장르적 특성을 유지하고 있는 것이다. 또한 인물들의 행위보다는 인물들의 겉모습이나 행차의 성대함 등 무시간적 상황의 묘사에 비중을 둠으로서 가사의 장르적 전통에 구속을 받고 있다.27)

<계한가>는 <순창가>보다 발전된 서사성을 갖고 있다.

일반적으로 서사가사는 1인칭 화자의 자기토로방식으로 서술되며, 사건보다는 인물중심이다. 또한 갈등 양상이 인물간의 갈등이 아니라 주인공과 세계와의 갈등이 주를 이룬다. 이에 비해 소설적 서사는 작가와 분리된 이야기꾼narrater이 있으며, 인물보다는 사건이 중심에 선다. 또한 갈등이 사건전개의 핵심적인 요소가 되며, 인물들 사이의 갈등이 세계와의 갈등보다 훨씬 우세하게 나타난다. 그리고 각각의 사건들은 인과관계 속에서 유기적으로 연결되어 계기적(繼起的)으로 일어나며, 전완성(全完性)28)을 갖는다.

---

26) "삼각산 고골풍뉴 몃 번인 줄 모를로다", "장쳥셔 비힝ᄒ던 기싱들의 탓시로다 네 쇠쌀이 아니런들 니 담이 문허지랴", "불샹이 죽는 넉슬 위로ᄒ야 주옵실가" 등에서 보는 바, 관원에게 올리는 소장이라면 당연히 존칭을 써야 하며, 상대방을 청자로 설정해야 함에도 불구하고 독백적인 어조로 서술하고 있다. 실질적인 소장에 맞는 어법은 마지막 부분의 "실낫ᄌ치 남은 목슘 하늘갓치 ᄇ라닉다" 정도이다.
27) <순창가>에 대한 자세한 논의는 박연호, 「옥국재가사의 장르적 성격과 그 의미」, 『민족문화연구』 33집(고려대 민족문화연구원, 2000) 참조.
28) 서사성은 제시된 사건들이 하나의 전완체(처음과 중간과 끝이 있는 하나의 완전한 구조물)를 이루고 있는 정도에 의존한다. 시작과 끝 둘 중에 하나만 있는 것은 서사물이 아니다. 마찬가지로 계속적인 주제가 없거나, 또는 처음과 끝 사이에 아무런 관계도 없거나, 주어진 상황의 변화에 대한 (설명적)기술이 없는 서사물, 말하자면 중간들로만 되어 있는 서사

<계한가>는 한편의 우화라고 할 수 있는데, 우화는 허구를 전제로
한 것이므로, <계한가>는 이야기꾼이 존재한다. 또한 인물보다는 다
양한 인물들 사이에서 일어나는 갈등을 축으로 사건이 전개되어 있다.
그리고 각 사건들은 모두 주제를 향해 유기적으로 연관되어 있으며,
새끼닭 이외에 복수의 전경화된 작중인물(장닭과 암탉)29)이 등장한다.
　　시점도 1인칭 주인물 시점을 사용하는 여타의 가사들과 다르다. 이
작품에서 작중화자는 물론 새끼닭이다. 전반부는 새끼닭이 등장인물이
자 작중화자로, 1인칭 주인물 시점에 의해 서술되어 있다. 그런데 후반
부는 인간들과 부모의 모습을 바라보는 1인칭 관찰자 시점에서 서술되
어 있다. 즉 1인칭 자기토로 형식에서 관찰과 보고의 형식으로 시점이
전환되어 있다. 시점의 변화는 궁극적으로 작품의 주제를 효과적으로
형상화하기 위해 시도된 것이다.
　　하지만 고전소설은 3인칭 시점이며, 가사는 1인칭 주인물 시점이라
는 점을 상기할 때, 이 작품은 시점에 있어 가사의 전통을 유지하고 있
다. 또한 시간의 역전이 없이 일방적인 방향으로 진행된다는 점 등에
서 소설적 서사와 거리가 있다.30)
　　<덴동어미화전가>는 서사가사 중 장르적 측면에서 문제적인 작품

　　물에는 사실상 서사성이 없다.
　　서사물은 사건들의 단순한 시간적 연쇄가 아니라 계층구조적 연쇄를 이
　　루어야 한다. 즉 유사한 사건들이 결합하여 좀더 크고 상이한 사건을 형
　　성한다[제랄드 프랭스 著(1982), 崔翔圭 譯, 『서사학 - 서사물의 형식과
　　기능 -』(文學과知性社, 1988)].
29) 우리가 보통 작중인물 *character*이라고 부르는 것은 그것을 단정하는 일련
　　의 명제들에 공통적인 하나의 논제, 또는 논리적 참여자이다. 논리적 참
　　여자가 하나의 작중인물로서 기능을 하자면, 배경으로 밀려날 게 아니라
　　서사물 내에서 적어도 한 번은 전경화되어야 한다. 제랄드 프랭스, 앞의
　　책, 112면.
30) <계한가>에 대한 자세한 논의는 박연호, 「우화가사 <계한가> 연구」,
　　『우리어문연구』12집(우리어문학회, 1999) 참조.

이다. 이 작품은 덴동어미의 일생이 화전놀이 속에 액자형식으로 삽입되어 있는 형식을 취하고 있다. 그리고 덴동어미 이야기 안에는 다시 황도령 이야기가 액자형식으로 삽입되어 있다. 즉 이 작품은 이중액자 형식으로 되어 있다. 덴동어미의 일생은 독립된 각각의 이야기들이 '혼인-고난-남편의 죽음-개가'라는 동일한 구조로 반복된다. 그리고 각 단락의 시상들은 덴동어미 이야기의 처음과 끝부분에 있는 개가하지 말라는 덴동어미의 당부를 통해 주제적으로 통합된다.

독립된 각각의 이야기들은 시점과 이야기전개 등에 있어 완벽한 서사물이다. '덴동어미야기' 속에 삽입된 이중액자인 '황도령이야기'를 보자.

1. 귀한 아들로 태어났다.
2. 3세와 4세에 부모를 잃었다.
3. 외조모를 의지해 살았다.
4. 14세와 15세에 외조부모도 여의었다.
5. 고아가 되어 10여 년간 남의 집 머슴살이를 했다.
6. 머슴살이 10년간 돈을 모아 참깨장사를 시작했다.
7. 참깨를 실은 배가 풍랑을 만나 파선하고 바다에서 조난을 당했다.
8. 널쪽에 의지하여 겨우 살아나 정처 없이 바다를 떠다니다가 재주도의 어느 백사장에 닿았다.
9. 어부들의 도움으로 살아나 재주읍내 본관사또를 찾아갔다.
10. 본관사또의 도움으로 고향으로 돌아왔다.
11. 고향에서 사기그릇을 파는 도부장사를 하며 겨우 먹고 살고 있다.

위에 제시된 일련의 사건들은 계기적·인과적으로 연결되어 있으며, 사건의 순서를 바꾸거나 누락시킬 수 없다는 점에서 플롯이 존재한다. 또한 황도령 자신이 1인칭 서술자가 되어 사건의 정황을 설명하고 있으며, 황도령과 어부, 본관사또 등이 등장인물로 전경화되어 있다. 따라서 한편의 완벽한 서사물이라 할 수 있다.

한편 '덴동어미이야기'는 '혼인-고난-남편의 죽음-개가'라는 구조가 반복되지만, 남편의 직업과 덴동어미의 처지는 '장이방집 며느리(며느리) → 이상찰 집 아들 이승발의 후처(군노집 머슴) → 사기장수 황도령의 처(사기장수) → 엿장수 노인의 처(엿장수)' 등으로 남편의 지위와 자신의 지위가 점점 하락할 뿐만 아니라, 고난도 점점 심해지는 방향으로 진행된다. 그리고 남편이 죽게 된 계기도 '그네줄이 끊어짐 → 머슴살이 중 괴질 → 폭우로 인한 산사태 → 화재' 등으로 사태가 점점 악화된다. 즉 사태를 증폭시키면서 동일한 구조를 반복한다.

동일한 구조의 독립된 이야기들이 반복되는 형식은 '고난-고난극복'의 구조를 갖는 설화나 민요 등에서도 자주 사용되며,[31] 누적담은 그 대표적인 예이다. 따라서 <덴동어미화전가>에서도 민담이나 민요 등 구비서사물과의 관련성을 확인할 수 있다.

<덴동어미화전가>가 대단히 장편이면서도 시점과 플롯의 측면에서 대단히 발달된 서사성을 갖을 수 있었던 이유는 서사가사이면서도 가사의 장르적 특성을 충실하게 따르고 있기 때문이다.

첫째, 주인물 시점을 견지하고 있다는 점이다. 이 작품은 덴동어미 이야기 전체를 감싸는 서술자가 있고, '덴동어미이야기'와 '황도령 이야기'에서는 덴동어미와 황도령이 각각 서술자가 된다.

두 번째는 동일한 구조의 반복에 의한 누적담 형식이 가사의 시상전개방식에 잘 부합되었기 때문이다. 가사는 조선전기부터 독립된 시상을 나열하고 통합함으로서 단락을 형성하고, 단락별로 독립된 시상들이 유사할 때는 또다시 주제적으로 통합되어 완성된 작품을 이룬다.

---

31) 조동일, 「民譚構造의 美學的·社會的 意味에 關한 一考察」, 『한국민속학총서1 - 설화』(교문사, 1989).

<덴동어미화전가>는 '혼인-고난-남편의 죽음-개가'라는 구조로 서술된 각각의 이야기가 독립된 단락을 이루고, 이것들이 모여 개가의 부당성이라는 주제로 통합된다.

가사문학에서 이런 형식은 기행가사나 교훈가사 등에서 전형적으로 사용된다. 또한 기행가사와 교훈가사에도 독립된 이야기들이 일화의 형태로 삽입되어 있다. 그러나 기행가사나 교훈가사에서의 일화들은 작품을 전개하는 데 필수적인 요소가 아니기에 생략이 가능하다. 이는 이 일화들이 플롯의 일부가 아니기 때문이다.

<덴동어미화전가>는 단락별 시상의 독립과 독립된 시상의 통합이라는 가사의 시상전개방식을 따르고 있다. 그러나 단락별로 독립된 이야기들은 덴동어미의 일생이라는 긴 이야기의 일부로 계기적·인과적으로 연결되어 있다. 또한 동일한 구조의 단순반복이 아니라 사태가 증폭되면서 반복되는 형식을 취하고 있기 때문에 순서의 교체가 불가능하다. 따라서 <덴동어미화전가>는 서술자가 존재하고 플롯의 지배를 받는 서사가사라 할 수 있다.

이중액자 형식의 '덴동어미이야기'는 분명 서사물이지만, 액자를 감싸고 있는 화전놀이의 내용은 주제장르에 해당한다. 액자밖의 덴동어미는 남편을 잃고 외로움에 몸부림치며 개가를 생각하는 젊은 과부에게 개가의 부당성과 위험성을 경고하고 수절할 것을 역설하고 있는데, '덴동어미이야기'는 구체적인 논거로 동원된 것이다. 이는 기행가사나 교훈가사에서 사용되는 일화형식의 예시와 기능상 동일하다. 이 때문에 <덴동어미화전가>를 선뜻 서사가사로 단정하기 어렵다.

그러나 기행가사나 교훈가사의 일화와 <덴동어미화전가>의 일화는 작품 내 비중에서 현저한 차이가 있다. 여타의 가사에서 일화는 구조적인 측면에서 생략해도 무방할 정도로 미미한 비중을 차지한다. 하지만 '덴동어미이야기'는 액자로 작품에서 가장 큰 비중을 차지하며, 덴동어미이야기가 없는 <덴동어미화전가>는 존재할 수 없다. 이 점에서 <덴동어미화전가>는 서사가사이며, 소설로 인식되기도 했던 것으로 생각된다.

5. 서사가사의 출현동인

조선후기 가사의 서사성 확대 내지 서사가사의 출현동인과 관련해서는 문학외적 요인과 문학내적 요인, 그리고 가사문학 내적 요인 등으로 나눌 수 있다. 기존논의에서 자주 지적했던 근대로의 지향이나 현실에 대한 관심, 현실에 대한 확대된 인식 등[32]은 문학 외적 요인이라 할 수 있다.

한편 서인석은 소설과의 갈래교섭의 원인과 예술사적 배경을 살핀 바 있다. 갈래 교섭의 예술사적 배경은 문학내적 요인이라 할 수 있으며, 소설과 가사가 모두 서민적인 것이라는 점, 소설과 함께 규방가사도 이미 19세기 중반에는 상업화의 물결을 타고 있었다는 점, 판소리나 잡가와의 교섭 등 예술의 대중화를 들고 있다.[33]

갈래 교섭의 원인으로는 먼저 조선후기 가사의 산문적 성격의 확대를 들고 있다. 산문적 성격은 내용적 측면에서 1인칭 서술자 자신의 세계에서 벗어나 현실의 경험적 측면을 수용하면서 일어났다고 하였다. 형식적 측면에서는 가창에서 음영이나 낭송방식으로 수용되면서 가사

---

32) 최원식, 김학성, 앞의 논문. 이들은 조선후기 가사 중 서사적 경향을 보이는 작품들의 출현이나 서사적 주제 양식의 극대화 경향을 반봉건 내지 근대로의 지향 또는 징후로 해석하였다. 그리고 조동일은 서사적 가사를 통해 관념을 배제하고 현실인식을 구체화하는 구실을 하게 했다고 평가했다〔조동일, 『한국문학통사』3권(지식산업사, 1994) 388면〕.
33) 서인석, 앞의 논문, 154~162면.

의 내적 리듬이 붕괴되어 나아갔던 상황, 기행가사나 유배가사의 추보식 구성 등을 지적하고 있다. 그 외 규방여성들이 가사와 소설의 중요 담당층이었다는 점에서 담당층의 확대를 지적하고 있다.34) 이것들은 가사문학 내적인 요인이라 할 수 있다.

서사가사가 출현할 수 있었던 또 하나의 가사문학 내적 요인은 가사가 조선전기부터 발전시켜온 서사적 진술방식을 들 수 있다. 가사는 조선전기부터 부분적이나마 서사적 진술방식을 사용한 바 있으며, 이 점은 기존논의에서 지적된 바 있다.

이혜전은 <상춘곡>에서 하루 동안의 생활을 순서대로 늘어놓고 있으며, 기행·유배가사에서 시간에 따라 전개되는 사건을 형상화하는 방식을 통해 서사성을 드러내주고 있다고 하였다. 이와 같은 서사성은 근본적으로 가사 자체가 갖고 있는 서술성에 기반한 것이라고 하였다. 또한 전란기를 거쳐 17세기로 넘어가면서 전기의 관념적인 자연을 묘사하는 데서 벗어나 현실적 경험의 세계로 관심이 전환된 것이 서사성 확대의 중요한 계기가 되고 있음을 지적하였다. 즉 가사는 발생초기부터 근본적으로 서술성에 기반한 서사성을 갖고 있었다는 것이다.

그는 <누항사>에서 서사성 확대의 단초를 찾고 있다. <누항사>의 소를 빌리러 가는 대목은 소를 빌리는 가는 정경을 서사적 행동 중심으로 담아내고 있으며, 화자와 소주인과의 대화를 객관적으로 드러냄으로서, 경험적 현실을 충실히 반영하려는 작가의 변모된 의식을 보여준다고 하였다.35)

이혜전은 서사의 개념을 '시간의 흐름에 따른 사건의 형상화'으로 규정하고 있지만, 최소스토리의 차원에서도 <상춘곡>의 후반부는 서사적 진술방식으로 서술되어 있다.

---

34) 서인석, 앞의 논문, 30~45면.
35) 이혜전, 앞의 논문, 7~10면.

和風이 건듯 부러 綠水를 건너오니 / 淸香은 잔에 지고 落紅은 옷새 진다 / 樽中이 뷔엿거든 날ᄃᆞ려 알외여라 / 小童 아ᄒᆡᄃᆞ려 酒家에 술을 믈어 / 얼운은 막대 집고 아ᄒᆡᄂᆞᆫ 술을 메고 / 微吟 緩步ᄒᆞ야 시냇ᄀᆞ의 호자 안자 / 明沙 조흔 물에 잔 시어 부어 들고 / 淸流를 굽어 보니 ᄯᅥ오ᄂᆞ니 桃花ㅣ로다 / 武陵이 갓갑도다 뎌 ᄆᆡ이 권거인고 / 松間細路에 杜鵑花를 부치 들고 / 峰頭에 급피 올나 구름 소긔 안자보니 / 千村萬落이 곳곳이 버러잇다 <상춘곡>

인용문은 '① 화풍(和風)이 불었다 → ② 녹수(綠水)를 건너 술을 먹었다 → ③ 홍취가 고조된다 → ④ 술이 떨어졌다. → ⑤ 술을 사왔다. → ⑥ 시냇가에 앉아 혼자 술을 먹는다. → ⑦ 청류(淸流)에 도화(桃花)를 본다. → ⑧ 무릉이 가깝다고 생각했다 → ⑨ 무릉을 찾아 산으로 올라갔다. → ⑩ 구름 속에 앉아 마을을 내려다 본다'라는 10개의 사건으로 나눌 수 있다. 이것들은 다시 ①②③, ④⑤⑥, ⑦⑧⑨⑩의 세 가지의 보다 큰 사건으로 나눌 수 있다.

이중 첫 번째 사건인 ①②③에서 ②는 ①로 인해 생긴 홍취를 고조시키기 위한 행위이고, 결과적으로 ③의 상태로 나아갔다는 점에서 최소스토리가 성립된다. 두 번째 사건인 ④⑤⑥에서도 ⑤는 ④의 상태를 ⑥의 상태로 변화시키며, 시간의 연쇄 속에서 인과적으로 연결되어 있으므로 최소스토리를 형성한다. 세 번째 사건인 ⑦⑧⑨⑩에서도 ⑨는 무릉을 찾으려는 욕구(⑦⑧)를 해소(⑩)하는 계기가 된다는 점에서 최소스토리를 형성한다. 또한 세 개의 사건은 '홍취를 고조하기 위해 술을 먹었고 → 술이 떨어져 술을 사다 먹었으며 → 술을 먹다가 도화를 보고 무릉을 찾기 위해 산으로 들어가 무릉을 찾아낸다'에서 나타나는 바 계기적으로 연결되어 보다 큰 스토리를 형성한다.

17세기를 분기점으로 확대되기 시작한 서사적 진술방식은 18·19세기로 오면서 일화형태의 삽입서사형식으로 발전하여 가사의 중요한 진술방식이 된다. 구강의 <북세곡>이나 김진형의 <북천가>에 보이는 일화들은 자체로 하나의 유기적인 이야기로 성립될 정도로 발전된 양상을 보인다.

김진형의 <북천가(北遷歌)>는 배소에서 관원들로부터 받은 환대와 군산월과의 애정행각에 초점을 맞추어 서술하고 있는데, 각각의 만남에서 일어난 일들을 주로 대화체와 인물들의 행위, 상황 등을 묘사함으로서 장면화하고 있다. 각 장면들은 서사적 진술방식으로 서술되어 있을 뿐만 아니라 군산월과 관련된 일화(장면)들은 인과적으로 연결되어 구조적으로도 거시시퀀스를 이루고 있다.

하지만 이외의 장면들은 개별적인 일화형식으로 나열되어 있으며, 군산월과의 애정행각도 서술자 이외의 초점화자는 오로지 한 사람으로 제한되어 있어 '군산월이야기'만을 독립시켜 보더라도 소설적 서사와는 거리가 있다.

한편 <북시곡>은 특히 일화가 많이 삽입되어 있는데, 대화나 행위 묘사 등 장면화되어 있는 것이 특징이다. 그리고 기존의 기행가사와는 달리 경물묘사[36]의 비중은 지극히 약하고, 대신에 사람살이의 다양한 모습들에 대한 묘사가 중심을 차지하고 있으며, 그것들은 대부분 일화형식으로 서술되어 있다. <북시곡>에서 일화형식으로 제시된 부분들은 다음과 같다.

1. 북관의 첫 경우지인 석왕사에 도착하여 옷을 구걸하는 중을 만나 후일을 기약한 일.
2. 원산의 문천역촌에 들어가 다리 아래 연어장수와 거래를 하며 수작한 일.
3. 영흥관청에서 과질(유과)을 먹던 일.

---

[36] 경물묘사도 산수의 아름다움보다는 지형적 험난함을 부각시킴으로서 북관민의 고달픈 삶과 연결시키고 있다.

4. 함흥에서 일행이 홍원·북청 방면과 장진 방면으로 갈라지던 일.
5. 장진 가는 길에 장진에서 도망쳐 나오는 유랑민과 만난 일.
6. 육진으로 향하다가 사공을 만난 일.
7. 육진에서 장사꾼으로 가장하여 질청에 들어갔다가 아전에게 당한 일.
8. 무산으로 가는 길에 민가(태산촌, 남계촌)에 들렀다가 겪은 일.
9. 무산으로 가는 길에 강을 건너지 못할 때, 사냥꾼의 도움을 받은 일.
10. 경원부의 서성 밖에서 소주장사를 만난 일.
11. 종성에서 어사출도한 일.
12. 부령 가는 길에 원집에서 해충과 화재로 고생한 일.
13. 부령의 수성역촌에서 이별감의 딸을 사모하는 석도령과 만난 일.
14. 북병사를 만나러 경성에 들어갔다가 병사는 못 만나고 대접만 받은 일.
15. 석도령과 이별감의 무남독녀를 중매한 일.
16. 길주에 도착하여 20년 전에 인연을 맺었던 기생 송월을 만난 일.
17. 돌아오는 길에 석왕사에 들렀다가 올 때 만난 중과 만난 일.

이외에도 북관지방의 험로를 경유하면서 겪은 크고 작은 고난들이 제시되어 있다. 인용문에서 알 수 있는 바, 일화가 제시된 지역은 거의 모든 경유지를 포괄하고 있다. 빠진 지역은 마지막 경유지인 단천인데, 단천은 비교적 물산이 풍부하고 살기 좋은 곳이라서 물산과 경제 상황만이 서술되어 있다.

따라서 위의 17개의 일화들 중 마지막 일화를 제외하면 모두 어사의 임무를 수행하는 과정에서 경험한 일들이며, 마지막 일화는 첫 번째 일화와 연결되어 있다.

이렇게 모든 경유지마다 일화를 관찰자적 시점으로 서술함으로서 독자는 서술자와 함께 객관적 거리를 유지한 채 작중상황을 들여다보게 된다. 하지만 <북새곡>의 일화들은 무계기적으로 삽입되어 있어서, 유기적인 사건들이 시간의 연쇄 속에서 진행되는 서사물과는 차이가 있다.

17개의 일화를 성격별로 나누어 보면, 1, 2, 13, 15, 17은 암행과정에서 현지인과 부딪히면서 겪은 재미있는 사건에 해당하며, 3, 10, 14는 지방관으로부터 대접 받은 사건, 4, 11은 공무, 5는 북관민의 피폐한 실상을 알게 된 사건, 6, 9, 12는 암행과정에서 겪은 고난과 북관민의 도움을 받은 사건, 7, 8은 북관지역의 고약한 지배층에게 봉변을 당한 사건, 16은 개인적인 인연에 해당한다.

이중 3, 6, 9, 10, 12, 14는 행위묘사나 대화가 없이 상황묘사만으로 장면화되어 있으며, 나머지는 모두 인물의 행위와 대화를 통해 장면화되어 있다. 따라서 보다 생동감있게 서술된 부분은 현지인과 만나서 겪었던 소화(笑話)와 공무수행과정, 북관민의 피폐한 실상, 북관지역 지배층의 횡포 등이다.

일화 중 '석도령 이야기'는 회령과 부령의 혼인풍속을 풍자하는 과정에서 제시된 것이며, 연어장수와 수작한 사건은 지방의 풍물과 습속을 알리기 위해 소개한 것이다. 그리고 석왕사 중과의 만남은 가난한 사람에게도 어떻게 든 시주를 받으려는 승려의 탐욕을 풍자하기 위해 제시한 것이다. 따라서 작품의 주제와는 관련이 거의 없다.

이 일화들은 시종일관 북관민의 피폐한 삶과 북관의 지리적 열악함을 제시함으로서 상황의 심각성을 고발하기 위해 제시되었다. 하지만 열악한 상황을 해학적으로 서술함으로서 이형대가 지적한 바[37] 자술적 형식과 견문한 것들에 대한 산만한 나열의 단조로움 내지 지루함을 웃음으로 해소하고 있다.

한편 '석도령 이야기'와 '석왕사 중 이야기'는 두 개의 일화로 나뉘어져 있으면서 각각의 일화가 유기적으로 연결되어 있어 자체로 하나

---

37) 이형대, 「<北塞曲>의 표현방식과 작품세계」, 『19세기 시가문학의 탐구』(고려대학교 고전문학한문학연구회, 집문당, 1995), 233면.

의 이야기를 형성하고 있다. 따라서 두 일화는 서사성의 측면에서 주목을 요한다. 두 일화는 이 작품이 단순한 경험의 나열을 넘어서 하나의 통일되고 완결된 이야기구조로 나아가려 하고 있음을 의미한다.

석왕사 중과의 만남이 여행의 서두와 말미에 등장할 수 있었던 것은 암행어사로서의 직무를 수행했던 시간뿐만 아니라 돌아오는 여정38)까지 서술하고 있기 때문이다. 출발한 위치로 다시 돌아오는 작품의 전개는 석왕사 중과의 만남으로 시작해서 끝맺는 구조와 맞물려 이 작품을 '닫힌 구조'로 인식하게 한다.39) 이는 이 작품이 경험의 단순한 나열이 아닌 하나의 완결된 서사로 인식할 수 있는 환경을 조성한다.

또 하나 이 작품이 다른 기행가사에 비해 상대적으로 서사성이 강하게 느껴지는 이유는 일화 이외의 부분도 요약적 서술보다는 대부분 묘사를 통해 제시하고 있기 때문이다. 이 작품에서 일화가 아닌 부분에서 묘사로 서술된 것은 여행과정의 고난(당진 가는 길, 육진 가는 길, 무산 가는 길, 경원 가는 길, 부령 가는 도중 원집에서, 함흥 가는 도중 함관령에서), 외형묘사(화자의 행색, 북청 가는 길에 남여를 맨 사람들의 뿔체탕건 쓴 모습, 영흥기생들의 못생긴 모습), 풍속과 생활상태의 상황묘사(육진의 민가와 풍속, 후주민의 생활과 풍속, 후주기생들의 생존방식, 삼수·갑산·무산의 풍속, 접경지역의 상황, 단천의 물산과 경제상황, 북청의 우물과 풍속, 영흥에서 관장들이 기생을 빼가는 행태,

---

38) 북청 → 함흥 → 정평 → 영흥 → 고원 → 덕원 → 안변<석왕사> → 남관 → 철령 → 집.
39) 대부분의 기행가사는 여행과정에서 견문한 바를 무계기적으로 나열하고, 그 과정에서 느낀 감회를 토로하는 것으로 작품을 마무리한다. 이 경우 작품은 끊임없이 확장될 소지를 안고 있어서 '열린 구조'라 할 수 있다. 하지만 <북시곡>은 중간에 좀 더 많은 경험이 삽입될 수는 있지만 이야기의 내용은 더 이상 연장될 수 없다는 점에서 '닫힌 구조'라 할 수 있다. <북관곡(北關曲)>도 '닫힌 구조'로 되어 있다.

남관에서 傍人들에게 이야기한 북관의 풍속) 등이며, 이외에 험준한 산수의 풍경묘사가 있다.

이중 인물의 외양묘사는 해학적인 성격이 강하며, 여행과정의 고난, 북관지방의 풍속과 민의 생활 등의 상황묘사는 비극적인 성격이 강하다.

이상의 인물의 외양과 상황에 대한 묘사는 스냅사진을 보는 듯한 느낌을 준다. 이것을 통해 독자는, 활동사진에 비의될 수 있는 일화에서는 얻을 수 없는, 작중상황에 대한 보다 포괄적이고 상세한 정보를 얻게 된다. 즉 인물이나 상황묘사를 통한 정태적(情態的) 화면은 일화를 통해 제시된 동태적(動態的) 사건의 원인을 파악할 수 있게 한다.

이 작품은 일화의 연속을 통해 단속적으로 제시된 북관민의 삶의 양태들을 상황묘사를 통해 연결함으로서 북관민의 삶의 양태와 환경을 포괄적으로 인식하게 한다. 반대로 단속적으로 제시된 일화들은 상황묘사에 힘입어 제한적이나마 유기적 연결성을 가짐으로서 서사성을 획득하게 되는 것이다. 일화와 상황묘사는 상보적인 관계를 유지하고 있는 것이다.

또한 객관세계의 사건이나 상황에 대한 묘사의 비중이 압도적인 관계로 독자는 작중 상황에서 일정정도의 거리를 유지한 채, 서술자의 경험을 관찰하며, 서술자가 관찰한 바를 작가와 동일한 위치에서 관찰할 수 있는 것이다.

서술자 자신의 경험을 관찰자적 입장에서 본다는 것은 자신의 경험을 대상화·객체화함을 의미한다. 즉 중심화자는 자신의 감정을 토로함으로서 독자를 작중상황으로 끌어들이는 서정적 관습에서 벗어나, 특정한 이야기(자신의 이야기든 남의 이야기든 불문하고)를 대상화하고 이를 독자와 동일한 위치에서 관찰·공유하려 한다.

이런 점에서 <북세곡> 화자는 서사장르의 서술자와 유사하며, 이 작품이 상대적으로 강한 서사성을 갖게 된 원인도 여기에 있다. 하지만 전체의 사건이 유기적으로 연결되어 있지 않기 때문에 장르자체의 성격은 기존의 기행가사와 동일하다고 할 수 있다.

이처럼 조선후기 가사에는 많은 일화들이 여러 가지 면에서 소설적 서사의 진술방식을 사용하며 나타나고 있다. 하지만 서사장르로 실현되지 않은 작품들에서의 일화들은 상황이나 사건, 고사 등을 객관적이고 구체적으로 전달하기 위해 동원된 것들이다. 따라서 이것들은 대부분 주제장르의 작품들에서 많이 사용되었다. 반면에 <덴동어미화전가>는 이와 같은 일화형태의 삽입서사 형식이 유기적으로 연결됨으로서 서사장르로 발달한 전형적인 예이다.

서사가사가 출현할 수 있었던 또 하나의 중요한 요인은 구비서사물의 가사화이다. 대부분의 서사가사는 여항에서 유통되던 짧은 구비서사물들을 가사화한 것으로 보인다.[40] 구비서사물을 가사화할 수 있었던 것은 첫째 조선후기에 구비서사물이나 야담에 대한 관심이 증대했으며, 둘째 그것들을 가사문학에 담아낼 수 있도록 가사체가 보편적인 표현수단으로 자리를 잡았던 것이 중요한 요인으로 작용한 것으로 보인다. 서사가사가 주로 규방에서 유통되었다는 점은 소설과 더불어 규방여성들이 여항의 이야기들을 활발하게 즐겼음을 의미하는 것으로 생각된다.

6. 결론

지금까지 조선후기 서사가사의 범위와 출현동인에 대해서 살펴보았

---

[40] 자세한 논의는 박연호, 「조선후기 가사의 장르적 특성」, 『한국시가연구』 13집(한국시가학회, 2003) 247~248면.

다. 그 결과 기존 논의에서 서사가사로 거론되었던 작품들 중 많은 것들이 다른 장르로 귀속되어야 함을 밝혔다. 서사(적) 가사의 범위가 이렇게 논자마다 달랐던 가장 큰 이유는 가사에 구현된 서사의 개념을 기법적 차원에서 보는 경우와 장르적 차원에서 보는 경우가 있었기 때문이다.

전자의 경우 가사를 교술이나 주제적 양식 등의 단일장르로 보고 <관동별곡>에서부터 조선후기 기행가사나 현실비판 가사에 이르기까지 다양한 차원에서 사용된 서사적 진술방식에 초점을 맞추고 있다. 그리고 조선후기 가사의 서사성 강화의 가장 중요한 원인을 현실에 대한 관심에 두고 있다.

그러나 서사적 진술방식의 질적·양적 확대가 반드시 현실에 대한 관심의 확대나 근대로의 지향으로 해석할 수 있을지는 의문이다. 기법적 차원의 서사적 진술방식은 서사가사뿐만 아니라 교훈가사에서도 나타나기 때문이다.

장르적 차원의 문제로 보는 경우에도 서사가사의 범위가 서로 다른데, 이는 인물과 사건, 허구성 등을 서사의 개념으로 설정하고 있기 때문이다. 그러나 서사장르의 가장 핵심적인 조건은 서술자와 플롯이다. 기존논의에서는 서술자나 인물에만 초점을 맞추었을 뿐, 플롯에는 거의 주목하지 않았다. 때문에 최소스토리만이 존재하고 플롯이 없는 작품들도 서사가사로 인식했던 것이다. 이렇게 볼 때, 기존논의에서 서사(적)가사로 논의되었던 작품들 중 많은 작품들이 제외되어야하며, 일부의 가사는 진술방식의 차원을 넘어 서사장르로 실현되었음을 확인하였다.

서사가사의 출현동인에 대해서는 근대로의 지향과 현실인식의 확대 등 문학외적 요인 외에 조선전기부터 사용되던 서사적 진술방식의 발전, 구비서사물의 가사화 등이 중요한 요인으로 작용했으며, 거의 모든 국문문학을 함께 향유했던 규방공간의 특수성도 또 하나의 중요한 요인이 되었을 것으로 생각한다.

　서사장르로서의 가사의 특성을 보다 구체적으로 이해하기 위해서는 서사민요나 야담 등 구비서사물들과의 비교를 통해 가사만이 갖고 있는 서사장르적 특성을 규명할 필요가 있다.

조선후기 가사의 장르적 특성*

1. 서론

조선전기와 비교할 때, 조선후기 가사는 담당층, 내용, 형식, 작품수 등의 측면에서 매우 다양하고 풍성하다. 때문에 가사문학사에서 조선 후기는 보급기 또는 보편화기, 변화기 등으로 불린다.1) 뿐만 아니라 장르적인 측면에서도 다양한 방향으로 분화된다는 점에 대해서는 대체로 의견의 일치를 보인다.

조선후기 가사의 장르 분화 양상과 관련된 중요한 문제는 그것이 장르적 차원의 문제인가, 아니면 단순한 진술방식이나 서술방식 등 양식적 차원의 문제인가에 관한 것이다. 양식차원의 문제로 보는 시각은 가사를 단일장르로 보고, 조선후기에 가사가 특정한 장르의 자장 안에

---

* 이 논문은 2001년도 한국학술진흥재단의 지원에 의하여 연구되었음 (KRF-2001-003-A00045)
1) 조윤제(『韓國文學史』)는 작자층의 확대에 주목하여, 이 시기를 '가사의 보급'이라 규정하였으며, 서원섭(『歌辭文學論考』)도 '發展普及期'로 규정하였다. 그리고 정재호(『韓國歌辭文學論』)는 '보편화기'로, 이동영 (『歌辭文學論考』)은 '작품의 융성'이라 명명하였다. 반면에 박성의(『韓國歌謠文學論과 史』)는 이 시기 가사가 형식적 내용적으로 변화한 시기라는 점에서 '변화기'라고 규정하였고, 홍재휴(『歌辭文學論』)도 '변이기'라고 명명하였다.

서 서술기법이나 담화양식 등 양식적 차원에서 다양해졌다고 본다. 반면에 장르차원의 문제로 보는 시각은 가사를 복합장르로 보고 조선후기에 다양한 장르로 분화되었다고 본다.

여기에는 역사적 장르와 이론적 장르의 관계나 개별 장르의 개념규정 문제 등이 다층적으로 얽혀 있다. 이 문제는 각 장르의 개념규정을 재검토하고 작품을 구체적으로 분석해봄으로서 해결될 것이다.

한편 기존논의에서는 조선후기에 가사장르가 다양하게 분화되었다는 사실과 그런 현상이 갖는 근대적 의미에 초점을 맞추고 있다. 또한 장르분화의 원인과 각 계열의 산출기반에 대해서는 담당층의 확대와 근대적 지향 등이 거론되었다. 그러나 조선후기 가사문학사에서 각 계열들이 차지하는 비중은 전혀 다르다는 점에서 장르적 향방을 살펴볼 필요가 있다. 장르분화의 원인과 산출기반에 대해서도 좀더 직접적이고 구체적인 측면에서 접근해야 한다고 생각한다.

이전 논의에서 필자는 조선전기 가사를 중심으로 역사적 장르로서의 가사의 특성이 독립된 시상의 나열과 통합이라는 시상전개방식에 있음을 밝힌 바 있다. 마지막으로 이 글에서는 이러한 시상전개방식이 조선후기가사에도 적용될 수 있는지, 장르에 따라 어떤 특성이 있는지 살펴볼 것이다.

2. 장르분화의 차원

조선후기 가사 장르론에서 중요한 쟁점 중 하나는 장르분화가 장르와 양식 중 어느 차원에서 일어났는가에 대한 문제이다.[2] 이는 가사를

---

2) 일반적으로 장르genre란 문학작품을 유사성에 따라 나누는 분류체계를 의미한다. A. 파울러는 장르란 분류를 위한 것이 아니라고 여러 번 역설하고 있는데, 이는 역설적으로 기존의 장르론자들이 장르를 분류체계로 이

단일장르로 볼 것이냐 아니면 복합장르로 볼 것이냐의 문제와 관련되어 있다.

역사적 장르와 이론적 장르가 1:1 대응 관계에 있어야할 아무런 논리적 필연성이 없다는 사실은 성기옥3)에 의해 충분하게 해명되었다고 생각한다. 그럼에도 불구하고 새삼 이 문제를 다시 거론하는 것은 역사적 장르와 이론적 장르가 1:1 대응을 이루어야한다는 시각이 전제된 논의가4) 여전히 제출되고 있기 때문이다.

해하고 있음을 반증한다[Alastair Fowler, *Kinds of Literature*, Harvard Univ. Press ; Cambridge, Massachusetts, 1982. Chapter 3 Concept of Genre 참조]. 반면에 양식mode은 문학을 체계적으로 분류하기보다는 용어 자체가 갖고 있는 기대지평, 즉 관념만을 표현한다. 즉 '풍자적', '낭만적', '영웅적'처럼 정조나 이미지, 관념 등을 나타내는 것으로 이야기되고 있다. 양식은 애초부터 분류가 아닌, 다양한 속성들을 이해할 목적으로 고안된 개념인 것이다.

3) 성기옥, 「국문학연구의 과제와 전망-국문학의 범위와 장르 문제를 중심으로-」, 『이화어문논집』 12집(이화여대 한국어문연구소, 1992). 필자도 이전 논의의[「장르구분의 지표와 가사의 장르적 특성」, 『고전문학연구』 17집(한국고전문학회, 2000), 162~163면]에서 이 문제를 언급한 바 있다.
서정장르에 해당하는 역사적 장르의 명칭이 서구(ode, pastoral, elegy 등)에서는 내용이나 주제에 따라 부여된 반면, 동양(절구, 율시, 시조, 가사)에서는 형식에 따라 명칭이 부여되었다. 때문에 서구에서는 서정장르도 이론적 장르와 역사적 장르가 대부분 1:1 대응을 이루지만, 동양에서는 그렇지 못한 것이다.

4) 성무경은 장덕순과 주종연의 가사 장르논의를 비판하면서 "이들 논의의 한계는 '양식'의 속성에 주목했음에도 불구하고 그것의 실제 운용이 유개념과 그것의 하위 개념 사이를 정확히 분별 적용하지 못함으로써 <u>하나의 역사적 장르인 가사를 2분 또는 3분해 놓는 결과를 가져왔다</u>는 데 있다 [성무경, 「가사의 존재양식 연구」(성균관대 박사논문, 1997) 19면. 인용]"고 비판하였다.
장덕순과 주종연의 개념 운용상의 문제는 논외로 하더라도, 그는 밑줄 친 부분에서 하나의 역사적 장르는 하나의 이론적 장르에 대응되어야한다는 시각을 견지하고 있다. 나아가 그는 "가사의 존재양식은 개별 작품, 역사적 장르, 이론적 장르를 추상적인 실체로 일원화하여 파악하는 문학적 원

먼저 <상사별곡>을 보자. <상사별곡>은 님과 이별한 화자의 비극적 정서와 심리적 상태를 표현함으로서 화자의 비극적 정서와 님에 대한 사랑의 크기를 토로하고 있다. 인용문을 보자.

① 공방미인 독상사가 녜로붓터 이러ᄒ가 / 너 ᄉ랑 ᄒᄂ 긋티 임도 날을 싱각ᄂ가 / 날 ᄉ랑 ᄒᄂ 믓터 놈 ᄉ랑 ᄒ려ᄂ가 / 만첩청산 들어간들 어늬랑군 날 찾으리 / 산은첩첩 고개되고 물은 충충 소이로다 / 오동추야 밝은 달에 님 생각이 새로왜라 / 무정ᄒ여 그러ᄒ가 유정ᄒ여 이러ᄒ가 / 산계야목 길을 쓰려 도라올 줄 모로ᄂ가 / 노류장화 썩거 쥐고 춘색으로 단기ᄂ가 / 가는 길 자최 업셔 오는 길 무듸거다 / ᄒ 번 죽어 도라가면 다시 보기 어려오리 / 녯 정이 잇거든 다시 보게 삼기소셔

② 전생 차생 무슴 죄로 우리 두리 삼겨나셔 / 잇지마자 처음 밍세 죽지마자 백년기약 / 천금같이 믿엇드니 세상일에 마가 많다.

①은 탄식과 상상, 기원을 통해 님에 대한 그리움과 기다림의 정서를 토로하고 있다. 님도 나만큼 나를 사랑하는지, 다른 사람을 사랑하는 건 아닌지, 아무 것도 알 수 없고 안타까울 뿐이다. '만첩청산~소이로다'까지는 님에게 자신은 완전히 잊혀진 존재이고 님에게 갈 수도 없는 상황을 노래하고 있다. 오동추야 밝은 달에 님을 생각하며, 돌아오지 않는 님을 원망하며, 다시 볼 수 있기를 기원한다. "녯 정이 잇거든 다시 보게 삼기소셔"라는 기원까지 화자의 애절한 내면을 토로하고 있다.

②는 표면적으로 화자의 정서를 직설적인 언어로 설명하고 있는 것처럼 보인다. 영원한 사랑을 기약했는데 세상일에 마가 많아서 이별하

리일 수밖에 없다"고 하였다〔같은 논문, 5면〕.

게 되었다는 것이다. 그러나 이 것도 다른 부분들과 마찬가지로 님과 이별한 화자의 비극적 상황에 대한 탄식에 다름 아니다. 믿음이 큰 만큼 절망도 큰 것이다.

이 작품은 전체가 자신의 처지나 정서를 객관적으로 설명하는 것이 아니라 비극적 정서를 토로하고 있다. 따라서 서정적 양식의 지배를 받는 서정장르에 해당된다고 할 수 있다.

다음은 주제장르를 보자. 이상수(1820~1882)의 <금강별곡>(1856)에서는 여정이 날짜별로 서술되어 있으며, 그 과정에서 보고 듣고 경험한 사항들을 차례대로 나열, 서술하고 있다. 개별 경물들은 화자의 정서표출을 위한 매개체가 아닌 경험적 사실 그 자체로 제시된다. 인용문을 보자.

① 김동이라 ᄒᆞ는 스람 불도를 조화ᄒᆞ여 / 쳐ᄌᆞ를 거ᄂᆞ리고 산 듕의 암자 지어 / 난옹더ᄉ 도승으로 지조를 겨루려고 / 예순 부쳐 식인 후의 쳔벌 마져 몰ᄉᆞᄒᆞ고 / 그 집이 소이 되여 못 가온디 기단 돌이 / 김동의 관곽이요 그 압헤 업된 돌은 / 그 아달 삼형계가 굴건 졔복 모양이라.

② 빅화암을 드러가니 졍솨ᄒᆞ고 명낭ᄒᆞᄃ / 포훈ᄉ를 올나가니 법당 구경 더욱 조회 / 셕가산이 긔묘ᄒᆞᆫ디 법긔보살 뫼셔 잇고 / 부쳐 그린 큰 주ᄌ는 그림 솜시 명화로다 / 쇠로 민든 젹은 탑의 오십삼불 담아 잇고 / 부쳐 압헤 오동 향노 원나라 쩍 물건이라 / 놋시루도 큼도 크다 칠십 두가 든다 ᄒᆞ네.

③ 셔으로 올나가니 졍양ᄉ이 거긔로다.[5]

---

5) 강전섭 소장 필사본, 역대가사문학전집22.

①은 김동전설로, 못과 바위에 얽힌 이야기가 자세하게 설명되어 있다. 그리고 ②에는 표훈사의 법당과 석가산, 탱화, 탑, 향로, 놋시루 등이 자세하게 설명되어 있다. ③의 정양사도 마찬가지이다.

　이와 같이 조선후기 기행가사는 일반적으로 여정에서 견문한 바를 하나하나 객관적으로 자세하게 설명하려는 경향이 강하다. 그 이유는 조선후기 기행가사가 대부분 자신이 여행한 곳을 가보지 못한 사람들을 위한 안내서 내지 여행 대용물로 씌어졌기 때문이다. 그로 인해 보고적 성격이 강하게 나타나는 것이다.[6] 객관적 사실이나 정보를 보고적 문체로 제시하고 있다는 점에서 주제적 양식에 해당하며, 이러한 특성이 이 작품을 지배하는 원리로 작용한다는 점에서 주제장르에 해당한다.

　가사 중에는 서사장르에 해당하는 작품도 있다. <계한가>를 보자. <계한가>의 줄거리를 정리하면 다음과 같다.

① (새끼닭은 가난한 집에 태어났다) → (배가 고파) 이웃집의 곡식을 보고 덕석으로 다가갔다. → 이웃집 주인과 개에게 쫓겨 집으로 돌아왔다. → 배고픔을 못 이겨 죽기를 각오하고 주인집 채독에 뛰어 들었다. → 주인에게 발각되어 봉변을 당했다 → 주인 원망 → 할 수 없이 젖은 땅 진똥을 뒤적이며 벌레를 찾고 있었다. → 보는 사람마다 더럽다고 침을 뱉었다.

② 며칠 후 손님이 왔다 → 손님 접대를 위해 닭을 한 마리 잡으라고 하였다 → 죽지 않으려고 피했으나 결국 선택되었다. → 닭 잡는 모습(모가지

---

[6] 조선후기 기행가사 중 많은 작품들이 독자를 상정하고 있다. 자세한 논의는 장정수, 「금강산 기행가사의 전개양상 연구」(고려대 박사논문, 2000) 86~88면. 참조.

를 비틀어 마당에 던졌다 → 아이들이 털을 뽑았다 → 물에 가서 씻었다. → 피는 개가 핥아먹고, 내장은 오작이 물어가고, 밥통의 곡식은 조작이 주어 먹고, 깃은 아이들 차지가 되었다 → 탄식) → 끓는 물에 들어가자 넋이 화기(火氣)에 날아가 처마에 앉았다.

③ 주인집의 모습(안마누라는 국물만 마시고, 여비(女婢)들은 못 먹는다고 화를 내며, 아이들은 적다고 투정한다. 손님은 고기를 잘 먹었다고 주인을 치하한다) → 탄식

④ 부모가 있는 닭장으로 왔다. → 닭장 안의 모습(암탉의 신세 한탄 → 수탉의 꾸지람)

인용문에 제시된 바, <계한가>는 크게 네 장면으로 나뉜다. 각각의 장면들은 닭의 시선에 따라 이동, 전환된다. 각 장면의 사건들은 인과적, 계기적으로 연결되어 하나의 이야기선story-line을 형성하고 있다. 그리고 네 개의 장면들은 유기적으로 연결되어 이야기를 완결시키고 있다. 따라서 이 작품은 플롯의 지배를 받는다고 할 수 있다.

<계한가>는 우화라고 할 수 있는데, 우화는 허구를 전제로 한 것이므로, <계한가>는 이야기꾼이 존재한다. 또한 인물보다는 다양한 인물들 사이에서 일어나는 갈등을 축으로 사건이 전개되어 있다. 그리고 새끼닭 이외에 대화형식을 통해 복수의 전경화foreground된 작중인물(장닭과 암탉)7)이 등장한다.

---

7) 보통 작중인물character이라고 부르는 것은 그것을 단정하는 일련의 명제들에 공통적인 하나의 논제, 또는 논리적 참여자이다. 논리적 참여자가 하나의 작중인물로서 기능을 하자면, 배경으로 밀려날 게 아니라 서사물 내에서 적어도 한 번은 전경화되어야 한다. 제랄드 프랑스 著(1982), 崔翔圭 譯, 『서사학 - 서사물의 형식과 기능-』(文學과知性社, 1988). 112면.

시점도 1인칭 주인물 시점을 사용하는 여타의 가사들과 다르다. 이 작품에서 작중화자는 새끼닭이다. 전반부는 새끼닭이 등장인물이자 작중화자로, 1인칭 주인공시점에 의해 서술되어 있다. 그런데 세 번째 장면부터는 인간들과 부모(수탉과 암탉)의 모습을 바라보는 1인칭 관찰자 시점에서 서술되어 있다. 즉 1인칭 자기토로 형식에서 관찰과 보고의 형식으로 서술되어 있다. 따라서 이 작품은 서사장르에 해당한다고 할 수 있다.[8]

순창(淳昌) 하리(下吏) 최윤재가 의녀(醫女)들을 고발한 사건을 소재로 한 <순창가(淳昌歌)>도 대표적인 서사가사에 해당한다. 이 작품은 부도덕한 지배층의 횡포에 시달리는 지방하리와 기생의 비극적 삶이라는 역사적 사실을 해학적으로 그려내고 있다.

이 작품은 전반부에 순창 하리 최윤재의 소장이 제시되어 있고, 후반부는 소장을 접수한 후의 재판과정이 서술되어 있다. 소장의 초점화자는 최윤재이며, 재판과정을 서술하고 있는 후반부에는 사또, 기녀, 서술자 등 여러 명의 인물들이 초점화자로 전경화되어 있다. 게다가 사건의 전개가 기생과 순창하리 간의 갈등을 축으로 전개되고 있다. 특히 가사가 일반적으로 1인칭 자기토로 형식으로 서술되는 반면, <순창가>에서는 사건의 전말을 대화형식으로 서술하고 있다.[9]

일반적으로 가사는 1인칭 화자의 자기토로방식으로 서술되며, 서사장르로 실현되더라도 사건보다는 인물중심이다. 또한 갈등 양상이 인물간의 갈등이 아니라 주인공과 세계와의 갈등이 주를 이룬다. 이에 비해 소설 등의 서사장르는 작가와 분리된 이야기꾼*narrator*이 있으며,

---

8) <계한가>에 관한 자세한 논의는 박연호, 「우화가사 <계한가> 연구」, 『우리어문연구』12집(우리어문학회, 1999) 참조.
9) <순창가>에 관한 자세한 논의는 박연호, 「옥국제 가사의 장르적 성격과 그 의미」, 『민족문화연구』33호(고려대민족문화연구원, 2000) 참조.

인물보다는 사건이 중심에 선다. 또한 갈등이 사건전개의 핵심적인 요소가 되며, 인물들 사이의 갈등이 세계와의 갈등보다 훨씬 우세하게 나타난다. 그리고 각각의 사건들은 인과관계 속에서 유기적으로 연결되어 계기적(繼起的)으로 일어나며, 전완성(全完性)[10]을 갖는다.

이런 점에서 <계한가>와 <순창가>는 분명히 서사장르에 해당되며, 조선후기 서사가사 중에서도 상대적으로 소설적 서사[11]에 훨씬 접근한 작품이라 할 수 있다.

3. 장르분화의 원인과 향방

앞장에서 살펴본 바, 조선후기 가사는 서정장르와 서사장르, 주제장르 등 장르적 차원에서 분화가 일어났음을 알 수 있다. 다음은 조선후기 가사가 서정과 서사, 주제 장르로 분화된 원인과 각 계열이 조선후기 가사문학사에서 차지하는 비중과 의미, 산출기반 등에 대해 살펴보기로 하겠다.

장르분화가 장르적 차원에서 일어났음은 앞장에서 확인한 바와 같

---

10) 서사성은 제시된 사건들이 하나의 전완체(처음과 중간과 끝이 있는 하나의 완전한 구조물)를 이루고 있는 정도에 의존한다. 시작과 끝 둘 중에 하나만 있는 것은 서사물이 아니다. 마찬가지로 계속적인 주제가 없거나 처음과 끝 사이에 아무런 관계도 없거나 주어진 상황의 변화에 대한 (설명)기술이 없는 서사물, 말하자면 중간들로만 되어 있는 서사물에는 사실상 서사성이 없다. 또한 서사물은 사건들의 단순한 시간적 연쇄가 아니라 계층구조적 연쇄를 이루어야 한다. 즉 유사한 사건들이 결합하여 좀더 크고 상이한 사건을 형성한다[제랄드 프랭스, 앞의 책].
11) 서사장르에는 고대 서사시로부터 소설에 이르기까지 다양한 수준의 역사적 장르들이 포진하고 있으며, 이중 소설이 여러 가지 측면에서 가장 발달된 서사장르라고 본다. 이 글에서 소설적 서사에 접근했다는 것은 서사장르에 속하는 가사들 중에서 상대적으로 발달된 서사장르라는 것을 의미한다.

다. 그리고 장르분화의 원인에 대해서는 기존논의에서 지적된 바, 경험적 현실에 대한 관심과 규방부녀자와 평민 등 담당층의 확대 등으로 보는 시각에 전적으로 동의한다. 이에 본 절에서는 가사문학 외적인 측면에서의 장르분화의 원인보다는 가사문학 내적인 원인을 구명하는 데 초점을 맞추기로 하겠다.

본격적인 논의에 앞서 조선후기 가사의 장르분화 향방과 관련된 기존논의를 살펴볼 필요가 있다. 특히 서사와 관련된 논의는 논자에 따라 대상 작품과 장르규정이 다르기 때문에 재검토를 요한다.

최원식[12]은 조선후기 가사의 두드러진 경향을 두 가지로 지적하고 있다. 하나는 주자주의 아래 억압된 정서를 자유롭게 유출하는 주정주의적 경향이며, 다른 하나는 사대부의 관념론으로 설명할 수 없는 객관적 실재성의 경험의 세계를 드러내는 서사화 경향이라고 하였다. 특히 후자는 관념과 경험의 대립을 날카롭게 드러내며, 이 속에서 객관적 인물과 사건에 대한 강한 관심을 확대함으로써 소설장르에 수렴된다고 보았다.

김학성[13]은 최원식의 논의를 조선후기 가사 전체로 심화, 발전시켰다. 그는 가사가 근본적으로 주제적 양식에 속하며, 조선후기에 서정적 주제 양식의 극대화, 서사적 주제양식의 극대화, 교술적 주제양식의 극대화 등으로 실현화된다고 하였다. 가사는 조선후기에 서정적, 서사적, 교술적 특성이 극대화되었지만, 주제적 양식의 한계를 벗어나지 않는다는 것이다.[14]

---

12) 최원식, 「가사의 소설화경향과 봉건주의 해체」, 『창작과 비평』 46집(창작과 비평사, 1977 겨울).
13) 김학성, 「歌辭의 實現化過程과 近代的 指向」, 『근대문학의 형성과정』(문학과지성사, 1983). 『國文學의 探究』(성균관대출판부, 1987)에 재수록. 이 글은 후자를 참고했음.
14) 성무경도 앞의 논문에서 기본적으로 가사를 단일장르인 '전술'로 보고

조동일15)은 가사가 원래 교술이지만, 조선후기에 이르러 서사적이 거나 서정적 수법을 두드러지게 사용하게 되었으며, 교술 본래의 영역 이 협소화된 교훈적 가사가 나오게 되었다고 하였다. 또한 사실 자체 가 처음부터 끝까지 일관된 전개를 갖추거나 어느 정도의 허구까지 보 태 유기적 작품을 구성하기 위해 서사적 가사를 이룩했고, 억압된 정 서를 표출하기 위해 서정적 가사를 적극 이용했다고 하였다. 그리고 모든 질서가 흔들릴수록 새로운 결속이 필요하다는 주장이 대두해 교 훈적 가사를 다시 정비했다고 하였다.

이들은 기본적으로 가사를 단일장르로 보고 있으며, 서정이나 서사 등을 진술방식이나 서술기법 등의 차원에서 이야기하고 있다. 이들의 논의에서 문제가 되는 것은 '서사'와 관련된 부분이다.16)

이들이 서사의 근거로 제시하고 있는 것은 '경험의 세계'를 드러내 는 것(최원식), '일련의 시간과 공간의 체험론적 진술', '관찰과 보고', 그리고 '서사적 인물의 창조'(김학성), '서사적 전개'와 '실제로 겪은 일

있으며, 서정이나 서사는 전술의 자장 안에서 이루어지는 것으로 보고 있다는 점에서 김학성과 동일한 시각을 견지하고 있다. 다만 그는 정철 작품을 중심으로 한 전기가사를 대상으로 논의를 전개하고 있기 때문에 그의 논의가 조선후기가사까지 포괄할 수 있는지는 의문이다.

15) 조동일,『한국문학통사 3판』3권(지식산업사, 1994), 343~395면.
16) 세 연구자가 '서사'와 관련된 예로 든 작품은 다음과 같다.
최원식 ; <우부가>·<만언사>·<일동장유가>·<한양가>·<용부가>·<노처녀가>·<괴똥어미젼>·<老處女孤獨閣氏傳>.
김학성 ; 일련의 시간과 공간의 체험론적 진술 - <萬言詞>·<日東壯遊歌>·<湖南紀行歌>·<漢陽歌>·<漢陽五百年歌>. 봉건관료의 수탈상과 서민의 참상을 관찰, 보고 - <기음노래>·<合江亭歌>·<井邑郡民亂時聞巷聽謠>·<居昌歌>. 서사적 인물의 창조 - <愚夫歌>·<庸婦歌>·<老處女歌>·<白髮歌>·<怨恨歌>.
조동일 ; 서사적 전개를 갖춘 작품 - <만언사>·<북천가>·<일동장유가>. 실제로 겪은 일을 이야기하는 형태 - <우부가>·<용부가>·<신가전>·<덴동어미화전가>.

을 이야기하는 형태'(조동일) 등이다. 서사화 경향 내지 서사적 가사에 기행가사나 유배가사, 현실비판가사, 교훈가사 등이 포함된 것은 이 작품들이 이러한 규정에 포함되기 때문이다.

그러나 서사에 관한 이런 규정들은 문학을 서정, 서사, 극으로 나누는 3분법에서만 가능할 뿐, 제4장르인 '주제'장르를 상정했을 경우에는 성립될 수 없다. '경험의 세계'를 다루는 것이나 '체험론적 진술', '관찰과 보고' 등은 서사장르뿐만 아니라 주제장르에도 공통적으로 적용되는 특성이기 때문이다.[17]

또한 '객관적 사물에 대한 관찰을 바탕으로 한 보고'는 헤겔[18]이나 슈타이거의 서사정신에 해당하는 개념이다.[19] 이것은 가요시 등에서 적출된 개념인 주관적 자기토로(서정)와 대립적인 개념으로 설정되었으며, 영웅서사시나 소설 등 플롯의 지배를 받는 특정한 역사적 장르에서 도출된 귀납적 결론이다.[20] 따라서 여기에는 플롯의 지배가 전제

---

17) 3분법의 입장을 견지하는 헤겔〔G.W.F 헤겔, 최동호 옮김, 『헤겔시학』(열음사, 1989) 89~91면〕은 에피그람, 격언, 교훈시 등을 서사적인 시의 범주에 포함하고 있는데, 4분법에서 이것들은 제4장르(교술, 주제)로 귀속된다.
18) 최동호, 앞의 책.
19) Hegel과 Staiger는 화자가 객관사물에서 떨어져 상면(相面)하고, 표상(表象)하며, 보고하는 것을 '서사정신'이라 하였다. Staiger에 의하면 서정시인은 사물의 객관적 실체보다는 사물에서 감흥을 느낄 뿐이며, 또한 사물과 융화되기 때문에 자아와 분리된 사물의 존재 자체에 대한 관심이 없다고 하였다. 반면에 서사시인은 사물의 실체를 정립하려 한다고 하였다. 즉 사물의 객관적 실체를 파악하고 언표를 통해 사물을 묘사하고 특징을 규정하려 한다고 하였다〔Emil Staiger(1939), 李裕榮·吳賢一 共譯, 『詩學의 根本槪念』(삼중당, 1978), 137~138면〕.
20) 서정(적)lyric이나 서사(적)epic처럼 양식과 장르의 개념어로 동시에 사용되는 것들은 애초 역사적 장르인 가요시와 영웅서사시라는 역사적 장르에서 유래한 명칭이다. 때문에 이 명칭들은, 장르의 개념으로 사용하든 양식적 개념으로 사용하든, 근본적으로 가요시와 영웅서사시라는 역사적 장르로서의 기대지평에서 벗어날 수 없다. 서정, 서사, 극 등의 용어를

되어 있다.

하지만 <만언사>·<일동장유가>·<북천가>·<한양가> 등은 경험적 현실을 나열하여 보여주는 데 초점을 맞추고 있을 뿐, 플롯의 지배를 받지 않는다. 때문에 부분적으로 인물의 행위나 스토리가 나타나더라도 독립된 삽화의 수준에 머물 뿐이다.21)

진술방식의 차원에서 보더라도 이것들은 '서사'의 필요충분조건이 될 수 없다. 서사는 '시간적 순서에 따른 진술'이긴 해도 '시간적 순서에 따른 진술'이 모두 서사는 아니다. '서사'는 여기에 인과성과 전도(顚倒), 전완성이라는 조건이 충족되어야 한다.22)

서사가사만을 다룬 논의23)에서도 <만언사>·<일동장유가>·<북천가>·<한양가> 등을 서사가사의 범주에 포함시키는 경우가 있는데, 이는 위와 같은 서사의 개념이 장르 차원에서도 폭넓게 자리 잡고 있음을 의미한다.

한편 <우부가(愚夫歌)>·<용부가(庸婦歌)>·<나부가(懶婦歌)>·<백발가(白髮歌)>·<복선화음가(福善禍淫歌, 일명 괴똥전)> 등은 더

장르와 양식에서 전혀 다른 별개의 개념으로 볼 수 없으며, 이 용어들을 역사성이 배제된 순수한 보편적, 공시적 개념으로 사용할 수 없는 이유가 여기에 있다.
21) 김흥규(『韓國文學의 理解』(민음사, 1986) 118~125면)는 기존에 서사적 경향 내지 서사적 수법으로 함께 거론한 작품들을 체험기술적 기행가사(「燕行歌」,「日東壯遊歌」)와 서사적 작품(「老處女歌」(三說記 수록),「居士歌」)으로 나누고 있는데, 이는 체험기술적 가사를 서사적 가사와는 다른 차원에서 보고 있음을 의미한다.
22) 서사와 관련된 자세한 논의는 박연호, 앞의 논문(「장르구분의 지표와 가사의 장르적 성격」) 참조.
23) 서사가사 즉 가사에서 서사장르를 인정하고 논의를 전개한 경우는 다음과 같다.
김유경,「서사가사연구」(연세대석사논문, 1988).
장정수,「서사가사특성연구」(고려대석사논문, 1989).
최현재,「조선후기 서사가사 연구」(서울대석사논문, 1995).

많은 연구자들이 서사장르로 인정하고 있다. 이것들은 인물이 창조되었으며, 스토리가 있다는 점에서 서사가사라는 것이다. 그러나 인물이나 스토리는 서사물의 필요조건이지 충분조건을 되지 못한다.

이 작품들은 모두 교훈가사로, 독립적으로 나열된 행동적 사건들이 (신분적·경제적)몰락이라는 하나의 상태적 사건에만 연결된다. 즉 하나의 최소스토리만을 갖고 있기 때문에 플롯의 지배를 받는다고 할 수 없다.24) 이 작품의 중점은 세 인물의 부정적인 행위와 몰락이라는 결과를 구체적으로 제시하는 데 두어져 있다는 점에서 주제장르에 해당한다.

1) 서정 - 업압된 정서의 표출

서정가사와 관련하여, 필자는 조선후기에 서정적 양식이 주제적 양식이나 전술장르의 자장 안에서 기법적인 차원에서 확대된 것이 아니라, 일군의 가사들이 서정장르로 실현되었다고 본다.

이점을 제외한 나머지 부분들, 예컨대, 서정(적)가사를 '억압된 정서의 표출'로 보거나 조선후기 유흥문화의 발달이나 규방여성으로의 담당층의 확대 등을 장르분화의 중요한 요인으로 보는 입장에 대해서는 기존논의와 크게 다르지 않다.

이에 본 절에서는 주제장르와 서사장르로 실현된 작품들을 대상으로 논의를 전개해 나가도록 하겠다.

---

24) 박혜숙은 <우부가>가 인물들의 상호 어떤 관계도 맺지 않으며, 인물과 사건이 유기적으로 연관되어 있지 않다는 점을 지적하였다. 박혜숙, 「敍事歌辭와 歌辭系 敍事詩」, 『고전문학연구』10집(한국고전문학회, 1995) 302~304면.

2) 주제 - 경험적 사실과 당위의 제시

기존논의 중 주제장르와 관련된 부분은 두 가지라 할 수 있다. 하나는 기존논의에서 '서사'와 관련되어 논의된 것으로, 이 시기에 들어와 가사가 경험적 사실과 당위를 담아내고 있다는 것이다. '경험의 세계'를 드러내고 있다거나, '일련의 시간과 공간의 체험론적 진술', '실제로 겪은 일을 이야기하는 형태', '체험적 구체성의 중시' 등은 대게 경험적 현실을 담아냈다는 사실을 지적하고 있는 것이다.

다른 하나는 교술적 주제양식의 극대화[25]나 봉건질서의 유지를 위한 교훈적 가사의 정비[26] 등으로, 교훈가사나 종교가사에서 윤리적 당위나 종교적 교리 등 당위적 진리를 전달하려는 점을 지적하고 있다. 이 부분은 교술이나 교훈성이라는 측면에서 논의되었다.

경험적 사실을 구체적으로 가사에 담아내기 시작한 것은 을묘왜변을 배경으로 한 <남정가(南征歌)>부터이다. 하지만 가사에서 경험적 사실이 중심적인 내용으로 자리를 잡은 시기는 17세기부터이다. 이 시기의 가사들은 임병양란을 겪으면서, 전란의 원인이나 참상, 참전경험 등을 담아내기 시작한 것이다. 특히 박인로의 <누항사>에서 확인되는 바, '정철에 이르러서 절정을 이룩한 미화된 표현을 버리는 대신에 현실인식의 실감을 확보하는 길을 열었다.'[27]

이런 양상은 다만 전란의 경험이나 생활을 구체적으로 노래한 작품뿐만 아니라, 전통적으로 자연과의 교감과 감흥에 초점을 맞추었던 강호가사에서도 나타난다. <노계가>를 비롯한 17세기 강호가사들에서는 은거지의 공간구조나 삶의 양태를 구체적으로 보여주는 데 많은 비

---

25) 김학성, 앞의 책, 161~167면.
26) 조동일, 앞의 책, 388~389면.
27) 조동일, 앞의 책, 340면.

중을 두고 있다.

이런 경향은 강호가사인 김득연의 <지수정가(止水亭歌)>가 산문기술물인 <지수정기(止水亭記)>와 대동소이한 내용을 담는 단계로까지 나아간다. <지수정가>는 국문으로 쓴 <지수정기>의 역할을 담당하게 된 것이다. 이것은 서정장르인 강호가사마저 산문기술물인 '기(記)'를 닮아 주제장르로 변화되어갔음을 의미한다.28)

이런 양상은 특히 기행가사에서 두드러지게 나타난다. 18세기 이후에 창작된 기행가사들은 정철의 <관동별곡>29)과는 달리 내용과 진술 방식, 기능 등의 측면에서 한문산수유기(漢文山水遊記)와 대동소이한 양상을 보인다.30)

기행가사의 이런 경향은 근대적 신문물에 대한 관심이 높았던 20세기 초반까지 지속되었다. 그러다가 20세기 중반 이후에 각종 매체와 교통의 발달로 타지에 대한 호기심이 격감하고, 인쇄와 영상매체가 여행안내의 소임을 맡게 되면서 기행가사는 다시 여행지에서의 감흥과 들뜬 정서를 표출하는 방향으로 전환된다.31)

---

28) 자세한 논의는 박연호, 「17세기 가사의 장르적 특성」, 『우리어문연구』 18(우리어문학회, 2002)과 「장르론적 측면에서 본 17세기 강호가사의 추이」, 『어문논집』45(민족어문학회, 2002). 참조.
29) 정철의 <關東別曲>(1580)은 이문목도(目睹耳聞)한 바를 객관적으로 제시하기보다는 그것을 통해 화자의 내면을 표출하는 데 주력하고 있다. 여정은 간략하게 요약적으로 제시되고 있는 반면, 웅장하며 맑고 아름다운 자연에서 느낀 화자의 감동과 기쁨, 경외감 등을 표출하는 데 초점을 맞추고 있다. 또한 개별 경물들은 화자의 내면, 즉 사대부 관료로서의 포부와 의지를 표상하는 객관적 상관물이다.
30) 특히 김재화(金在華 ; 1768~1841)의 <봉내곡>(1824)이 한문노정기(漢文路程記)를 가사로 번역한 것이라는 사실은 기행가사가 국문산수유기(國文山水遊記)의 기능을 담당하고 있었음을 의미한다.
31) 자세한 내용은 장정수, 「20세기 기행가사의 창작 배경과 작품 세계」(고한연 월례발표회 발표문, 2002. 12. 21) 참조.

주제장르에 해당하는 작품들에서 또 하나 주목되는 점은 앞서 살펴본 김동설화와 같은 삽입서사 형태의 일화가 많이 발견된다는 점이다. 기행가사인 구강(具康 ; 1757~1832)의 <북세곡(北塞曲)>(1813)과 유배가사인 김진형(金鎭衡 ; 1801~1865)의 <북천가(北遷歌)>(1853), 교훈가사인 <오륜가>(고대본)는 그 대표적인 예이다. 기존논의에서 지적된 바, <북세곡>에는 많은 일화들이 삽입되어 있다.[32]

김진형의 <북천가>는 배소에서 관원들로부터 받은 환대와 군산월과의 애정행각에 초점을 맞추어 서술하고 있는데, 각각의 만남에서 일어난 일들을 서사적 양식으로 서술하고 있다. 특히 기녀인 군산월(君山月)과 관련된 장면들은 전체적으로 하나의 스토리를 형성하고 있다.[33] <오륜가>(고대본)에서는 긍정적 인물과 부정적 인물의 행위를 구체적인 사건을 통해 제시하고 있다.[34]

하지만 기행가사나 유배가사, 교훈가사 등에 삽입된 일화들은 서로 인과성이 없는 독립적인 이야기로 존재하기 때문에 작품 전체적으로는 플롯을 형성하지 못한다. 따라서 기존논의에서 지적된 바, 양식적 차원에서 작품을 구성하는 하나의 요소 이상의 의미를 갖지 못한다.

사실 조선전기부터 가사에서 사용된 서사적 양식은 작품 내 비중이 크든 작든 플롯으로까지 발전하지 못하고 대부분 삽화 형식으로 제시

---

32) 이형대는 구강의 <북세곡>에서 화자가 석왕사에 들렀을 때 욕심 많은 스님과의 사이에서 벌어진 해프닝이 하나의 짤막한 서사물로 성립된다고 지적한 바 있다. 이형대, 「<북세곡>의 표현방식과 작품세계」, 『19세기 시가문학의 탐구』(집문당, 1995) 231~233면.
33) 君山月과의 애정행각은 <군순월이원가>라는 독립된 가사작품으로 성립되기도 했다.
34) 가사는 돌보지 않고 주색잡기와 투전에 빠져 허송세월을 하는 '엇던놈'과 그로 인한 부모의 탄식은 하나의 독립된 이야기로 성립된다. 이에 대한 자세한 논의는 박연호, 「조선후기 교훈가사 연구」(고려대 박사논문, 1997) 161~165면 참조.

되는 것이 일반적이다. 그것은 독립된 시상의 나열이라는 가사의 장르적 특성 때문이다.

경험적 사실이나 당위적 진리를 주제장르로 서술한 예는 기행가사나 교훈가사 이외에도 유배가사, 현실비판가사, <한양가> 와 같은 풍물가사 등 조선후기 사대부 가사 전반에서 두루 나타난다. 즉 조선후기에 주제장르가 중심적인 위치를 차지하게 된 가장 큰 이유는 경험적 사실이나 당위적 진리라는 표현대상의 변화때문이다.

주제 장르가 서정 장르를 밀어내고 조선후기 가사문학 중 가장 큰 비중을 차지하게 된 또 하나의 중요한 원인은 당대인들의 문자생활과 밀접한 관련이 있는 것으로 생각된다.

현대인들은 흔히 사실을 구체적이고 전달하는 데는 운문보다는 산문이 훨씬 편하고 의미전달도 정확할 것으로 생각한다. 그러나 그것은 오늘날의 시각일 뿐, 동서양을 막론하고 근대 이전에는 산문보다 운문이, 묵독(默讀)보다는 '소리내서 읽기[성독(聲讀)]'가 훨씬 일반적이고 익숙한 표현방식이었다.[35]

어떤 글을 혼자 읽든 타인을 위해 낭독을 하든, 성독을 할 때는 대부분 일정한 율격이 동반된다. 그것은 읽는 사람은 물론 듣는 사람도 일정한 길이를 의미단락이 반복되면, 의미를 이해하기가 훨씬 용이하기 때문이다.

일정한 리듬 안에서 소리를 내며 읽는 방식은 산문보다는 운문에 적합한 형식이며, 이는 독서뿐만 아니라 글쓰기에도 그대로 적용되었을 것이다. 특히 글을 잘 알고 목청이 좋은 이가 낭송을 하고 나머지 사람들은 듣고 즐기는 '집단독서'의 형태에는 국문율문이 가장 적합했을 것이다.[36]

---

[35] 서구의 독서습관에 대해서는 알베르토 망구엘 저, 정명진 옮김, 『독서의 역사』(세종서적, 2000), 제 2장 「눈으로만 읽은 독서」 참조.

4음보는 조선시대 시가뿐만 아니라 판소리와 소설에 이르기까지 광범위하게 나타난다. 이는 4음보 율문이 근대 이전의 문학에서 가장 보편적인 표현도구였음을 의미한다. 이 때문에 4음보 율문의 가사체는 장르교섭과 관련하여 국문학 연구 초기부터 주목받아 왔으며, 정재호는 이러한 현상을 '가사체의 보편화'라고 했다.37) 조선후기 가사의 내용적, 장르적 개방성은 당대에 '가사체'가 표현도구로서 차지하고 있었던 이와 같은 위상에 기인하는 것으로 생각된다.

 즉 조선후기 가사가 경험적 현실을 담아내거나 소설을 지향함으로서 자신의 장르적 특성을 바꾼 것이 아니라, 우리의 시각에서 볼 때 서사장르나 주제장르로 서술되어야 할 것들을 가사체에 담아냈다고 보는 편이 옳을 것이다. 다시 말해 조선후기 가사가 새로운 내용을 담기 위해 자신의 장르적 성격을 바꾼 것이 아니라, 모든 장르를 담아낼 수 있는 가장 익숙하고 보편적인 표현도구로 가사체가 선택되었다는 것이다.

 조선후기 가사에서 주제장르가 가장 활발하게 창작되었던 이유는 17세기 이후 경험적 현실에 주목했던 담당층의 취향이 일차적인 요소로 작용했고, 당시에 존재하던 문학장르 중 가사가 그것들을 담아내기에 가장 적합했기 때문이라 생각한다.

3) 서사 - 구비서사물의 가사화

 서사가사가 출현할 수 있었던 것은 <관동별곡>의 꿈 부분부터 <누항사>의 소빌리는 대목까지 조선전기 이래 부분적이나마 가사에서 서사적 양식이 꾸준히 사용되었기 때문이다. 즉 서사장르로 서술될 수 있

---

36) 장정수, 앞의 논문[「금강산 기행가사의 전개양상 연구」], 88면.
37) 정재호, 『한국가사문학론』(집문당, 1990), 17면.

는 가능성은 늘 열려 있었다고 할 수 있다.

서사가사에 해당하는 작품들은 대부분 규방에서 유통되었으며, 여항에서 떠돌던 짧은 구비서사물을 가사화한 것으로 보인다.38) <노처녀가>는 이미 그와 관련된 설화가 존재하며, <꼭두각시전>은 <노처녀가>를 소설화한 작품으로 이야기되고 있다. 그리고 <거사가>는 승려의 파계를 다룬 것인데, 이에 관계된 설화도 다수 존재한다. <계한가>는 <닭노래>라는 민요와 관련되어 있고, 동물우화의 한 형식이라는 점에서 설화와 관련된다. <김부인열행가>는 『대동야승(大東野乘)』에 실려 있는 열녀설화를 가사화한 것이며,39) <덴동어미화전가>나 <신가전> 등도 여성의 기구한 운명을 다루고 있다는 점에서 여항에서 유통되던 이야기를 좀더 확장시킨 작품으로 보인다.40)

이운영(李運永)의 가사 작품집인 『언사(諺詞)』는 구비문학과 가사와

---

38) 이것은 일찍이 어영하(「규방가사의 서사문학성연구」, 『국문학연구』 4 (효성여대, 1973)]에 의해 지적된 바 있다. 이 논문의 대상 작품은 <福善禍淫歌>, <結情善歌>, <金夫人烈行歌>, <老處女歌>, <閨中處女感嘆歌>, <尹娘子嶺南樓冤雪歌>, <海牙會議에 가는 密使>, <七夕歌> 등 8편인데, 이중 <尹娘子嶺南樓冤雪歌>, <七夕歌>는 說話를, <結情善歌>, <閨中處女感嘆歌>, <福善禍淫歌>의 <괴쏭어미전>은 民譚을 歌辭化한 것이라고 하였다. 이중 <閨中處女感嘆歌>는 당대에 유통되던 영웅소설과 많이 닮아 있다는 점에서 <자치가>나 <게우사>처럼 소설을 가사화한 것일 가능성도 크다.

39) 민족문화문고간행회, 『國譯 大東野乘』 I, 筆苑雜記 제2권(재단법인 민족문화추진회, 1973), 316~317면.

40) 백석 이용목이 쓴 <비순애서(婢順愛序)>에는 자신의 노비 중 네 번이나 결혼한 순애라는 노비의 기구한 인생을 서술하고 있다. 김용철, 「<덴동어미화전가> 연구(1)-서사구조와 비극성을 중심으로-」, 『19세기 시가문학의 탐구』(집문당, 1995), 277면의 註. 28).
이용목은 이외에도 양반집안(경기도 과천에 살던 오씨)의 무남독녀로 조씨 집안에 출가했다가 괴질로 시댁이 폐가하고 친정어머니마저 죽자 의지할 곳이 없어 승려가 된 여인의 이야기와 같은 여성들의 비극적인 인생역정에 많은 관심을 갖고 있었다.

의 관계를 시사하는 좋은 자료이다. 여기에는 <수로조천행선곡(水路朝天行船曲)>·<초혼가(招魂歌)>·<세장가(說場歌)>·<임천별곡(林川別曲)>·<착정가(鑿井歌)>·<순창가(淳昌歌)>·<정주가(定州歌)> 등 모두 7편의 가사가 실려 있다. 그런데 이 중 <수로조천행선곡>·<초혼가>·<세장가>·<착정가>는 민요를 변개하거나 민요적인 기법을 사용하고 있다. 그리고 <임천별곡>·<순창가> 등은 당시 여항에 떠돌던 재미있는 이야기들을 일련의 사건을 통해 담아내고 있다. 이것들이 실재 사건에 근거한 것이라고 해도 내용상 야담적인 성격이 강하다.

이운영은 자신이 직접 여항의 이야기를 수집하고 향유했던 인물이다.41) 게다가 『계서야담(溪西野談)』의 작가 이희평(李羲平)이 그의 조카였던 점을 상기할 때, 그를 둘러싼 문화적 환경 자체가 여항의 이야기와 밀접한 관련이 있었던 것으로 보인다.

<순창가>는 여항의 이야기들을 수집하는 과정에서 어떤 의도에 의해 가사체로 기록된 것으로 보인다. 이는 처음부터 가사가 소설을 지향하여 소설의 형태로 발전된 것이 아니라 여항의 이야기를 가사체에 담아냄으로서 서사화가 이루어졌을 가능성을 시사한다. 그리고 가사의 소설화나 소설과의 교섭은 가사가 이런 전통을 갖게 됨으로서 가능하게 되었던 것으로 생각된다.

그러나 서사로의 장르분화에는 한계가 있다. 앞서 언급한 바, 서사가사는 짧은 구비서사물 정도를 담아내고 있다.42) 또한 서사가사 작품

---

41) 그의 문집 『옥국재유고(屋局齋遺稿)』에 실려 있는 <곡배옹(曲背翁)>, <조역리옹(嘲驛吏翁)>, <김중술전(金仲述傳)> 등에는 특이한 인물들의 생애를 풍자적인 시각으로 그려내고 있다. 자세한 논의는 박연호, 앞의 논문〔「옥국제 가사의 장르적 성격과 그 의미」〕 참조.
42) <덴동어미화전가>는 작품의 길이는 길어도, 동일한 구조가 반복되는 것이기 때문에 소설적 서사와는 다르다. 동일한 구조의 반복은 민담이나

의 비중도 수천 편에 달하는 가사작품의 숫자를 생각할 때, 극히 예외적인 현상이라 할 수 있다. 이는 서사장르가 기본적으로 독립된 시상의 나열과 통합이라는 가사의 시상전개방식에 부합되기 어렵기 때문인 것으로 보인다.

서사는 일련의 사건들이 인과적 연쇄를 통해 결말을 향해 전개되는 것이 특징이다. 특히 플롯을 형성하는 핵사건들은 유기적으로 연결되어 결말을 향해 나아갈 뿐, 독립적으로 존재할 수 없다. 반면에 가사는 독립된 시상들이 통합되어 보다 큰 시상을 형성한다. 이 때문에 가사는 일반적으로 서사장르로 서술되기보다는 독립성을 견지할 수 있는 일화 형태로 이야기를 삽입하는 방식을 사용하는 것이다.

<노처녀가>를 예로 들어보자. 소설이라면 국면의 전환점인 홍두깨와의 모의결혼, 가족들이 알아차리게 된 경위, 그 이후의 정황 등이 자세하게 그려졌을 것이다. 그러나 이 작품은 이런 일련의 과정보다는 노처녀가 결혼을 하게 되었다는 사실, 그리고 그로 인해 모든 신체적 결함이 치유되었다는 사실을 제시하는 데 초점이 맞추어져 있다. 이것은 주제적 양식의 특성이다.

만일 소설이라면 극적 전환점인 이 부분에 많은 비중을 할애했을 것이다. 그러나 설화나 민담에서는 흔히 있는 일로, '어찌 어찌해서 어떻게 됐어'로 표현하는 경우가 있는데, 이것도 과정보다는 결과를 제시함으로서 주제를 전달하는 데 초점을 맞춘 결과라 하겠다.

또한 작품의 전반부는 대부분 홀로 사는 노처녀의 심리를 그리는 데 초점을 맞추고 있다. 특히 이 부분은 1인칭 시점으로 서술되어 있어, 화자가 자신의 비극적 정서를 토로하는 형식을 취하고 있다. 이것은 서정적 양식의 특성이라 할 수 있다.

전설에 많이 쓰이는 방식이다.

<노처녀가>와 소설의 거리는 독립된 시상의 나열과 통합이라는 가사의 시상전개방식과 1인칭 주인물시점의 지향 등 가사의 양식적 특성에 기인한 것이다. 이 때문에 가사는 서사장르를 지향하더라도 많은 위성사건을 동반함으로서 복잡하고 긴 이야기를 구체적인 정황을 중심으로 흥미롭게 전개시키지 못하고, 스토리 전개를 거의 전적으로 핵사건에 의존하며, 플롯이 비교적 간단한 민담이나 설화적인 내용을 담아내고 있는 것이다.
　가사가 소설적인 서사로까지 발전하지 못하고 주제장르의 특성을 강하게 지닌 서사장르에 머물게 된 원인도 여기에 있으며, 서사가사에 해당하는 작품이 <거사가(居士歌)>, <화전가(덴동어미화전가)>, <신가전(申哥傳)>, <순창가>, <계한가> 정도로, 가사문학 전체에서 극히 미미한 비중을 차지하는 이유도 여기에 있다고 생각한다.
　그러나 시상전개방식 상의 한계에도 불구하고 미미하나마 가사가 서사장르로까지 실현될 수 있었던 내적 동인은 앞서 언급한 바, 조선후기에 보편적 표현체계로 자리잡은 가사체의 위상이 무엇보다 중요한 요인으로 작용했다고 본다.

4. 시상전개방식

　18·19세기 가사에 사용된 시상전개방식은 대부분 17세기에 만들어졌다. 17세기에는 가사가 동일한 시상을 나열하고 통합함으로서 주제를 구현하는 방식뿐만 아니라, 대립적인 시상의 병치, 시상의 인과적 나열, 사건의 순차적 제시, 장면화 등 다양한 방식을 사용한다.[43]
　17세기와 비교할 때, 18·19세기에는 하나의 작품에 17세기에 만들

---

43) 박연호, 앞의 논문[「17세기 가사의 장르적 특성」] 참조.

어진 다양한 방식들이 좀더 복합적으로 사용되며, 일화의 삽입이 증가하고 장면화가 확대되는 양상을 보인다. 하지만 기본적으로 독립된 시상을 나열하고 그것들을 통합하여 보다 큰 시상을 형성하는 방식은 그대로 유지된다.

1) 서정 – 상사별곡

<상사별곡>을 비롯한 조선후기 서정가사는 강호가사 등의 조선전기 서정가사와 마찬가지로 개별적으로 나열된 독립된 시상을 통합함으로서 단락을 이루며 보다 큰 시상을 형성하고, 단락별 시상이 통합되어 주제를 구현한다. 인용문을 보자.

① 근원 흘너 물이 되여 깁고 깁고 다시 깁고 / ② 스랑 무어 뫼히 되야 놉고 놉고 다시 놉하 / ③ 문허질 줄 모로거든 끈허질 줄 졔 뉘 알니 // ④ 일조낭군 이별 후의 소식조차 돈절ᄒ니 오날 올ᄭㅏ 내일 올ᄭㅏ 그린지도 오러거라 // ⑤ 일월무정 졀노 가니 옥안운발 공로로다 / ⑥ 이별이 불이 되어 태우느니 간장이다 / ⑦ 나며 들며 빈 방안에 다만 훈숨 뿐이로다 / ⑧ 인간니별 만사중의 날 갓튼이 쏘 이슬가 <상사별곡>

인용문은 <상사별곡>의 일부로, ①과 ②는 4음보 1행이 각각 독립적인 시상을 형성하며, ③행과 결합하여 보다 큰 시상을 형성한다. 반면에 ④는 두 행이 결합하여 하나의 독립된 시상을 형성한다. 그리고 ⑤, ⑥, ⑦은 각각 독립된 시상을 형성하며 ⑧은 이것들을 통합시켜 보다 큰 시상을 형성한다. 이렇게 단락별로 형성된 시상은 님에 대한 영원한 사랑이라는 주제로 통합된다.

2) 주제 - 금강별곡

다음은 주제장르인 <금강별곡>을 살펴보자. 이 작품은 여정에 따라 자신의 경험을 나열하는 방식을 취하고 있다.

① 수미봉 쏘 한 가지 셔남으로 둘너와셔 / 장경디가 되얏스며 졍양스의 주손이요 / 그 아리 쳔일디는 표훈스의 주손이요 / 쏘 남녁 비참영은 장안스의 주손이라 / 학소더와 쳥학디는 수미동의 수문이요 / 오현봉과 학소디는 만폭동의 수문이요 / 셕가봉과 지장봉은 영원동 수문이요 / 빅마봉의 한(가)지와 비참영의 흔 가지가 / 옷깃쳐럼 염의여서 니산의 도수구라 // 이 봉 져 봉 싱긴 니력 낫낫치 평논ᄒ니 / 쳔ᄒ의 장관이요 다시 읍ᄂ 명산이라

② 보덕굴을 바라보니 얄망굿고 고이ᄒ다 / 졀벽의 달닌 암ᄌ 박쥐집이 쳔년ᄒᄃ / 외기동을 ᄒ나 셰워 허졍의 쏘잣스니 / 구리로 투겁ᄒ야 견고ᄒ게 민드럿다 / 디기동 본을 쩌셔 열아옵 마듸로다 / 긔엄긔엄 올나셔 바위 밋헤 지은 집이 / 도리는 쇠로 ᄒ야 돌 우에 그냥 노코 / 쇠스실을 굴게 치여 이편 져편 두 줄식이 / 바위에 궁글 쑬어 좌우로 얼것스니 / 광풍이 건둣ᄒ면 혼들니기 가례로다 / 좁기는 반간이요 붓쳐만 안갓스니 / 마루 쳥 늘 구멍에셔 굽어보니 아득ᄒ다

인용문 ①에서는 '~은 ~의 주손이요'와 '~은 ~의 수문이요'라는 공식구를 이용하여 금강산의 봉우리들을 나열하고 있다. 각 행은 독립된 시상을 형성하며, "이 봉 져 봉 싱긴 니력 낫낫치 평논ᄒ니 / 쳔ᄒ의 장관이요 다시 읍ᄂ 명산이라"에서 시상이 통합된다.

②에서는 보덕굴을 설명한 부분이다. ②의 "얄망굿고 고이ᄒ다"라는 말은 시상을 요약하며 통합하는 기능을 한다. 정도의 차이는 있지만

대부분의 경물들은 ①이나 ②의 형태로 설명되어 있다. 그리고 인용문 ②와 같이 비교적 자세하게 설명된 것들은 대부분 기이하거나 이전에 경험하지 못한 신기한 것들이며, 화자는 이것들을 '긔묘ᄒᆞᆫ더', '경이로다', '놀납도다', '장타', '거록ᄒᆞ다', '별경이라', '긔이ᄒᆞ고 수상ᄒᆞ다', '이상ᄒᆞ고 야단일셰' 등으로 표현하고 있으며, 이것을 통해 시상을 통합한다.

또한 "눈으로 둘너보니 두 눈이 분주ᄒᆞ고 / 손으로 가르치니 두 손이 겨를 업고 / 입으로 말을 ᄒᆞ즉 입 ᄒᆞ나로 어이ᄒᆞ리 / 졍신이 산란ᄒᆞ고 싱각이 분주ᄒᆞ여 / 금강산 조흔 소문 보터엿다 ᄒᆞ얏더니 / 이졔야 친이 보니 말 모자라 걱경일셰", "쳔ᄒᆞ의 장관이요 다시 읍는 명산이라", "말노도 못ᄒᆞ렷던 그림인들 다할소냐", "보던 비 쳐음이요 싱각ᄒᆞ니 별닐일다"라고 하여, 금강산에 대한 경이로움을 표현하고 있는데, 이것들도 해당 항목의 시상을 통합하는 기능을 한다.

서정가사는 독립적으로 나열된 시상이 통합되어 단락을 이루며 보다 큰 시상을 형성하고, 단락별 시상은 주제를 향해 통합되어 주제를 구현한다.[44] 조선후기 기행가사를 비롯한 경험적 사실을 담아낸 작품들에서 단락별 시상을 이어주는 힘은 시간이나 공간의 연쇄이다. 이로 인해 작품이 하나의 완결된 세계를 형성하게 되는 것이다. 하지만 단락별 시상의 통합이 주제구현과 관련되지는 않는 경우가 많다. 이는 이 작품들이 특별한 주제를 전달하기보다는 경험적 사실들을 객관적으로 보여주는 데 초점을 맞추고 있기 때문이다.

같은 주제장르라도 교훈가사는 서정가사와 마찬가지로 단락별 시상을 통합함으로서 주제를 구현한다. <우부가>는 우부의 악행을 숨가쁘게 나열하고 서술자의 언어로 평가함으로서 단락별로 시상을 통합

---

44) 자세한 논의는 박연호, 앞의 논문[「장르구분의 지표와 가사의 장르적 성격」], 170~179면 참조.

한다. 각 단락들은 경제적 몰락과 공동체로부터의 추방이라는 결과에 이르러 통합됨으로서 주제를 구현한다. 그리고 세 인물들도 병렬되어 계급과 계층을 초월한 교훈의 주제를 구현한다.

가사는 단락 내에서 독립된 시상을 나열하고 통합함으로서 단락별 시상을 통합하고, 단락별 시상은 주제를 향해 통합되거나 시간이나 공간적인 연쇄에 의해 통합되는 것이다. 따라서 독립된 시상의 나열과 통합이라는 시상전개방식은 가사라는 역사적 장르를 규정하는 중요한 지표가 될 수 있는 것이다.

3) 서사 - 노처녀가

서사가사에서도 단락 내에서는 독립된 시상의 나열과 통합이라는 원리에 의거한다. 하지만 단락별 시상의 통합성은 주제적 양식과 비교할 때 훨씬 약화된다.

<노처녀가>를 예로 들면, 개별적인 단락의 시상을 전개하는 방식은 여전히 시상의 나열과 통합이라는 가사의 시상전개방식을 따르고 있다. 이 작품의 전반부는 서정가사와 같은 화자의 정서표출에 초점이 맞추어져 있으며, 인물치레, 행실치레, 솜씨치레 등은 독립된 시상을 나열하고 그것들을 통합함으로서 노처녀의 전체적인 이미지를 형성한다. 또한 형님의 혼인이나 꿈속장면 이후 서사적 사건전개가 나타나는 부분도 복색치레나 행위를 짧은 호흡으로 나열함으로서 특정한 상황과 노처녀의 정서를 표현하고 있다.

그러나 이 작품을 성립시키는 기본적인 원리는 플롯이기 때문에, 독립된 시상의 나열과 통합을 통해 형성된 단락별 시상은 부분적으로 특별한 정조나 이미지, 분위기만을 만들어낼 뿐, 사건의 전개와는 전혀 관련이 없는 경우가 많다. 즉 단락별 시상과 스토리선이 분리됨으로서

단락별 시상을 통합할 수 있는 매개가 점차 약화되는 것이다.[45]

그러나 서사가사 중에도 <덴동어미화전가>처럼 독립된 시상의 나열과 통합이라는 원리가 단락과 단락 사이까지 작용하는 경우가 있다. 이 작품은 덴동어미의 일생이 액자형식으로 삽입되어 있고, 화전놀이가 그것을 감싸고 있다. 덴동어미의 일생은 '혼인-고난-남편의 죽음-개가'라는 동일한 구조가 반복되며, 이것은 개가하지 말라는 덴동어미의 당부에 의해 주제적으로 통합된다. 따라서 이 작품은 가사의 시상전개방식에 가장 충실한 서사가사라 할 수 있다. 이처럼 서사가사 내부에서도 가사의 시상전개방식에 부합하는 작품과 다소 멀어지는 작품이 있는 것이다.

단락별 시상과 스토리선의 분리는 플롯의 지배와 더불어 가사의 시상전개방식에서 멀어짐으로서 서사가사가 활발하게 창작되지 못한 중요한 원인으로 작용했다고 생각한다.

5. 결론

이상에서 살펴본 바, 조선후기 가사는 교술이나 전술 등 특정한 장르의 자장 안에서 양식적 차원의 극대화에 머문 것이 아니라, 서정장르, 서사장르, 주제장르 등 장르적 차원의 분화로까지 나아갔음을 알 수 있다. 가사는 하나의 특정한 장르로 규정될 수 없는 것이다.

조선후기 가사문학에서 서정장르, 서사장르, 주제장르 등으로 실현된 가사의 비중은 전혀 다르다. 서정장르는 가사가 규방과 도시적 시정 등 전혀 다른 담당층과 유통공간을 확보함으로서 새롭게 등장한 것

---

[45] 단락별 시상과 스토리선의 분리가 극단화되면 <윤낭자영남루원설가>처럼 산문과 운문이 교차되어, 사건의 진행은 산문으로 서술하고 운문부분은 등장인물이나 서술자의 정서를 토로하는 방향으로 나아가기도 한다.

이다. 그리고 서사장르는 야담 등의 구비서사물을 조선후기에 가장 보편적인 표현수단이자 문체인 가사체에 담아내는 과정에서 발생된 것이다. 즉 서정과 서사장르는 조선전기 가사와는 전혀 다른 토대 위에서 창출된 것이다. 특히 서사장르는 독립된 시상의 나열과 통합이라는 가사의 독특한 시상전개방식으로 인해 가사문학사에서 다른 장르만큼 발전하지 못하고 대단히 예외적인 현상에 머물러 있었다고 생각한다.

필자는 이전논의에서 조선전기 가사는 <남정가>를 제외한 대부분의 작품이 서정장르에 해당한다고 주장한 바 있다.[46] 조선후기 가사문학에서 서정, 서사, 주제장르 중 산출기반의 측면에서 전기가사와 연계성이 가장 강한 것은 주제장르이다. 또한 주제장르는 조선후기 가사에서 가장 큰 비중을 차지하고 있다.

즉 조선전기 가사는 서정장르가 중심적인 위치에 서고 주제장르가 주변적인 지위를 차지하고 있었는데, 조선후기에는 주제장르가 중심적인 위치를 차지하고 새로운 토대에서 발생한 서정장르와 서사장르가 주변적인 위치에 머물고 있었던 것이다.

조선후기에 주제장르가 가사문학의 가장 중심적인 지위를 차지한 것은 경험적 사실이나 당위가 가사의 가장 중요한 주제로 부상했고, 독립된 시상의 나열과 통합이라는 가사의 시상전개방식이 이것들을 담아내는 데 가장 적합했기 때문이다.

조선후기 가사의 장르분화는 억압된 정서의 표출, 경험적 사실이나 당위적 진리, 구비서사물 등 조선전기 가사와는 다른 대상들을 가사에 담아냄으로서 가능했던 것인데, 조선후기 가사문학에서 나타나는 이러한 엄청난 포용력과 확장성은 가사체가 당대의 가장 보편적인 표현체계로 자리를 잡았기 때문이라고 생각한다.

---

46) 박연호, 앞의 논문(「장르구분의 지표와 가사의 장르적 성격」) 참조.

또한 독립된 시상의 나열과 통합이라는 가사의 독특한 시상전개방식은 주제장르가 조선후기 가사문학에서 가장 중심적인 장르로 자리를 잡게 된 원인인 동시에 서사장르가 본격서사로까지 발전하지 못한 원인으로 작용하기도 한 것이다.

　또한 성독과 율독이라는 중세적인 문자생활방식은 가사가 최근까지 생명력을 유지할 수 있었던 가장 중요한 요인이었다고 생각한다. 최근까지도 노인들의 문자생활방식이 율독, 성독에 의존하고 있었고, 그들에 의해 가사가 창작, 향유되었던 상황[47]을 고려할 때, 가사문학의 쇠퇴와 소멸은 이러한 문자생활방식의 쇠퇴 내지 소멸과 궤를 같이 한 것으로 생각된다.

〔韓國詩歌硏究 第13輯, 2003. 2.〕

---

47) 80년대까지 필자가 목격한 노인들의 문자생활방식은 성독과 율독이었다. 이들은 편지나 신문, 교과서 등 운율이 없는 기록물들까지도 일정한 운율에 맞추어 읽으려 했다.

寓話歌辭 〈鷄恨歌〉 硏究

1. 序論

<계한가(鷄恨歌)>는 <나부가(懶婦歌)>・<연안김씨유훈(延安金氏遺訓)>과 함께『나부가(懶婦歌)』라는 서명으로 묶여, 규장각에 소장되어 있다. 필사자는 용인이씨(龍仁李氏)이다. 그리고 가집 서두의 기록[1]과 한 세대가 보통 20~30년 정도 된다는 점을 고려하면, 익영(翊永)의 증조모인 용인이씨가 실제로 필사한 시기는 아무리 낮춰 잡아도 계묘년(癸卯年 ; 1843이나 1903)[2]보다 60~80년 앞선 19세기 초중반 정도로 추정된다. 한편 세 작품 모두 본 가집에만 수록되어 있기 때문에, 용인이씨는 단순한 필사자가 아닌 작가일 가능성도 배제할 수 없다.[3]

---

1) 曾祖妣龍仁李氏 筆跡 必爲傳家之寶 故深藏于冊几 癸卯(1843 or 1903)正月 二十日 曾孫 翊永書.
2) 가람본이므로 1963년은 될 수 없으며, 서술기법의 측면에서 <용부가>나 <복선화음가>와 같은 작품이 나올 수 있는 시기는 아무리 올려 잡아도 19세기 초중반 이전을 넘을 수 없기 때문에〔박연호,「朝鮮後期 敎訓歌辭 硏究」, Ⅳ. 敎訓歌辭의 構成과 敍述技法 참고〕계묘(癸卯)는 1903년으로 보는 것이 타당하리라 생각한다.
3) 한편 규장각 목록에는 서문을 쓴 익영(翊永)을 이익영(李翊永)으로 기록하고 있다. 하지만 가집의 어느 곳에서도 익영(翊永)의 성(姓)이 이씨(李氏)임을 알 수 있는 정보는 없다. 이는 그의 증조모가 용인이씨(龍仁李氏)라

<계한가>는 우화형식으로 서술된 가사이다. 지금까지 학계에 발표된 가사 중 동물이 작중화자로 등장한 경우는 <계한가> 외에 <탄우가(嘆牛歌)>가 있다.[4] 그러나 <탄우가>는 작중화자가 소로 설정되어 있을 뿐 신변탄식류 규방가사의 서술기법과 동일하기 때문에, 우화로는 볼 수 없다. 이에 비해 <계한가>는 일반 우화소설에 비해 분량이 짧다는 점을 제외하면 1인칭 시점에 의해 서술된 우화소설과 방불하다.

이 작품은 가사문학에서 드문 한 편의 완벽한 서사물이며, 더구나 우화기법을 사용하고 있다는 점에서 주목된다. 또한 작품의 내용과 주제도 기존의 교훈가사나 규방가사에서 진일보한 측면을 보인다는 점에서 충분히 주목할 만한 작품이라 생각한다.

이 글에서는 <계한가>가 담고 있는 내용과 주제를 살펴보고, 우화기법과 서사적 특징을 가사의 갈래적 측면에서 살펴보도록 하겠다.

2. 葛藤樣相과 登場人物의 象徵性

먼저 <계한가>의 전체적인 흐름을 화소(話素) 별로 정리하면 다음과 같다.

※ 새끼닭의 고난과 죽음(1행~41행)
  ① 닭의 운명 탄식.

는 사실에 현혹되어 초래된 오류로 보인다.
4) 강전섭, 「<탄우가>(嘆牛歌)의 諷刺論」, 『語文學』 55(어문학회, 1994). 강전섭은 이 작품을 '의인체가사'라고 하였다.
<자치가>도 꿩이 작중화자인 우화형식의 가사이지만, 판소리소설을 가사화한 작품이라는 점에서 애초부터 가사로 지어진 <계한가>・<탄우가>와는 다르다.

② 이웃집 덕석에서 구곡(求穀) → 이웃집 주인과 개로부터 추방 → 귀가.
③ 주인집 채독에서 구곡 → 주인으로부터 봉변 → 주인원망.
④ 젖은땅 진똥에서 구곡 → 인간들의 멸시.
⑤ 손님방문·접대음식으로 채택.
⑥ 처절한 죽음과 신세한탄.

※ 사후의 상황(42행~73행)
⑦ 주인집의 모습.
⑧ 닭의 탄식(53~58)
⑨ 부모 닭의 모습

  이상에서 살펴본 바, <계한가>는 시점과 내용적인 측면에서 전·후의 두 부분으로 크게 나뉜다.
  전반부는 1인칭 주인공 시점에 의해 서술되어 있으며, 닭의 비극적 운명에 초점이 맞추어져 있다. 닭의 비극적 운명은 구곡(求穀) 과정에서의 고난과 죽음이라는 두 가지 사건으로 나뉜다.
  후반부는 1인칭 관찰자 시점에 의해 서술되어 있으며, 새끼닭의 사후 이를 둘러싸고 일어나는 상황에 초점이 맞추어져 있다. 사후의 상황은 인간들의 모습과 닭 부부의 모습이 형상화되어 있다. 따라서 이 작품은 크게 4 단락으로 나눌 수 있다.
  이 작품은 우화기법을 사용하고 있기 때문에 우화라는 외피 속에 숨겨진 의미를 찾는 것이 작품이해의 핵심이 된다. 본장에서는 각 사건의 의미를 살펴보고, 이를 토대로 각 구성요소의 상징성과 주제를 파악해 보도록 하겠다.

1) 事件의 意味

(1) 닭의 苦難

이 작품은 닭이 세상에서 가장 비천하고 불쌍한 존재[5]라는 푸념으로 서두를 시작하여, 고난에 찬 닭의 삶을 닭의 시각에서 서술하고 있다.

> 부싱모육홀 제 세상을 귀히 넉여
> 가는한 쥬인은 호호미 무익호야
> 이웃집 곡식 보고 가만가만 거러 가셔
> 혼 번이나 집어 먹즈 덕셕 가의 다다르니
> 쥬인이 소릭호야 기 좃ᄎ 휘좃거놀
> 챵황이 도쥬호여 집으로 도라와셔
> 곱혼 비 못견디여 챗독의 양식 보고
> 혼 번이나 집어 먹즈 죽기을 더져두고
> 쳔지두지 나라드니
> 안마노라 소릭호야 모질게 쑤지시되
> 계우구러 어든 양식이 혼 구억이 다 구럿다
> 목쟝이 드듸고즈 발목 잡아 죽이고즈
> 놀닌 쇼리로 치고 마당의 ᄂ려셔셔
> 양경호여 이른 말이
> 미욱혼 져 쥬인아 야속혼 져 마노라
> 우리 팔어 싱이호고 우리로 양친호며
> 그더도록 무샹호야 니 고기 먹을 졔는
> 아리 턱이 즈조 놀녀 만나게 먹은지라

인용문에서 닭은 생계(생존)를 위해 온갖 고난을 감수한다. 닭이 이런 고난을 겪는 표면적인 이유는 주인집의 가난때문이다. 생존을 위해

---

5) 만물미(이) 번셩혼디 // 그 듕의 만한 거시 우리우던 샹등이요 // 부득지은 우리밧긔 업스리라. 괄호안의 글자는 필자가 교정한 것임. 이하 같음.

이웃집 덕석과 주인집 채독을 범했다가 이웃집 개와 주인에게 봉변을 당한다. 이에 대해 닭은 주인집 마누라의 모진 행위를 원망한다. 자신의 처지(굶주림)과 공덕(주인집의 생계와 양친)은 생각지 않고 자신을 핍박·멸시하기 때문이다.

여기에서 갈등은 닭에 대한 닭과 인간의 상이한 인식에서 초래된 것이다. 닭은 생존을 위해서는 무엇이든 할 수밖에 없는 절박한 처지에 놓여있다. 그러나 인간은 닭의 이러한 상황에는 아랑곳하지 않는다. 또한 닭은 자신의 높은 효용가치를 주장하지만, 인간은 다른 가축과의 상대적인 비중(경제적 가치)만을 생각할 뿐이다. 자신의 열악한 상황과 효용가치는 무시하고 상대적 비중만을 고려해 무관심하고 하찮게 여기는 인간(특히 주인)들의 이기적이고 자기중심적인 태도[6]를 원망하고 있는 것이다.

  이번은 ᄒ릴 업시니 니 입으로 쥬어 먹즈
  비오는 날 져즌 싸히 즌 똥을 헤적이고 버레을 뒤지길 제
  져마당 아니 보랴고 춤을 밧고 눌니더라

인용문에서는 생존을 위해 똥까지 헤집을 수밖에 없는 닭의 처절한 상황은 고려하지 않고 더럽게만 여겨 침을 뱉는 인간의 태도를 부정적 시각으로 그려내고 있다. 닭이 극한 상황에 이르게 된 것은 주인의 무관심 때문이다. 그럼에도 불구하고 인간은 이러한 행위를 할 수밖에 없는 근본적인 원인은 도외시한 채 현상적인 부분만을 문제삼고 있는 것이다.

---

6) 닭의 인간에 대한 이와 같은 시각은 서두에서부터 제시되어 있다. "만물 미(이) 번셩ᄒ던 그 듕의 만한 거시 우리우던 상등이요 부득지은(不得至恩) 우리밧긔 업스리라".

이상에 나타난 바, 닭은 높은 효용가치에도 불구하고 주인에게 아무런 관심이나 보상도 받지 못하면서 오로지 희생만을 강요당하는 존재로 형상화되어 있다. 반면에 인간은 철저히 자기중심적으로 생각하고 행동하는 존재로 형상화되어 있다.

(2) 닭의 죽음

다음은 손님접대를 위해 닭을 잡는 모습과 그 과정에서 일어나는 상황을 묘사하고 있다. 닭장에서 잡혀 나와 솥에 들어가지 전까지의 과정은 이 작품에서 닭의 비극적 운명이 가장 처절하게 형상화된 부분이다.

슈일이 못ᄒ여 외당의 손님 오셧시니
닥 ᄒᆞᆫ 마리 잡으라 ᄒ니 안마노라 소리ᄒ야
외쳥부 덕실훈실 장틱문 반만 열고
더벅머리 드리미러 딕소을 갈희ᄂᆞᆫ디
아모리 징수ᄒᆞᆫ들 어이구러 피홀소냐
져 손의 잡힌 후ᄂᆞᆫ 홀 일 업시 죽게고나
그여이 나오니
목아지 틀어잡어 마당의 더지니
팔구세 아희들이 쑥지을 나녀 들고
머리 잡고 ᄭᅩ리 잡고 부드져 쓰더니니
환영은 무슴 일고
물의 가 시칠 져귀
기들은 시츤 피을 닷토아 할타 먹고
창ᄌᆞᄂᆞᆫ 오작이 물어 가고
밥통의 나문 곡식 조작이 주어 먹고
이 너 깃은 아희들이 머리 꼿(고) 용그리고 노ᄂᆞᆫ도다
너몸 빗숨도 빗술시고 버릴 게 젼혀 업다
너 공노 ᄉᆡᆼ각ᄒ면 뼈가지 좃ᄂᆞᆫ구나

솟안의 물을 담고 부억불을 너허
앗사온 이닉 몸을 쓸는 물의 드리치니 슬프고 가련ᄒ다

잡히지 않으려고 노력(爭死)하지만, 결국 선택되어 끓는 물에 들어가는 새끼닭의 모습은 전적으로 주인의 선택에 의해 운명이 결정되는 닭의 비극적 처지를 나타낸다. 특히 "목아지 틀어잡어 마당"에 던지자 "머리 잡고 꾀리 잡고 부드져 쓰더니"는 "팔구세 아희들"의 신나는 모습과 죽은 닭의 피를 다투어 핥아 먹는 '개', '창ᄌ'를 물어가는 '오작(烏鵲)', 밥통의 곡식을 주어먹는 '조작(鳥雀)'등의 모습은 닭의 처참한 죽음과 대비되어 닭의 비극적 운명을 확실하게 부각시킨다. 또한 이들의 행위는 닭의 처참한 죽음을 부각시키는 동시에, "니몸 빗숩도 빗술시고 버릴 게 젼혀 업다 니 공노 성각ᄒ면 쎠가지 좃는구나"라는 닭자신의 말을 통해 나타나듯, 닭의 효용성을 강조한다. 하지만 높은 효용성이 도리어 처참한 죽음을 초래했다는 점에서 닭의 운명은 더욱더 비극적인 것이다.

(3) 주인집의 상황

다음은 새끼닭을 요리한 후 벌어지는 주인집의 상황을 그린 부분이다.

어린 넉시 화긔에 느라나셔 쳠하의 의지터니
식당을 살펴보니
십여상 사랑상의 무어시 남을넌고
난호던 안마노라 국ᄌ만 들고 홀작이고
동ᄌᄒ던 네비들은 못먹노라 셩을 니고
버릇 업슨 아기네는 격다고 투졍ᄒ여
프리치고 도라안니
사랑의 늘근 손은 쥬인의게 치ᄒᄒ되

만눈 고기 후디ᄒᆞ니 빅셰ᄂᆞ 사르소셔
　　이웃 노인 견갈ᄒᆞ되
　　노병이 극즁ᄒᆞ여 젼여 불식 오더니
　　만눈 고기 보니여셔 슬혼 밥 강인ᄒᆞ니
　　졍답고 안심찬희

　새끼닭은 솥에 들어가는 순간 넋이 육신에서 분리되어 처마에 날아올라, 자신의 고기를 놓고 벌어지는 인간들의 행태를 관찰한다. 위 인용문에는 부엌과 사랑방에서 벌어지는 상황이 대조적으로 제시되어 있다.

　부엌에서는 고기를 모두 사랑에 들여보낸 후 "안마노라"는 "국ᄌᆞ만 들고 홀작이"고 '녜비(女婢)들'과 '아기네'는 '투졍'을 부린다. 반면에 사랑에서 접대를 받는 '늘근 손'이나 고기를 보내서 먹은 '이웃 노인'은 주인의 넉넉한 인심과 덕을 치하(致賀)한다.

　이런 상황이 벌어진 이유는 가난한 살림에 식구들에게 돌아갈 고기까지 마련할 수 없었기 때문이다. 앞에서 '녜비'와 '아기네'는 평소에 꿈도 못꿨던 닭고기를 먹으리라는 기대 때문에 신나게 닭을 잡았던 것인데, 정작 고기는 한 점도 못먹게 되자 실망도 그만큼 컸던 것이다.

　하지만 부엌의 갈등은 불합리한 보상체계에서 발생한 것이다. 아이들과 종들은 부인과 함께 직접 닭을 잡고 음식을 만들었다. 그런데 고기는 가장(家長)과 손님에게만 돌아갈 뿐이다. 즉 희생과 노동력을 제공한 당사자들은 그에 합당한 보상을 받지 못하고, 오직 가정을 지배하고 대표하는 가장만이 보상을 독점하는 상황에서 갈등이 발생한 것이다.

　한편 새끼닭은 자신의 높은 효용성과 그로 인한 비극적 운명을 다시 한 번 탄식한다.

> 어와 이닉 몸은 빗쌈도 빗살시고
> 날노ᄒᆞ여 인ᄉ 밧고 사례 고ᄉ 명일 긔졔사의도
> 어물곳 못 사쓰면 잡ᄂᆞ니 우리여든
> 노부인닉 희소병과 소부인닉 희산병의
> 싱원님닉 노병환의 셔방님닉 보원긔예
> 잡ᄂᆞᆫ이 우리여던 이 아니 훈심훈가

인용문에서 닭의 비극적 운명은 앞에서 언급한 바, 높은 효용가치와 상대적으로 낮은 경제적 가치에 기인한 것이다. 닭은 자신의 높은 효용가치 때문에 처절한 죽음을 맞아야만 하는 비극적 운명을 "이 아니 훈심훈가"라고 탄식할 뿐, 누구도 탓할 수가 없다. 그것이 닭의 운명이기 때문이다.

(4) 닭장(닭부부)의 상황

마지막 부분에서는 새끼의 죽음에 대한 닭부부의 상반된 수용태도가 제시되어 있다.

> 탄식을 종일ᄒᆞ고 유명이 길이 달나
> 훈 가지로 못 드르가 장터 밧긔 의지터니
> 어미ᄂᆞᆫ 늣기 넉여 죽은 삿기 싱각ᄒᆞ고
> 자ᄂᆞᆫ 아비 ᄭᅴ여 노코
> 목셩 조코 힘곳 혀면 사오년식 살건마는
> 불상ᄒᆞᆯ션 우리 목숨 불상ᄒᆞ고 가련ᄒᆞ다
> 장닭이 ᄒᆞᄂᆞᆫ 말이
> 요망훈 져 계집아 무지하 훈치 말고
> 삿기나 잘 길너라
> 삿기곳 잘 기르면 계불삼년이라
> 깁흔 산의 오ᄂᆞᆫ 쭹이 일족이 다 죽어거든

>   허물며 우리등은 개압희 쏙기일 졔
>   사룸이야 이룰소냐
>   삭 압회 잡히일 졔 그믈ᄒᆞ여 둘너주니
>   우리등이 웃듬의 올나 발목의 사지 감고
>   사람은 아릭 셔셔 읍ᄒᆞ여 공경홀 졔
>   셰상의 쾌훈 게라

암탉은 오로지 육친의 정으로 새끼의 죽음을 비통해 하고, 닭의 비극적 운명을 탄식하며 잠든 장닭을 깨운다. 암탉의 비극적 운명에 대한 인식은 새끼닭의 그것과 동일하다.

이러한 어미닭의 태도에 대해 장닭은 "무지하 흔치 말고 삿기나 잘" 기르라며 윽박지른다. 그리고 닭도 잘하면 삼년은 살뿐만 아니라 인간의 보호를 받으니, 인간의 보호를 못받고 산속에서 굶어죽는 꿩보다는 낫다고하여 암탉의 탄식을 타박한다. 올려보지 말고 내려보고 살며, 자신의 처지에 만족하라는 것이다. 게다가 죽어서 제사나 잔치상에 오를 경우 인간에게 공경을 받게 된다고 하여, 생시뿐만 아니라 사후에도 다른 짐승들에 비해 훨씬 나은 처지임을 강조한다.

장닭의 "허물며 우리등은 개압희 쏙기일 졔 사룸이야 이룰소냐"라는 언급은 닭의 비극적 운명을 인정하는 말인 동시에 운명에 순응할 수밖에 없는 처지임을 의미한다. 따라서 장닭의 말은 비록 비극적인 운명을 타고 났지만 현실에 만족하며, 사후의 영광을 생각하여 운명을 비관하거나 거역하지 말고 긍정적인 자세로 수용하라는 것이다.

2) 登場人物의 象徵性

우화는 인간세계의 문제를 동물의 세계에 우회적이고 상징적으로 투영한다. 따라서 본장에서는 이 작품의 각 사건과 제 관계가 인간사의 어떤 측면을 상징적으로 투영하고 있는 지를 살펴보기로 하겠다.
　먼저 이 작품의 모든 갈등은 '지배층-피지배층'의 계층갈등으로 귀착된다. 전반부의 '인간-닭', 후반부의 '가장-식솔'은 모두 '지배층-피지배층'의 관계에 있다. 그리고 피지배층의 가장 대표적인 인물은 이 작품의 주인공이자 작중화자인 새끼닭이다. 따라서 새끼닭이 무엇을 상징하는 지 파악하는 것이 이 작품의 상징성을 해명하는 열쇠가 된다.
　첫 번째와 두 번째 단락에 나타난 닭의 운명과 세 번째 단락에 나타난 주인집의 상황을 비교하여, 인물들의 제 관계를 도표로 나타내면 <표>와 같다.

인간	닭
가장	인간
‖ |	‖ |
지배·의존	지배·의존
⇓ ↓	⇓ ↓
부녀자	**닭**
↑	↑
의존	의존
|	|
아이들·노비	개·烏鵲·조작

　<표>에서 닭과 '부녀자(婦女子)'는 동일한 처지에 있다. 따라서 닭은 부녀자를 상징한다.
　첫째, 부녀자는 가정 내에서는 인간과 닭의 관계에서 닭과 마찬가지로 가장의 지배 하에 있는 피지배층에 속한다.

둘째, 인간이 닭을 지배하고 닭에 의존하는 것과 마찬가지로, 가장은 부녀자를 지배하고 부녀자에게 의존한다.

셋째, 닭은 희생만 당할 뿐 모든 공은 인간에게 돌아가는 것과 마찬가지로, 부녀자에게는 오직 희생과 봉사만이 강요될 뿐 그 공은 모두 가정을 대표하는 가장에게 돌아간다.

넷째, 인간을 포함한 닭을 재외한 모든 존재가 닭에 의존해 생활하는 것과 마찬가지로, 가장을 포함한 모든 식솔들이 부녀자에 의존한다.

다섯째, 닭의 높은 효용가치에도 불구하고 가축들 사이에서 낮은 비중을 차지하는 것도 부녀자의 처지와 동일하다. 치산(治産)·육아(育兒)·사구고(事舅姑)·사군자(事君子)·봉제사(奉祭祀)·접빈객(接賓客) 등 집안의 온갖 굳은 일은 부인이 담당하지만, 자신에게 돌아오는 것은 아무 것도 없다. 누구도 부인의 노고에는 관심을 두지 않으며, 나아가 무조건적인 희생과 복종을 당연한 도리로 여긴다.

즉 부녀자는 가정 내에서 높은 효용가치를 갖고 있고, 모든 가족 구성원들이 그 혜택을 누리면서도 그 안에서 갈등하고 고뇌하는 아내의 처지에는 무관심한 것이다. 더구나 봉건시대의 가부장적 남성중심 사회에서 부녀자들은 남성들에게 철저히 종속된 재하자(在下者)의 위치에 있었다.[7] 특히 며느리의 경우는 더욱 그렇다.

그러면 각각의 사건에서 피지배층으로서의 부녀자의 운명이 닭의 운명과 어떤 식으로 연결되는지 구체적으로 살펴보기로 하자.

먼저 곡식을 구하는 과정에서 온갖 고난을 겪고 급기야 "비오는 날 져즌 짜히 즌 똥을 헤젹이고 버레를 뒤지"기까지 하는 상황은 가족의 생계를 위해 온갖 고난을 감내하는 부녀자의 삶에 대응된다. <복선화음가(福善禍淫歌)>에 나타난 김씨부인의 가문회복을 위한 노력은 이

---

[7] 오륜(五倫)과 삼종지도(三從之道)는 가족 구성원 간의 계급질서를 규정하는 대표적인 예이다.

와 같은 행위에 다름 아니다. 그리고 이러한 행위에 대해 "져마당 아니 보랴고 춤을 밧고 눌니"를 치는 행위는 가족의 생계를 위해 어떤 일이든 수행할 것을 요구하면서, 동시에 여성으로서 지켜야할 품위와 행위 규범을 함께 요구하는 이율배반적인 행태를 의미한다.

두 번째 사건인 닭의 비극적인 죽음을 형상화한 부분도 여성의 비참한 운명을 상징적으로 표현하고 있다. 자신의 의지와는 상관없이 지배층(인간)의 필요에 따라 좌우되는 닭의 운명은 가장에게 자신의 운명을 맡기고 절대적으로 복종해야만 했던 부녀자의 처지와 동일하다. 그리고 죽는 과정에서 짐승과 아이들에게 깃털과 내장을 뺏기는 닭의 모습은 부녀자의 희생과 봉사에 의해서만 생활할 수 있었던 가족들의 모습에 다름 아니다.

세 번째, 주인집의 상황은 닭의 눈에 비친 인간들의 모습이다. 여기에서도 가부장제 하의 가족 구성원들의 차별적인 지위를 직접적으로 보여주고 있다. 표에 나타난 바, 부녀자의 가정 내 역할과 지위는 닭의 역할과 지위에 상응한다. 즉 주인집의 상황은 우화의 외피를 벗고 인간사회의 불합리한 가족제도의 일면을 직접적으로 표상하고 있다. 더구나 새끼닭과 마찬가지로 안주인의 처지에 대해 상당히 동정적인 시선을 보내고 있다.

여기까지의 내용으로 보면 <계한가>는 신변탄식류 규방가사로서, 가부장제의 불합리한 가족제도 안에서 오로지 희생과 봉사만을 강요당하고 아무런 보상도 받지 못하는 부녀자의 비극적인 운명을 고발하고 있는 작품으로 이해된다.

그런데 마지막 닭부부의 대화에서는 이제까지 진행된 '지배-피지배' 간의 대립적인 관계가 보호와 그 대가로서의 희생이라는 상보적인 관계로 역전된다. 즉 가족들은 가장의 보호에 의존하여 안전을 보장받기 때문에 그에 상응하는 부녀자의 희생은 당연하다는 것이다. 더구나 사후의 영광을 생각하면 부녀자의 희생은 괴로운 것이 아니라 자랑스러운 것이라고 역설하고 있다.

암탉의 운명에 대한 인식은 새끼닭의 그것과 동일하다는 점에서 장닭의 훈계는 암탉뿐만 아니라 새끼닭에게도 적용된다. 더구나 장닭의 훈계는 재론의 여지가 없이 단호하며, 이것으로 작품을 마무리하고 있는 점에서, 장닭의 말은 주제로 볼 여지가 충분히 있다. 이렇게 되면 <계한가>는 교훈적인 작품이 된다.

이상에서 살펴본 바, 작품의 주제를 어느 한 방향으로 섣불리 결정할 수 없다. 이 문제를 해결하기 위해 우리는 이 가집에 함께 수록되어 있는 나머지 두 작품을 살펴보고, 거기에 나타나는 용인이씨의 가치관을 살펴볼 필요가 있다.

먼저 <나부가>를 살펴보도록 하자. <나부가>는 <용부가>와 비슷한 성격의 작품으로, 나태한 부인의 행위를 경계하고 있다. 부녀자의 직분으로 제시된 것은 '계녀가류'에서 일반적으로 강조하고 있는 사구고(事舅姑)·봉제사(奉祭祀)·접빈객(接賓客)·사군자(事君子)·목친척(睦親戚)·어노비(御奴婢) 등이다.

나부(懶婦)의 부정적인 행위는 나태와 낭비, 가장과 시부모의 권위 거부 등이 제시되어 있다. 이외에도 구경가기, 소설읽기, 마실가기 등이 제시되어 있으며, 그의 모든 부정적인 행위를 치산(治産)의 실패(破産)와 관련시키고 있다. 게다가 자신의 치산 실패로 인한 가난의 원인을 남편의 무능으로 돌려 남편으로 하여금 환자빚을 꾸어오라고 독촉한다.[8]

---

8) 그리 져리 허비ᄒᆞ고 남은 양식 잇슬손가 // 졔ᄉ ᄡᅥᆯ 당ᄒᆞᆫ디도 메쌀 ᄒᆞ되 어디 ᄡᅮ리 // 사랑의 손님 와도 무어스로 디졉ᄒᆞᆯ가 // 이마ᄒᆞᆫ 가장 원망머리 글고 ᄒᆞᄂᆞᆫ 말이 // 방도 업ᄂᆞᆫ 이 냥반아 변통셩도 젼혀 업다 // 환ᄌ

부녀자의 악행과 그로 인한 가문이나 가정의 경제적 몰락을 결과로 제시하여 권계하는 방식은 19세기 교훈가사의 일반적인 특징이다.9) 이 작품들에서는 아녀자의 행동과 생각이 가문의 성쇠(盛衰)에 지대한 영향을 미친다는 것을 강조하고 있다.

<연안김씨유훈>은 작가인 연안김씨가 소씨 가문에 출가하여 자식 하나 두지 못한 상태에서 남편이 죽자, 자신의 운명을 한탄하며, 죽기를 작정하고 조카에게 유언한다. 유언의 요지는 조카에게 사촌이 생기거든 자신의 가산을 물려주어 대를 이어달라는 것이다.10) 자식을 두지 못한 것도 죄이며, 남편을 따라 죽지 못한 것도 죄라고 하였다. 하지만 조상의 향화(香火)를 끊는 것은 더욱 큰 죄이기에 양자라도 들여 가문의 대를 잇고자 지금까지 온갖 갈등을 이기며 견뎌왔다고 하였다. 즉 이글은 가문을 보전하기 위해 개인적인 갈등과 고뇌를 기꺼이 감수했던 조선조 여인의 집념을 기릴 목적으로 수록된 것이다.

이와 같은 작품을 필사·향유했다는 것은 필사자인 용인이씨 자신이 전통적인 부덕(婦德)에 이념적으로 견고했음을 의미한다. 특히 두 작품 모두 가문의 보전과 번성을 위해 여성의 인내와 순종을 요구하고 있다는 점에서 용인이씨의 여성관을 읽을 수 있다.

<나부가>와 <연안김씨유훈>을 통해서 볼 때, <계한가>의 주제는 장닭의 훈계에 있다고 할 수 있다. 그래도 남는 문제는 새끼닭의 비극적 운명과 내적 갈등을 묘사하는 데 작품의 3/4을 할애하고 있고, 새끼닭과 안주인의 처지에 동정적 태도를 보이며 그의 탄식에 공감하고

빗 겨우 너여 쳔신만고 변통ᄒ면.
9) 박연호, 앞의 논문 참고.
10) 부탁ᄒ리ᄂ 나 죽은 후 세간ᄉ리 잘거두어 네 ᄉ촌 숨기거든 가도을 경ᄒ여 우의을 일치 말고 줄 슬어 너의 삼촌홀영을 위로ᄒ여라 불상불상ᄒ다

있다는 점이다.

<계한가>는 교훈가사이면서도 부녀자의 갈등에 공감한다는 점에서 여타의 교훈가사들과 다르다. <용부가>나 <복선화음가>에 나타는 바, 기존의 교훈가사에서는 부정적인 인물의 행위와 그 결과만을 부각시켜 비판적 시각으로만 서술하고 있다. 그러나 이 작품에서는 새끼닭과 안주인의 탄식을 일방적으로 비판하지 않고, 동정과 공감의 태도를 보인다. 이는 작가가 부녀자의 입장에 충분히 공감하면서도 감내해야 한다는 인식의 소산이다.

즉 <계한가>의 작가는 희생과 복종만이 요구되는 부녀자의 삶이 힘들고 괴롭다는 것은 공감하면서도, 가족과 가문의 안정과 번영을 위해서는 인내하고 순종해야만 한다는 의식을 함께 갖고 있는 것이다. 따라서 <계한가>는 가부장제 사회에서 희생과 복종만을 강요당하던 여성들의 불만을 가문의식과 가부장제 이데올로기를 통해 해결하려한 작품이라 할 수 있다. 바로 이런 점에서 이 작품은 봉건성을 탈피하지 못하고 있다.

3. <鷄恨歌>의 産出基盤

우화가사 <계한가>는 우화소설의 영향, 가사의 서사화경향, 교훈가사의 전통, 여성의 처지에 대한 인식의 변화 등 문학내외적인 요인이 복잡하게 작용하여 창출되었던 것으로 생각한다. 이에 본장에서는 <계한가>의 장르적 성격에 주목하여, 이 작품에 끼친 우화소설의 영향과 서사성에 대해서 살펴보기로 하겠다.

1) 〈장끼전〉의 영향

이 작품이 우화 기법으로 서술될 수 있었던 배경에는 조선후기에 많은 우화소설이 규방에서 활발하게 유통·향유되었던 당대의 문학적 기반이 깔려 있다. 조선후기 우화소설 중 '지배-피지배' 사이의 갈등이 나타나는 작품은 <토끼전>과 <장끼전>이다. <계한가>는 그중 <장끼전>의 영향을 많이 받은 것으로 보인다. 따라서 여기에서는 <장끼전>과의 관계를 살펴보도록 하겠다.

첫째, 화소의 성격면에서 <계한가>는 <장끼전>과 유사한 점이 많다. <계한가>의 서두에 제시된 생존을 위한 구곡과 그 과정에서 겪는 고난은 <장끼전>의 서두에서 "슈풀밋히 숩엇다가 텬화세개 보랴ㅎ고 빅운산 숭숭봉이 허위 허위 올나"갓다가 보라매와 사냥꾼 등에게 쫓기며 고난을 당하는 꿩의 모습과 유사하다.

특히 <계한가>에서 새끼닭이 위험을 무릅쓰고 곡식을 먹으려 한 동기도 <장끼전>과 동일하다. <장끼전>에서도 "슴동셜한 쥴인" 꿩의 처지는 체면이나 염치는 이미 고려할 처지가 못되며11) 오직 "시중 허긔 치우"기가 가장 시급한 상황이다. 이 때문에 죽음에 처할 위험을 감수하며 콩을 먹을 수밖에 없었던 것이다.

<계한가>에서 새끼닭이 자신의 공덕에도 불구하고 자신을 핍박하는 인간을 비판하고 있는데, <장끼전>의 서두에도 동일한 화소가 보인다.12)

---

11) "염치도 부지럽고 먹논거시 읏듬이ᄅ"<자치가>(고대본). "삼동셜한 쥬린 구복 엇지ᄒ야 연명ᄒ리", "아니먹고 어이살야 네나 먹지말고 아사귀신 되어셔라"<장치전> "하물며 시장할츠 오날도 식젼이라"<꿩자치가>. "시중흔듸 그 무어셜 안니 먹으리", "오랄 쏘흔 식젼니라 니콩안니 먹을손야", "염치쏘흔 부질읍다 먹논거시 읏듬이라"<자치가젼>. "쥬린김의 오날도 식젼이라", "염치도 볼것업고 먹논거시 졔일이라"<화츙선싱젼>. "삼동셜한 굼든짐승 이안이 검쩍한가"<까토리가>.

<계한가>의 주제와 관련시켜 볼 때, 닭의 구곡은 구곡 과정에서의 닭의 고난과 인간의 자기중심적인 태도를 부각시키기 위해 제시된 것이다. 반면에 <자치가>에서는 구곡이 하층민의 생존문제와 직결되어 있으며, 장끼의 어리석음과 죽음이라는 사건을 이끌어내기 위해 동원되고 있다. 특히 <계한가>는 경제적인 문제보다는 가정 내에서의 계층문제에 초점이 맞추어져 있으므로, '주인의 가난과 닭의 구곡행위'는 사건을 전개시키기 위한 장치에 불과할 뿐 주제와의 연관성은 약하다. 따라서 가난과 구곡이라는 화소는 작품 내에서의 기능은 다르지만 <자치가>에서 수용한 것으로 보는 것이 타당하리라 생각한다.

　둘째, <장끼전>의 '인간-꿩', '장끼-까투리'는 <계한가>의 '인간-닭', '장닭-암탉', '가장-식솔'과 마찬가지로 각각 '지배-피지배'의 관계로 설정되어 있다는 점이다. 조선후기 우화소설 중에서 인간과 동물, 남편과 아내의 관계를 '지배-피지배'의 관계로 다룬 작품은 <장끼전> 뿐이다. 특히 <장끼전>은 장끼의 횡포와 까투리의 고난을 중심으로 이야기를 전개하고 있는데, 이는 <계한가>와 정확히 일치한다.

　이상에서 볼 때, <계한가>는 <장끼전>의 영향 하에서 창작된 것이라 생각한다. 이러한 흔적은 수탉의 "깁흔 산의 오는 쮕이 일족이 다 죽어거든"이라는 언급에서도 나타난다.

---

12) <장끼전>에서는 월상(越裳)이 주(周)에 헌백치(獻白雉)를 함으로써 천하가 태평하게 된 고사(古事)를 꿩의 공덕으로 제시한다. 그리고 이런 공덕에도 불구하고 '굿타여 줍아닥아' '굿타여 살히'하는 인간의 모습을 제시함으로써, 인간들에게 고난을 받는 꿩의 모습을 제시하고 있다.
고대본 <자치가>는 이 부분을 더욱 강조하고 있다. "인간을 희호던가 오옥을 희호던가 임직업시 노는 몸을 굿퇴야 주바다가 삼퇴육경 슈령방빅 실토록 즁복호고 …중략… 노지승 멸문 효관 우리로 살겨스니 이리 헤누 져리헤누 우리공이 만컨마는 야속호 두 쮕의 팔지 쑛이눈이 스람이 른".

<계한가>가 <장끼전>의 직접적인 영향을 받아 창작될 수 있었던 것은 <장끼전>이 조선후기에 다양한 형식으로 광범위하게 유통되고 있었기 때문이다. <장끼전>은 판소리나 소설뿐만 아니라 가사, 민요, 설화 등 다양한 경로를 통해 전승될 정도로 대단히 익숙한 이야기였다.13)

따라서 <계한가>가 <장끼전>의 여러 갈래 중 어떤 갈래에 직접적인 영향을 받았는지는 속단할 수 없다. 다만 유통공간이나 주제, 작가의식 등의 측면에서 볼 때, <장끼전> 이본계열 중 까투리의 비극적 운명과 고난에 초점을 맞추어 규방에서 유통된 '자치가류'와 가장 가깝다는 점만은 지적할 수 있다.

한편 <장끼전>은 '장끼의 헛된 욕심과 그로 인한 망신', '조선후기 하층민의 비극적 운명과 고난'이라는 이중적 주제를 담고 있다. 그리고 이본에 따라 어느 한 쪽을 강하게 부각시키거나 더 나아가 까투리를 개가시킴으로서 '고난의 극복'으로까지 발전시키기도 하였다. 이 과정에서 지배층(인간, 장끼)의 횡포가 지극히 부정적인 시각으로 강하게 부각되어 있다.14) 그리고 이본에 따라 다르긴 하지만, <장끼전>은 대부분 세계와의 대결에서 팽팽한 긴장을 유지한 채 마무리되거나 세계와의 대결에서 승리하는 방향으로 귀결된다.

그런데 <계한가>는 지배층의 횡포보다는 피지배층의 고난과 갈등에만 초점을 맞추고 있다.15) 더구나 그것을 운명으로 받아들여, 순응하

---

13) 권영호의 조사에 의하면, <장끼전>은 소설, 가사, 민요, 설화의 형태로 제주도를 포함한 경기이남 지역에 광범위하게 퍼져 있었던 것으로 나타난다〔권영호, 「장끼전 作品群 硏究」(경북대 박사논문, 1995)〕.
14) 이는 규방여성의 시각이 가장 강한 '자차가류'에서도 마찬가지이다.
15) 이 작품에서 강자의 횡포라야 주인마누라의 모진 행위와 암탉의 탄식에 대한 수탉의 위협뿐이다. 그러나 이러한 행위들은 상대방과의 다툼에서 결과된 것이 아니라, 자기중심적인 태도에서 기인한 것이다. 따라서 약

고 복종할 것을 요구하고 있다.

　이러한 내용을 굳이 우화의 기법으로 서술한 것은 첫째, 당대의 시대상황으로 볼 때, 여성의 고난과 갈등에 대한 공감을 직설적으로 표현하기 어려웠기 때문이며, 둘째, 우화형식이 갖는 간접성16)과 흥미를 통해 교훈대상이 교훈이라는 주제에 대해서 갖는 선입관과 거부감을 해소하기 위한 것으로 생각된다. 즉 교훈대상이 처음에는 <계한가>를 자신의 삶과는 상관없는 닭의 이야기로 일정한 거리를 두고 흥미롭게 읽어나가다가 작품을 완독한 후 자연스럽게 교훈을 얻도록 유도한 것이다.

2) 서사화 경향

　<계한가>의 우화형식 도입은 가사의 서사성의 측면에서 중요한 의미가 있다. 지금까지 서사가사의 범주에서 논의된 작품들은 <우부가>·<용부가>·<백발가>·<거사가>·<원한가>·<노처녀가>·<신가전>·<복선화음가> 등이다.17)

　장정수는 서사가사를 '일정한 성격을 가진 인물과 일정한 질서 속에

　　자를 괴롭히는 강자의 모습과는 성격이 다르다.
16) 교훈내용을 직설적으로 서술한 작품은 작가가 수용자에게 판단할 여지를 주지 않고 강제적이고 직접적으로 교훈을 전달한다. 전형화된 인물의 악행과 몰락의 과정을 객관적으로 서술한 작품도 서술대상이 인간이며, 결론이 이미 예정되어 있고, 서술자의 판단과 평가가 빈번하게 개입한다는 측면에서 수용자의 판단의 여지는 거의 없다고 할 수 있다. 하지만 동물우화는 인간의 이야기도 아니며, 서술자의 목소리가 전혀 개입하지 않는다는 측면에서 완전히 간접화된 교훈방식이라 할 수 있다.
17) 이외에 <일동장유가>·<한양가>·<생조감구가>·<만언사>·<북천가> 등이 서사가사의 범주에서 논의되었으나, 기행문학이나 수필 등을 서사의 범주에 넣기는 어렵다고 보아 이후 제외되었다.

서 전개되는 사건을 가진 있을 수 있는 이야기'라고 정의하였다. 그리고 서사적 특징을 인물・구성・주제・배경의 측면에서 논의하고 있다.18) 인물이 중시되는 서사가사에는 다양한 계층과 성격의 인물이 등장한다는 점, 인물간의 갈등은 아니지만 주인공과 외부적 힘과의 갈등이 나타난다는 점, 다양한 배경이 채택된다는 점 등을 서사적 특징으로 제시하였다.

장정수의 논의에서도 나타난 바와 같이 지금까지 서사가사로 분류된 작품들은 소설을 비롯한 본격서사와 몇 가지 차이가 있다. 먼저 1인칭 화자의 자기토로방식이라는 점, 사건 중심이 아니라 인물중심이라는 점, 갈등 양상이 인물간의 갈등이 아니라 주인공과 세계와의 갈등이라는 점 등이다.

본격서사는 작가와 분리된 이야기꾼narrater이 있어야 한다. 그리고 인물보다는 사건이 중심에 서며, 갈등이 사건전개의 핵심적인 요소가 된다. 또한 인물들 사이의 갈등이 세계와의 갈등보다 훨씬 우세하게 나타난다. 게다가 각각의 사건들은 인과관계 속에서 유기적으로 연결되어 계기적으로 일어나며, 전완성(全完性)19)을 갖는다. 이런 측면에서 <계한가>는 완전한 서사물이라 할 수 있다.

<계한가> 정도로 발전된 서사가사가 나올 수 있었던 것은 가사의

---

18). 장정수, 「서사가사 특성연구」(고려대 석사논문, 1989).
19) 서사성은 제시된 사건들이 하나의 전완체(처음과 중간과 끝이 있는 하나의 완전한 구조물)를 이루고 있는 정도에 의존한다. 시작과 끝 둘 중에 하나만 있는 것은 서사물이 아니다. 마찬가지로 계속적인 주제가 없거나 처음과 끝 사이에 아무런 관계도 없거나 주어진 상황의 변화에 대한 (설명적)기술이 없는 서사물, 말하자면 중간들로만 되어 있는 서사물에는 사실상 서사성이 없다. 또한 서사물은 사건들의 단순한 시간적 연쇄가 아니라 계층구조적 연쇄를 이루어야 한다. 즉 유사한 사건들이 결합하여 좀더 크고 상이한 사건을 형성한다〔제랄드 프랭스 著(1982), 崔翔圭 譯, 『서사학 - 서사물의 형식과 기능-』(文學과知性社, 1988)〕.

갈래적 개방성 외에 조선후기 소설과의 교섭이 커다란 요인으로 작용했음을 부인할 수 없다. 그러나 조선전기 가사에서부터 이미 부분적으로나마 계기성과 전완성을 가진 최소스토리[20]들이 제시되고 있었다.[21] 가사는 이미 내재적으로 서사의 가능성을 안고 있었던 것이다.

그러다가 조선후기로 오면서 서사성이 확대된다. 조선전기와 비교

---

20) 최소 스토리는 결합된 세 개의 사건으로 구성된다. 첫째 사건과 셋째 사건은 상태적 *stative*이고, 둘째 사건은 행동적 *active*이다. 더욱이 셋째 사건은 첫째 사건이 변화된 것이다. 마지막으로 이 세 개의 사건들은 (1) 시간상으로 첫째 사건이 둘째 사건을 앞서고, 둘째 사건은 셋째 사건을 앞서며, (2) 둘째 사건이 새째 사건의 원인이 되도록, 접속자질 *conjunctive peatures*에 의하여 결합된다. 즉 최소스토리의 조직원리는 (1) 시간적 연속, (2) 인과관계, (3) 전도(顚倒)이다[제랄드 프랭스, 앞의 책, 35~36면]. 즉 상태적 사건A가 행동적 사건을 계기로 상태적 사건A'로 변화되어야 최소스토리라고 할 수 있다.

21) 和風이 건듯 부러 綠水를 건너오니 / 淸香은 잔에 지고 落紅은 옷새 진다 / 樽中이 뷔엿거든 날드려 알외여라 / 小童 아히드려 酒家에 술을 믈어 / 얼운은 막대 집고 아히는 술을 메고 / 微吟 緩步ᄒᆞ야 시냇ㄱ의 호자 안자 / 明沙 조흔 믈에 잔 시어 부어 들고 / 淸流를 굽어 보니 써오ᄂᆞ니 桃花ㅣ로다 / 武陵이 갓갑도다 져 미이 긘거인고 / 松間細路에 杜鵑花를 부치 들고 / 峰頭에 급피 올나 구름 소긔 안자보니 / 千村萬落이 곳곳이 버러잇다 <상춘곡>

위 인용문은 '① 和風이 불었다 → ② 綠水를 건너 술을 먹었다 → ③ 홍취가 고조된다 → ④ 술이 떨어졌다. → ⑤ 술을 사왔다. → ⑥ 시냇가에 앉아 혼자 술을 먹는다. → ⑦ 淸流에 桃花를 보며, 무릉이 가깝다고 생각했다 → ⑧ 무릉을 찾아 산으로 올라갔다. → ⑨ 구름 속에 앉아 마을을 내려다 본다'라는 10 개의 사건으로 나눌 수 있다. 이것들은 다시 ①②③, ④⑤⑥, ⑦⑧⑨의 세 가지의 보다 큰 사건으로 나눌 수 있다. 이중 첫 번째 사건인 ①②③에서 ②는 ①로 인해 생긴 홍취를 고조시키기 위한 행위이고, 결과적으로 ③의 상태로 변화시켰다는 점에서 서사이다. 두 번째 사건인 ④⑤⑥에서도 ⑤는 ④의 상태를 ⑥의 상태로 변화시키며, 시간의 연쇄 속에서 인과적으로 연결되어 있으므로 서사라 할 수 있다. 세 번째 사건인 ⑦⑧⑨에서도 ⑧은 무릉을 찾으려는 욕구(⑦)를 해소(⑨)하는 계기가 된다는 점에서 서사라 할 수 있다. 세 개의 최소스토리는 서로 계기적으로 연관되어 있다.

해서 조선후기 가사가 서사화될 수 있었던 가장 큰 요인은 담론의 대상과 창작 목적의 변화를 들 수 있다. 조선후기에는 자신의 삶(규방가사 ; 신변탄식류, 화전가류, 석별가류), 타인의 삶(교훈가사 ; 인물중심가사, 기행가사 ; <북세곡> 등), 사회문제(현실비판가사) 등으로 관심이 전환·증폭되었고, 거기에 맞는 서술방식을 발전시켜 나갔다.

규방가사에서는 시간의 흐름에 따라 계기적으로 서술함으로서, 교훈가사와 기행가사 등에서는 인물의 행위를 관찰자적 입장에서 서술·보고함으로서, 현실비판가사에서는 사건의 전말을 서술·보고함으로서 각각 일정정도의 서사성을 확보하게 되었다.

그러나 이상의 작품들은 시간의 흐름에 따라 일방적인 방향으로 계기적으로 서술되거나 단편적인 사건들이 무계기적으로 서술됨으로서 완전한 서사물이 될 수는 없었다.

이에 비해 <덴동어미화전가>·<노처녀가>·<신가전> 등은 이보다 한걸음 더 나아가 사건들이 인과관계에 의해 연결되고, <신가전>에서는 부분적이나마 인물간의 갈등이 개입된다. 즉 기초적이나마 플롯을 갖게 된 것이다.

그러나 이 작품들도 앞의 작품들과 마찬가지로 주인물시점에 의한 1인칭 화자의 자기 토로방식으로 서술되어 있으며, 사건들이 인물간의 갈등이 없이 시간의 흐름에 따라 계기적으로 병렬되어 있을 뿐이다. 즉 이야기꾼이 갈등을 기본축으로 사건을 전개시키는 수준까지는 나아가지 못했다.

이들과 비교할 때, <계한가>는 완벽한 서사물이라 할 수 있다. 우화는 허구를 전제로 한 것이므로, <계한가>는 이야기꾼이 존재한다. 또한 인물보다는 다양한 인물들 사이에서 일어나는 갈등을 축으로 사건이 전개되어 있다. 그리고 각 사건들은 모두 주제를 향해 유기적으로 연관되어 있다. 그리고 새끼닭 이외에 복수의 전경화foreground된 작중인물(장닭과 암탉)22)이 등장한다. 이상의 특징들은 본격 서사로 볼 수 있는 충분한 조건이 된다. 따라서 <계한가>는 가사의 서사화경향의 최극점에 있는 완벽한 서사물이라 할 수 있다.

시점도 1인칭 주인물 시점을 사용하는 여타의 가사들과 다르다. 이 작품에서 작중화자는 물론 새끼닭이다. 전반부는 새끼닭이 등장인물이자 작중화자로, 1인칭 주인공시점에 의해 서술되어 있다. 그런데 후반부는 인간들과 부모의 모습을 바라보는 1인칭 관찰자 시점에서 서술되어 있다. 즉 1인칭 자기토로 형식에서 관찰과 보고의 형식으로 서술되어 있다. 시점의 변화는 궁극적으로 작품의 주제를 효과적으로 형상화하기 위해 시도된 것이다.

하지만 고전소설은 3인칭 시점이며, 가사는 1인칭 주인물 시점이라는 점을 상기할 때, 이 작품은 시점에 있어 가사의 전통을 유지하고 있다. 또한 시간의 역전이 없이 일방적인 방향으로 진행된다는 점에서 고전소설과는 차이가 있다.

4. 結論

이상에서 살펴본 바, <계한가>는 여성과 여성문제에 대한 인식, 교훈방식, 서사성의 측면에서 많은 변화를 보이고 있다.

여성문제에 대한 관심은 18세기 가문의식이 강화되면서 부각되기 시작한 것으로, 이후 여성에 대한 통제와 압박은 지속적으로 강화되었

---

22) 우리가 보통 작중인물 *character*이라고 부르는 것는 그것을 단정하는 일련의 명제들에 공통적인 하나의 논제, 또는 논리적 참여자이다. 논리적 참여자가 하나의 작중인물로서 기능을 하자면, 배경으로 밀려날 게 아니라 서사물 내에서 적어도 한 번은 전경화되어야 한다. 제랄드 프랭스, 앞의 책, 112면.

다. 대부분의 교훈가사들은 여성의 현실적 처지는 도외시한 채 이념과 윤리만을 강조하고, 19세기에는 여성을 본래부터 편벽하고 부정적인 존재로 인식하기까지 하였다.23)

하지만 <계한가>는 여러 가지 한계에도 불구하고 여성문제를 여성의 입장에서 객관적으로 바라보고 있다. 또한 여성문제의 근본적인 원인을 봉건적 가족제도라는 구조적인 측면에 두고 있다는 점에서 여성문제에 대한 인식의 변화를 읽을 수 있다.24)

여성문제에 대한 이와 같은 인식의 변화는 교훈방식의 변화를 초래했다. 기존의 교훈가사에서는 여성의 현실적 처지는 무시한 채 여성의 의무를 일방적으로 전달하거나(오륜가사), 부정적인 행위만을 부각(용부가)시키는 방식을 사용했다.

그러나 <계한가>에서는 여성의 처지에 공감하는 태도를 보임으로서 수용자층과의 심리적 거리를 제거하고 있다. 그리고 마지막 부분에서 이러한 희생과 봉사는 가문의 번영이라는 더 큰 대의를 위해 필요한 것임을 역설하고 있다. 이러한 주제를 동물우화를 통해 제시함으로서 자연스럽게 여성 스스로 자신의 가치를 인식할 수 있도록 하고 있다. 이는 여성문제가 더 이상 이념이나 윤리적인 측면에 대한 강요만으로 해결될 수 없음을 인식한 결과이다.

또한 당대 여성의 처지를 다른 작품에 비해 현실성 있게 그려내고 있다. 이념과 현실의 불일치 속에서 생활의 논리나 본능을 따른 인물

---

23) 박연호, 앞의 논문.
24) 여성의 입장에서 자신들의 현실적 갈등을 토로한 작품들이 신변탄식류 규방가사이다. 이 작품들에서는 갈등의 원인을 시댁식구나 남편의 성격적 결함으로 인식할 뿐, 가부장제의 구조적인 모순은 인식하지 못한다. 이와 비교할 때, <계한가>는 교훈가사라는 한계에도 불구하고, 가부장제 하에서의 여성의 지위와 처지를 문제 삼고 있는 점에서 여성문제에 대한 인식의 발전을 확인할 수 있다.

이 <복선화음가>의 '괴똥어미'나 <용부가>의 '용부'이며, 이념에 충실한 인물이 <복선화음가>의 '김씨부인'이다. 하지만 이들은 모두 현실에서는 존재하기 힘든 비현실적인 인물형상이다.

　이에 비해 <계한가>는 여성의 처지와 갈등을 공감하며, 객관적으로 그려냄으로서 현실성을 획득하고 있다. 이는 여성문제를 남성의 시각이 아닌 여성의 시각에서 본 결과이다.

　한편 서사성의 측면에서 <계한가>는 인물중심이 아닌 사건중심으로 서술되어 있으며, 인물간의 갈등을 기본축으로 서사가 진행되고, 복수의 전경화된 작중인물이 등장한다는 점에서 소설을 가사화한 작품이 아닌 순수가사작품 중 가장 발전된 서사양식을 보이고 있다.

〔우리어문연구 12, 1999. 5.〕

결론을 대신하여

이상 8편의 논문들은 가사문학의 역사적 흐름을 염두에 두면서 집필되었다. 하지만 각각 다른 시기에 집필된 논문들을 한 권의 책으로 묶어놓고 보니 전체를 간략하게 정리하고, 시간이 지남에 따라 바뀐 생각이나 개념어들을 정리해야할 필요성을 느끼게 되었다.

1. 개념어

논의를 정리하기에 앞서 본 논문들에서 사용된 개념어와 관련된 문제들을 먼저 짚고 넘어가기로 하겠다.

본서에 수록된 일련의 논문들에는 처음에 집필한 것과 나중에 집필한 부분에서 다르게 쓴 개념어들이 있고, 개념어를 좀더 명확히 규정할 필요가 있는 것들도 있다.

17세기 가사의 장르문제를 논의했을 때까지는 서정적 양식, 주제적 양식 등 '~적 양식'이라는 용어를 사용했고, <조선후기 가사의 장르적 특성>에서는 서정장르, 서사장르, 주제장르라는 용어를 사용하였다. 애초 '~적 양식'이라는 용어를 사용했던 이유는 개별 작품이 여러 가지 장르의 특성을 공유하고 있으며, 때문에 어떤 작품을 특정 장르로 규정하는 것은 가장 지배적인 경향성을 지적하는 것이라는 의미에서 형용사형을 사용했던 것이다. 지금도 개별 작품의 장르를 규정함에 있어서는 경향성을 의미한다는 데는 변함이 없다. 그러나 '형용사형'과 '양식'이라는 용어는 일반적으로 작품의 부분적인 속성 내지 진술방식을 의미하는 경우에 쓰이는 용어이기 때문에 전체적인 특성을 나타내려 할 때, 의미의 혼돈이 생기는 경우가 있었다. 그래서 '~장르'라는 용어가 작품전체의 장르적 성격을 더 명확하게 규정한다고 생각해서 '명사형'으로 바꾸어 사용한 것이다. 동일한 논문에서 '~장르'와 '~적 양식'이라는 명칭을 함께 사용한 경우, '~장르'는 개별 작품 전체의 장르적 성격을, '~적 양식'은 진술방식 차원의 의미로 사용했다. 이와 관련하여 성무경이 제시한 '진술방식'과 '진술양식'이라는 개념어는 두 가지를 나눌 수 있는 효과적인 용어라고 생각한다.[1]

이외에 '주제구현방식'과 '시상전개방식'이라는 용어를 사용하였는데, 17세기까지는 '주제구현방식'이라는 용어를, 조선후기 가사에서는 '시상전개방식'이라는 용어를 사용하였다. 이 문제는 '시상전개방식'을 요약·정리한 부분에서 다루기로 하겠다.

2. 장르의 개념과 관계

이 논문들은 '가사란 무엇인가?'라는 문제를 해결하기 위해 집필되었다. 그래서 먼저 이론적 장르 개념인 서정, 서사, 극, 교술 등의 개념, 그리고 이론적 장르와 역사적 장르의 관계를 천착해 보았다. 그 결과 서정, 서사, 극, 교술 등의 이론적 장르의 개념들은 처음부터 연역적으

---

1) 성무경은 그의 박사논문에서 '특정한 부분의 진술이 작품의 유기적 질서를 이루는 한 구성요소로서 기능하면 진술방식이고, 그것이 전체 작품의 유기적 질서를 이루는 원리이면 진술양식이 된다'고 하였다. 그리고 진술양식이 바로 존재양식이라고 하였다〔성무경, 「歌辭의 存在樣式 硏究」(성균관대 박사논문, 1997), 29면〕.

로 하나의 기준에 의해 분류되고 규정된 것이 아님을 알게 되었다.

각 장르의 개념들은 문학의 범위가 확대되면서 첨가되는 형식으로 산출되었다. 아리스토텔레스의 『시학』이나 플라톤의 『국가론』에서 문학으로 규정되는 절대적인 조건은 모방 $mimesis$이었다. 즉 인간의 행위를 모방하는 재현적 장르— 서사시와 극 —만을 문학으로 인식하였던 것이다. 『시학』에서는 문학을 시점에 따라 구분하고 있는데, 극은 mimesis 만으로, 서사시는 mimesis + diegesis로 규정하고 있다. 그리고 순수한 diegesis만으로 되어 있는 것— 서정시 —은 문학의 범위에서 제외하고 있다. 아리스토텔레스와 플라톤이 시점을 문학 장르를 나누는 핵심적인 개념으로 사용할 수 있었던 것은 서사시와 극이 시점만으로도 명확하게 구분될 수 있었기 때문이다. 이 시기 문학의 개념은 철저히 모방론에 의거했던 것이다.

한편 서사시와 극은 행위의 모방, 사건의 모방으로 규정된 것에 알 수 있듯이 플롯이 전제되어 있다. 극과 서사시의 조건으로 플롯을 설정하고, 서술자— narrater, diegesis —의 존재 여부에 따라 둘을 나누는 이유가 여기에 있다.

서정시가 문학의 범위에 포함된 것은 18세기이다. 서정시가 개별적인 문학 장르로 자리 잡게 되었다는 것은 이 시기에 서정시를 문학으로 인식하는 생각들이 보편화되었음을 의미한다. 그런데 모방론적 관점은 20세기까지도 서구에서 문학을 규정하는 가장 주된 관점으로 작용했기 때문에 서정시도 어떤 방식으로든 모방론의 관점에서 설명되어야 했다. 그것이 바로 '정서' 또는 '감정'. '내면'의 모방이라는 개념이다.

여기에서 장르를 구분하는 기준이 또 하나 생겨난 것이다. 즉 서사시와 극은 '행위'의 모방으로, 서정시는 '정서'의 모방이라는, '시점'이 아닌 '모방의 대상'이 또 하나의 기준이 된 것이다.

제 4장르 즉, 교훈 또는 교술 장르로 번역되는 didactic과 주제적 장르로 번역되는 thematic은 20세기 중반에 설정된 장르이다. 이것들이 문학의 범위에 포함되게 된 것은 여타의 문학 장르와 마찬가지로 삶의 의미를 깨닫게 해주는 비전을 갖고 있다고 생각했기 때문이며, 모방뿐만 아니라 미문(美文)을 모두 문학으로 인식한 결과로 생각된다.[2] 우리나라를 포함한 동양문학에서 주제 장르가 유용하게 받아들여지는 이유는 전통적으로 '기(記)'나 '사(辭)', '부(賦)', '문(文)' 등 객관적 사실을 기록, 전달하는 데 초점을 맞춘 문장들을 문학의 일부로 인식해 왔기 때문이다.

이 개념들은 일차적으로 작품 창작의 목적에 의해 규정된 것이다. 즉 사실이나 진리, 또는 그렇게 인식되는 것을 전달하는 데 초점이 맞추어져 있는 것들을 의미한다. 제 4장르에 해당하는 작품들은 제 4장르가 구안되기 전까지는 모두 서정시로 분류되었다. 그러나 '정서'의 모방이라는 규정과의 괴리가 너무 커서 따로 독립된 것이다. 이렇게 되다보니 '창작 목적', 그리고 '정서'가 아닌 '객관적 사실이나 진리'라는 '표현대상'이 제 4장르를 규정하는 또 하나의 중요한 기준으로 설정된 것이다.

이처럼 이론적 장르의 개념이나 기대지평은 어느 한 시기에 하나의 통일된 기준으로 분류된 것이 아니라, BC 4C 경부터 20세기 중반에 이르기까지 오랜 시간에 걸쳐 문학의 범위가 확대됨에 따라 그것들을 분류하고 독자성을 규정할 목적으로 순차적으로 첨가되며 서로 다른 기준들에 의해 규정된 것이다.

---

[2] "文學은 價値있는 體驗의 記錄이다"라는 최재서의 언급은 문학의 범위가 어느만큼 넓어질 수 있는가를 상징적으로 보여준다〔최재서, 『문학원론』(춘조사, 1963), 11면〕.

서정, 서사, 극, 주제 장르를 동일한 기준에 의거하여 연역적으로 개념을 규정하려는 시도가 만족할 만한 결론을 도출하지 못하고 각 개념들의 기대지평에서 멀어지게 되는 것은 바로 이 때문이다. 더구나 앞서 제시한 4개의 장르개념들은 서구의 문학전통 속에서 그네들의 문학을 분류하기 위해 고안된 것들이기 때문에 문학의 범위와 문학적 전통이 전혀 다른 동양문학이나 한국문학에 그대로 적용하기에는 근본적인 문제가 있는 것이다.

간혹 3분법 또는 4분법의 장르체계를 시대를 초월한 보편적인 인식체계로 받아들이는 경우를 본다. 이것은 특정 장르체계가 모든 문학작품들을 포괄하며, 개별 작품들의 존재원리가 장르의 존재원리에 지배를 받는다는 인식에서 도출된 것이다. 이 경우 장르론은 개별 작품을 넘어 문학전체를 통괄하는 하나의 원리로 받아들여지며, 장르론 자체가 목적이 된다.

그러나 장르론은 도구일 뿐, 그 자체가 목적이 될 수는 없다. 언어문법이 이미 존재하는 언어를 설명하기 위한 도구이듯이, 장르론이나 장르체계도 이미 존재하는 문학작품들을 이해하거나 설명하기 위한 도구일 뿐이다. 지금까지 존재해 온 다양한 장르론이나 장르체계는 각각 그것들이 존재했던 시기의 문학에 대한 인식을 반영하며, 당시에 존재했던 문학작품들의 범위를 벗어나지 못한다. 때문에 이론적 장르의 차원에서 동양의 역사적 장르를 규정하려면 동양의 문학적 토대와 전통에 기반한 새로운 차원의 개념들을 만들어내야 할 것이다.

동서양의 장르적 전통은 역사적 장르의 측면에서도 많이 다르다. 이런 차이는 역사적 장르의 명칭을 부여하는 방식에서 극명하게 드러난다. 서구문학의 전통 속에서 서정 장르(또는 서정시)로 규정되는 찬가*ode*나 목가시*pastoral*, 애가*elegy* 등은 애초 내용, 즉 주제에 따라 역사적 장르의 이름을 부여한 것일 뿐 형식과는 관련이 없다. 서정적 양식 또는 주제적 양식은 애초 형식이 아닌 주제에 의해 분류되었으며, 서정(抒情)에 대한 우리의 기대지평도 그와 동일한 차원- 즉 주제의 차원 -에서 형성된 것이다. 때문에 찬가, 목가시, 애가, 전원시 등의 역사적 장르는 '서정'이라는 이론적 장르와 1:1 대응관계를 이룬다.

하지만 향가를 비롯하여 시조나 가사에 이르기까지 국문시가는 '형식'이 역사적 장르의 명칭을 부여하는 가장 중요한 기준이 된다. 때문에 국문시가는 이론적 장르와 역사적 장르가 1:1 대응을 이루어야할 필연적인 이유가 없으며, 또 그렇지 않은 경우가 훨씬 많은 것이다. 서구에서도 소네트*sonnet*는 14행이라는 형식이 개념규정의 기준이 되며, 하나의 이론적 장르에 대응되지 않는다는 사실은 서구문학에서 서정시와 1:1 대응을 이루는 역사적 장르들이 논리적 정합성보다는 서정시에 해당하는 역사적 장르들에 명칭을 부여하는 그네들의 독특한 관습에 불과함을 의미한다.

그럼에도 불구하고 가사라는 역사적 장르를 주제나 전술, 교술 등의 이론적 장르와 1:1로 대응시킨 것은 서구의 장르론을 우리문학에 그대로 적용한 결과이다. 따라서 가사라는 역사적 장르를 단일장르로 규정하려는 시각은 근본적인 차원에서 재고되어야 마땅하다고 생각한다.

3. 가사 장르의 역사적 전개

가사 장르는 작품과 시기에 따라 다양한 역사적 장르로 실현된다. 조선전기 가사가 서정장르의, 조선후기 가사는 주제장르의 지배를 받는다는 필자의 논의는 시기별 경향성을 지적한 것이지 조선전기나 조선후기의 모든 작품이 하나의 이론적 장르와 대응된다는 의미는 아니다. 가사의 지배적인 장르가 서정장르와 주제장르라는 것은 이것들이 본래부터 서사시나 극처럼 인간의 행위를 모방하는 재현적 장르와는 전혀 다른 기반에서 창출되었음을 의미한다. 서사가사가 가사문학사에서 극히 미미한 비중을 차지하며 주변적인 위치에 머물러 있는 것은 이 때문이다.

조선전기 가사가 대부분 서정장르로 실현된 것은 이 시기 가사가 주로 강호자연의 흥취나 유배된 처지의 비극적 정서 등을 노래하였기 때문이다. 이런 경향은 <관동별곡> 같은 기행가사에서도 견문한 바를 객관적으로 전달하기 보다는 그것을 통해 감발된 정서를 표출하는 데 초점을 맞추는 결과로 나타나기도 하였다. 조선전기 가사들이 주로 노래로 불렸다는 점도 서정장르로 실현된 또 하나의 중요한 이유라고 생각한다.

17세기로 넘어오면서 가사의 장르적 성격은 주제장르의 지배력이 강화되는 방향으로 변화를 보이기 시작한다. 장르 성격 변화의 가장 큰 원인은 주제의 변화이다. 이 시기에는 강호, 기행, 유배가사뿐만 아니라 교훈이나 현실비판, 개인적 경험 등을 전달하는 데 초점을 맞춘 작품들이 많이 양산된다. 즉 17세기 가사를 지배하는 가장 큰 특성은 '경험적 현실에 대한 관심의 확대'라고 할 수 있다. 그리고 이런 경향의 중심에는 임진왜란과 병자호란 등 전란의 경험이 자리하고 있다.

경험적 현실에 대한 관심의 확대는 경험적 현실을 객관적으로 전달하려는 태도와 맞물려 주제장르의 지배력이 급속하게 확대된다. 그리고 이런 태도는 서술방식에 있어서도 '기(記)' 형식을 채용하고, 현실을 입체적으로 보여주기 위해 '장면화'를 사용하기도 하였다. 그리고 이런 경향은 산문화로 나아가는 요인으로 작용하기도 하였다.

경험적 현실을 객관적으로 제시하려는 경향은 전통적으로 서정장르로 실현되던 강호가사에서도 나타나 은거지의 공간구성이나 생활양태를 객관적으로 보여주려는 경향으로 나타나기도 하였다. 박인로의

<노계가>나 김득연의 <지수정가>는 그 대표적인 예라 할 수 있다. 이 작품들은 서정장르의 특성을 유지하면서도 주제장르의 특성이 이전 시기 강호가사에 비해 현격하게 확대되었다는 점에서 가사의 장르 성격 변화의 단초를 담고 있다고 할 수 있다.

또한 <누항사>는 '소 빌리는 대목'에서 나타나는 바, 이중적 시점을 갖춘 독립된 일화의 존재는 가사가 서사적 양식으로 서술될 수 있는 기법적 토대를 마련했다는 점에서 의의가 있다. 그러나 이런 양상이 곧바로 가사가 서사장르로 실현될 조건이 되지는 못했다. 서사장르는 가사의 시상전개방식과는 다른 원리에 지배를 받기 때문이다. 그러나 경험적 현실을 객관적으로 제시하려는 경향 자체가 갖고 있는 대상에 대한 관찰과 과거 시제 지향은 서사적 양식의 중요한 특성이기도 하다는 점에서 서사장르로 실현될 수 있는 또 하나의 중요한 계기가 되었다고 생각한다.

18세기 이후 가사문학은 주제장르가 17세기보다 훨씬 광범위하게 확대되어 가사문학의 중심적인 장르로 자리를 잡고, 잦아들어가던 서정장르가 애정가사 등 가창가사를 중심으로 또 다시 부상하며, 구비서사물을 가사화함으로서 서사가사가 새롭게 등장한다.

조선후기 가사의 장르분화는 교훈이나 전술 등 특정한 장르의 자장 안에서 양식적 차원의 극대화에 머문 것이 아니라, 서정, 서사, 주제장르 등 장르적 차원에서 분화가 일어났다. 18세기에 창작된 이운영의 가사 작품들(『언사』)은 18세기부터 가사가 장르적으로 분화되었음을 확인시켜 주는 좋은 예이다.

그러나 조선후기 가사문학사에서 각 장르가 차지하는 비중은 서로 다르다. 주제장르는 경험적 현실에 대한 관심이 확대되고 포용성이 강한 가사가 그것들을 다양한 방식으로 수용하면서 조선후기 가사의 중심적인 장르로 자리 잡을 정도로 확대된 것이다. 서정장르는 17세기까지 강호가사를 중심으로 명맥을 유지해 왔으나 강호가사는 17세기부터 이미 주제장르로 이행하는 양상을 보인다.

조선후기 서정가사는 여성들이 새로운 가사 작가로 대거 참여하면서 명맥을 이어오다가 잡가의 발달로 가창가사가 활발하게 창작되면서 애정가사를 중심으로 다시 부흥되어 조선후기 가사의 한 부문을 차지하게 되었다.

서사가사는 가사체의 보편화와 깊은 관련이 있는 것으로 보인다. 조선후기에 서사가사가 출현할 수 있었던 가장 중요한 동인은 <관동별곡>이나 <누항사>에서 확인되는 바, 조선전기부터 부분적이나마 서사적 양식이 꾸준히 사용되었기 때문이다. 그러나 서술기법의 차원을 넘어 서사장르로 실현될 수 있었던 것은 짧은 구비서사물을 가사에 담아냄으로서 가능했던 것이라 생각한다.

서사가사에 해당하는 작품들은 대부분 규방에서 유통되던 것들이라는 점에서 규방문화와 관련이 깊은 것으로 보인다. 율독과 성독이라는 근대 이전의 문자생활방식은 가사체가 보편적인 국문문체로 자리 잡을 수 있는 토대로 작용을 했고, 그로 인해 여항의 짧은 이야기들이 가사체로 서술될 수 있었던 것으로 보인다. 하지만 서사가사는 가사의 시상전개방식에 부합되기 어려웠기 때문에 긴 이야기들을 담아내지 못했고, 가사문학에서도 주변적인 위치에 머물 수밖에 없었던 것으로 생각된다.

4. 시상전개방식

역사적 장르를 이론적 장르의 차원에서 규정하는 일은 문학사를 서술하거나 작품군을 분류하는 데 매우 요긴하다. 그러나 서정이나 서사, 주제 장르 등 이론적 장르는 특정 작품 내지 작품군의 커다란 경향성은 알려줄 수 있지만, 구체적인 실상을 규명하는 데는 근본적인 한계가 있다. 소설을 서사장르라고 하거나 시조를 서정장르라고 규정할 때, 서사장르나 서정장르는 역사적 장르의 존재양상을 설명하기에는 턱없이 부족하다. 본 연구의 궁극적인 목적은 '가사란 무엇인가'를 규명하는 것이었기 때문에 이론적 장르 차원의 논의는 가사라는 장르에 대한 잘못된 시각을 교정하려는 목적에서 이루어졌다.

본 연구가 더 많은 관심을 기울였던 부분은 가사문학 그 자체의 기대지평을 해명하는 것이었다. 필자는 가사의 독특한 시상전개방식이 가사문학의 기대지평을 해명하는 하나의 중요한 열쇠라고 생각했다. 그래서 도출된 결론이 '부분적 시상의 독자성', '독립된 시상의 나열', '나열된 시상의 통합' 등이다.

<장르구분의 指標와 歌辭의 장르적 성격>에서는 전기가사의 시상전개방식에 대해서 살펴보았다. 그 결과 가사는 부분적으로 독립된 시상을 형성·나열하며, 그것들이 모여 단락을 이루며 통합된다. 그리고 단락별로 통합된 시상들은 다시 주제적으로 통합된다는 사실을 규명하였다. 시상들이 주제를 향해 동심원적으로 통합되기 때문에 이 논문에서는 '시상전개방식'이 아니라 '주제구현방식'이라는 용어를 사용하였다. 조선전기 가사에 한정해 볼 때, 가사는 모든 시상들이 주제를 향해 통합되었고, 그것이 가사가 하나의 완결된 작품으로 성립되는 원동력으로 작용하고 있다고 생각했기 때문이다.

그런데 17세기 이후 다양한 경험적 현실을 객관적으로 제시하면서 주제적 통합력이 약화되고, 나아가 기행가사나 서사가사에 이르면 독립된 시상들이 단락별로 통합되기는 해도 작품 전체를 통괄하는 주제적 차원의 통합력은 현저하게 약화된다는 사실을 알게 되었다. 그래서 조선후기 가사에서는 '주제구현방식'이라는 용어 대신 '시상전개방식'

이라는 용어를 사용하게 된 것이다.

　조선전기 가사들에서 정서표출에 초점을 맞춘 독립된 시상들이 동심원적으로 주제를 향해 통합된다는 것은 조선전기 가사들이 대부분 서정장르로 서술되었음을 의미한다. 이런 특성들은 조선후기 애정가사에서도 마찬가지로 나타난다. 반면에 17세기 이후 시상이 단락별로 통합될 뿐, 주제적 통합력이 약화된다는 것은 다양한 경험을 파노라마식으로 제시함으로서 주제장르로 이행된다는 것을 의미한다.

　한편 조선전기 가사에서는 동일한 시상을 나열하고 주제적으로 통합하는 방식을 사용하였는데, 17세기에는 그것뿐만 아니라 대립적 시상을 병치하거나 인과적 시상의 나열, 사건의 순차적 제시 등 다양한 방식을 사용하고 있다. 그리고 이러한 방식들은 18세기 이후 가사가 좀 더 입체적으로 서술될 수 있는 원동력이 된다. 즉 17세기 가사는 조선후기 가사에서 사용될 모든 시상전개방식과 서술기법을 개발한 것이다.

　조선후기에는 17세기에 개발한 다양한 시상전개방식과 서술기법들을 다양한 방식으로 복합시키고 확대시킴으로서 다양한 장르로 분화된다. 그러면서도 독립된 시상을 나열하고 단락별로 통합하며, 단락별로 형성된 보다 큰 시상을 나열하는 방식은 그대로 유지된다.

　단락별 시상간의 연결성이 현저하게 약화되는 것들이 서사가사이다. 서사가사는 작품을 성립시키는 원리가 플롯이기 때문에 단락별 시상들은 부분적으로 특별한 정조나 이미지만 만들어낼 뿐, 사건의 전개와는 아무런 관련이 없다. 즉 단락별 시상과 스토리선이 분리됨으로서 이것들을 통합할 수 있는 매개 고리가 약화되거나 상실된다. 그리고 이것은 플롯의 지배와 더불어 가사의 시상전개방식과 괴리됨으로서 서사가사가 서정이나 주제장르만큼 활발하게 창작되지 못한 결정적인 요인으로 작용한 것이라 생각한다.

참고문헌

金得研, 『葛峯先生文集』.

金相肅, 『續日知錄』.

盧守愼, 『穌齋集』.

문화방송, 『MBC한국민요대전·경상북도편』, 문화방송, 1995.

문화방송, 『MBC한국민요대전·전라북도편』, 문화방송, 1995.

민족문화문고간행회, 『國譯 大東野乘』Ⅰ, 민족문화추진회, 1973.

엄필진, 『朝鮮童謠集』.

『玉局齋遺稿』

林芸, 『瞻慕堂集』

『漢山世稿』

강전섭, 「<탄우가>(嘆牛歌)의 諷刺論」, 『語文學』 55, 어문학회, 1994.

고려대학교 사범대학 국어교육과 학술조사반, 「85국어교육과 학술조
  사 자료집」, 『한국어문교육』 창간호, 고려대학교 사범대학
  국어교육학회, 1986.

권순회, 「田家時調의 美的 特質과 史的 展開 樣相」, 고려대 박사논문,
  2000.

권영호, 「장끼전 作品群 硏究」, 경북대 박사논문, 1995.

김기동, 「가사의 소설화시론」, 『동국대논문집』 3·4합집, 동국대, 1968.
김병국, 「가사의 장르적 성격과 문학성」, 『한국 고전문학의 비평적 이해』, 서울대출판부, 1995.
김열규, 「한국시가의 서정의 몇 국면」, 『고전시가론』, 새문사, 1984.
김용철, 「<덴동어미화전가> 연구, 1, -서사구조와 비극성을 중심으로-」, 『19세기 시가문학의 탐구』, 집문당, 1995.
김용철, 「『사제곡』의 강호구성 원리와 철학적 기반」, 『어문논집』 40, 안암어문학회, 1999.
김유경, 「서사가사연구」, 연세대석사논문, 1988.
김은미, 「'記'의 文體에 대한 試考」, 『한국한문학연구』 제13집, 한국한문학연구회, 1990.
김창원, 「金得硏의 국문시가 : 17세기 한 재지사족의 역사적 초상」, 『어문논집』 41, 안암어문학회, 2000.
김창원, 「조선후기 사족창작 농부가류 가사의 작가의식 연구」, 고려대 석사논문, 1993.
김학성, 「歌辭의 實現化過程과 近代的 指向」, 『國文學의 探究』, 성균관대출판부, 1987.
김학성, 「가사의 장르성격 재론」, 『國文學의 探究』, 성균관대학교출판부, 1987.
김홍규, 『韓國文學의 理解』, 민음사, 1986.
박연호, 「17세기 가사의 장르적 특성」, 『우리어문연구』 18집, 우리어문학회, 2002.
박연호, 「愛情歌辭의 構成과 展開方式」, 고려대 석사논문, 1993.
박연호, 「옥국재 가사의 장르적 성격과 그 의미」, 『민족문화연구』 33

집, 고려대민족문화연구원, 2000.

박연호, 「우화가사 <계한가> 연구」, 『우리어문연구』 12집, 우리어문학회, 1999.

박연호, 「장르구분의 지표와 가사의 장르적 성격」, 『고전문학연구』 17, 한국고전문학회, 2000.

박연호, 「장르론적 측면에서 본 17세기 강호가사의 추이」, 『어문논집』 45, 민족어문학회, 2002.

박연호, 「조선후기 가사의 장르적 특성」, 『한국시가연구』 13집, 한국시가학회, 2003.

박연호, 「朝鮮後期 敎訓歌辭 硏究」, 고려대 박사논문, 1997.

박혜숙, 「敍事歌辭와 歌辭系 敍事詩」, 『고전문학연구』 10집, 한국고전문학회, 1995.

박희병, 「韓國山水記 硏究-장르적 특성을 중심으로-」, 『고전문학연구』 제8집, 한국고전문학연구회, 1993.

백순철, 「규방가사의 작품세계와 사회적 성격」, 고려대 박사논문, 2001.

서원섭, 『가사문학연구』, 형설출판사, 1991.

서인석, 「가사와 소설의 갈래교섭에 대한 연구」, 서울대박사논문, 1995.

성기옥, 「국문학 연구의 과제와 전망-국문학의 범위와 장르 문제를 중심으로-」, 『이화어문논집』 12집, 이화여대 한국어문연구소, 1992.

성무경, 「歌辭의 存在樣式 硏究」, 성균관대 박사논문, 1997.

성호경, 「'腔'과 '葉'의 性格 推論-排列方式을 中心으로 하여-」, 『우전 신호열선생 고희기념논총』, 창작과비평사, 1983.

성호경,「16世紀 國語詩歌의 硏究」, 서울대 박사논문, 1986.
소재영,「諺詞」硏究」,『民族文化硏究』第 21 號, 고려대 민족문화연구소, 1988.
어영하,「閨房歌詞의 敍事文學性 硏究」,『國文學硏究』4집, 효성여대 국어국문학연구소, 1973.
윤석창,『가사문학개론』, 깊은샘, 1991.
이강옥,『조선시대 일화연구』, 태학사, 1998.
이능우,『입문을 위한 국문학개론』, 국어국문학회, 1954.
이동영,『가사문학논고』, 부산대출판부, 1987.
이동환,「朝鮮後期 漢詩에 있어서 民謠趣向의 擡頭-朝鮮後期 漢文學의 歷史的 變化의 一局面」,『韓國漢文學硏究』3·4집, 한국한문학연구회, 1979.
이명선,『조선문학사』, 조선문학사, 1948.
이병기,『국문학개론』, 일지사, 1961.
이창배,『한국가창대계』, 홍인문화사, 1976.
이창신,「"腔"과 "葉"에 關하여」, 서울대 석사논문, 1989.
이형대,「<北塞曲>의 표현방식과 작품세계」,『19세기 시가문학의 탐구』, 고려대학교 고전문학한문학연구회, 집문당, 1995.
이형대,「朝鮮朝 國文詩歌의 陶淵明 受容樣相과 그 歷史的 性格」, 고려대 석사논문, 1991.
이혜전,「조선후기가사의 서사성 확대와 그 의미」, 이화여대 석사논문, 1991.
장덕순,『국문학통론』, 신구문화사, 1963.
장사훈,『最新 國樂總論』, 세광음악출판사, 1985.
장정수,「20세기 기행가사의 창작 배경과 작품 세계」, 고한연 월례발표회 발표문, 2002. 12. 21.

장정수, 「금강산 기행가사의 전개양상 연구」, 고려대 박사논문, 2000.

장정수, 「서사가사 특성연구」, 고려대 석사논문, 1989.

정병욱, 『한국고전시가론』, 신구문화사, 1976.

정재호, 『韓國歌辭文學論』, 집문당, 1990.

조동일, 「가사의 장르규정」, 『어문학』 22, 한국어문학회, 1969.

조동일, 「民譚構造의 美學的·社會的 意味에 關한 一考察」, 『한국민속학총서1-설화』, 교문사, 1989.

조동일, 「자아와 세계의 소설적 대결에 관한 시론」, 『한국문학의 갈래 이론』, 집문당, 1992.

조동일, 『한국문학의 갈래 이론』, 집문당.

조동일, 『한국문학통사』 3판 3권, 지식산업사, 1994.

조윤제, 『國文學槪說』, 동국문화사, 1955.

조윤제, 『조선시가의 연구』, 을유문화사, 1948.

주종연, 「가사의 장르고」, 『논문집』3집, 서울대교양학부, 1971.

주종연, 「가사의 장르고Ⅱ」, 『국어국문학』62~63집, 국어국문학회, 1973.

주종연, 「가사의 장르고Ⅲ」, 『논문집』, 국민대, 1978.

최강현, 『가사문학론』, 새문사, 1986.

최원식, 「歌辭의 小說化過程과 封建主義의 解體」, 『창작과비평』 통권 46호, 창작과비평사, 1977. 겨울.

최현재, 「朝鮮後期 敍事歌辭 硏究」, 서울대석사논문, 1995.

한창훈, 「가사의 갈래적 성격 연구」, 『시가와 시가교육의 탐구』, 월인, 2000.

디이터 람핑 저, 장영태 옮김,『서정시 : 이론과 역사』, 문학과지성사, 1994.
아리스토텔레스저, 김재홍역,『시학』, 고려대학교 출판부, 1998.
알베르토 망구엘 저, 정명진 옮김,『독서의 역사』, 세종서적, 2000.
에밀 슈타이거(1939),『詩學의 根本槪念』, 李裕榮·吳賢一 共譯, 삼중당, 1978.
제라르 쥬네트, 최애리 역,「原텍스트 序說」, 김현 編,『장르의 이론』, 문학과 지성사, 1987.
제랄드 프랭스 著(1982),『서사학 - 서사물의 형식과 기능-』, 崔翔圭 譯, 文學과知性社, 1988.
헤겔 지음, 최동호 옮김,『헤겔시학』, 열음사, 1989.
플라톤저, 이병길역,『국가론』, 박영사, 1975.
Nothrop Frye, Anatomy of Criticism, princeton:N.J., Princeton University Press(1957). 임철규 譯,『批評의 解剖』, 한길사, 1982.
Seymour Chatman 著(1980), 한용환 옮김,『이야기와 談論 - 영화와 소설의 서사구조』, 고려원, 1991.
Shlomith Rimmon-Kenan 著(1983), 崔翔圭 譯,『小說의 詩學』(文學과 知性社, 1985).
Steven Cohan & Linda M. Shires 지음(1991), 임병권·이호 옮김,『이야기하기의 이론 -소설과 영화의 문화기호학』, 한나래, 1997.
Albert Guérard, Preface to world Literature, New York ; Henry Holt and Company, 1940.
Paul Hernadi, Beyond Genre, Cornell University press, 1972.

찾아보기

(ㄱ)

가부장제 284
가사체 58, 59
갈래교섭 198, 227
갑민가 215, 219
강(腔) 82
강촌별곡 111
강호(江湖) 113
강호가사 87, 90, 105
개방성 42
거사가 182, 215, 258
계서야담 187
계한가 182, 215, 222, 244, 258, 269, 270
고공가 130, 147
고공답주인가 130, 147
곡배옹 185
공간구성 91, 93
과부가 203
과부가류 206

관동별곡 34, 46, 48
교술장르 17
교훈가사 206
구비서사물 225, 235, 258
국문유산기 115
규방가사 54
극가사 213
극적 양식 26, 171, 173, 193, 213
금강별곡 37, 263
기(記) 115
기대지평 23, 24, 71, 83
기본자질 194
기야르 18
기행가사 54, 115
김기동 197
김병국 17, 43, 63, 66
김부인열행가 183, 258
김용철 113
김유경 200
김중술전 186

김학성 18, 48, 50, 63, 66, 128, 198, 248
김흥규 63, 65
꼭두각시전 182, 258

(ㄴ)

나부가 269, 282
나열 31, 260, 261, 264, 265
남정가 53, 116
남초가 133
내러티브 195
내면 표출 46
노계가 97, 108, 109, 114
노처녀가 40, 55, 182, 215, 217, 258, 260, 265
농부사 131
누적담 225
누항사 138, 140, 144

(ㄷ)

단락별 시상 262, 264, 265
단락의 나열 41
단락의 독립 41
단락의 독립과 통합 166
단일장르 63
닫힌 구조 233
닭노래 182, 258
담화양식 20, 131
대동야승 183, 258
대립적 시상의 병치 143

대엽 81, 82
대화체 171, 173, 174, 213
대화체 만담 214
덴동어미화전가 40, 183, 215, 223, 235, 258
독락당 33
독립된 시상 174, 265
독립된 시상의 나열 81
드라마 26
디에게시스 25

(ㄹ)

람핑 21
리릭 26

(ㅁ)

만담 172
매호별곡 100, 110
면앙정가 91, 93, 102
모드 mode 193
모방론 67
모하당술회가 132, 151
목가시 23
목동문답가 146
묘사 234
문답형식 146
미메시스 25
민담 261
민요 225
민요형식 169

(ㅂ)

바퇴 25
배따라기 163
백마강가 114
백발가 206
병치 261
복선화음가 206, 210
부분의 나열 163
부분의 독립과 나열 41
부분의 통합 41
부연 164
부엽 77, 81
북관곡 134, 151
북시곡 230
북천가 230
분산회복가 149
분산회복사은가 132
비재현적 장르 25
비젼vision 20, 26, 28
비젼을 설정 46
비쳐가 203

(ㅅ)

사건 27
사건의 순차적 제시 148
사미인곡 36, 50
사적private 시점 28
산문화 115
삽입서사 180, 181, 229
상사별곡 242, 262

상춘곡 43, 105
상태적stative 사건 27, 207, 208, 216
생활양태 102
서사 195, 201, 249, 260
서사가사 178, 192, 201, 221, 226, 257, 265
서사물 28, 196
서사성 48, 56, 128, 191, 234
서사장르 193, 196, 199, 208, 209, 216
서사적 양식 55, 89, 176, 193
서사적 진술방식 229
서사적fictional 장르 26
서사적양식 26
서사정신 48, 250
서사학 195, 196
서술태도 90, 129
서원섭 63
서인석 197, 227
서정가사 252
서정별곡 132
서정장르 243
서정적 양식 28, 46, 48, 89, 103, 165, 193, 206, 243
서호별곡 72, 82
선상탄 146
설화 183, 225, 261
성기옥 23, 63, 241
성무경 19, 63, 67
성산별곡 32, 33, 42, 44, 46, 103, 104
성호경 19, 31
세장가 167

소네트　23
소설　194, 199
소설적 서사　219
소재영　157
속미인곡　37, 52
수로조천행선곡　161
순창가　174, 215, 221, 246, 259
슈타이거　250
스토리　195
스토리라인　174, 215
스토리선　265
시상의 인과적 나열　147
시상전개방식　72, 82, 142, 260, 261
시점　26, 28
시조　21
시탄사　137
식영정잡영　44
신가전　183, 215, 218, 258

(ㅇ)

아리스토텔레스　24
악조(樂調)　81
애가　23
액자형식　219
양식　193, 240
양식론　67
양신화답가　178
어영하　197
언사(諺詞)　157, 258
에포스　26

에픽　26, 181, 195
여성관　283
여성문제　293
여항의 이야기　181
역사적 장르　30, 61, 159
연안김씨유훈　269, 283
연행별곡　132
열녀설화　258
오륜가　39
용부가　206
용사음　137
우부가　206
우화　223, 270, 278
원한가(한별곡)　183, 203
월선헌십육경가　101, 114
위군위친통곡가　150
위성사건　209
유배가사　54
유산기(遊山記)　137
윤석창　63
음악단락　82
의미단락　82, 150
의사서사양식　48
의사서정양식　50, 51
의인화　180
이능우　63
이동영　63
이론적 장르　24, 61, 159
이명선　197
이야기꾼　222, 246
이중액자형식　224

이중적 시점 27, 56, 176
이창신 82
이형대 232
이혜전 127, 200, 228
이희평 187
인물쌍방적 시점 27, 171
일대기형식 137
일민가 111, 114, 122
일화 213, 229, 233, 234
임천별곡 170, 213
입암별곡 98

(ㅈ)

자장가 167, 169
자치가류 287
장끼전 285, 287
장덕순 16, 62
장르Genre 193, 240
장르귀속 42
장르내용 24
장르분화 240, 247, 259
장르형식 24
장면화 138, 141, 261
장정수 200, 288
재현 20, 148
재현적 장르 24
전가(田家) 113
전강 81, 82
전기(傳記) 137, 151
전술 20, 68

전완체 28, 196
정병욱 63
정재호 59, 63, 200
제라르 쥬네트 24
제시 20, 148, 261
제시형식 26
조동일 17, 30, 44, 53, 63, 64, 198, 249
조윤제 62
주석적authorial 시점 28, 29
주제구현방식 31, 37, 50, 54, 141, 142
주제장르 253
주제적 양식 28, 181, 210
주제적 제시 29
주제적 통합 41, 163
주제적thematic 장르 25, 26
주종연 63
줄거리 209
지수정가 94, 106, 114, 117
지수정기 117
직접제시 130
진술방식 67, 251
진술양식 67

(ㅊ)

착정가 178
찬가 23
채미가 111
청춘과부가 203

청춘과부곡 205
초당문답(草堂問答) 39
초점화자 175
초혼사 164, 165
최강현 63
최소스토리 27, 180, 196, 209
최원식 197, 248
최현재 201
칠석가 203

행동적active 사건 27, 207, 208, 209
헤겔 250
헤르나디 20, 26, 194
혼합갈래 65
화전가 215
환기방식 20
훈가이담 39

(ㅋ)

코러스 29

(ㅌ)

탄궁가 141, 145
탄우가 270
태평사 131, 149
토끼전 285
통합 31, 81, 163, 260, 262, 264, 265

(ㅍ)

풍자 169, 172, 173
프라이 26
플라톤 24
플롯 26, 27, 176, 217

(ㅎ)

해학 169, 173
핵사건 209, 217

박연호(朴然鎬)

1966. 2. 14 강원도 봉평 출생
고려대학교 사범대학 국어교육과 졸업
고려대학교 대학원 졸업(문학박사)
현재 서남대학교 국어국문학과 교수

주요논저
『19세기 시가문학의 탐구(공저)』
『조선중기 시가와 자연(공저)』

「애정가사의 구성과 전개방식」
「조선후기 교훈가사 연구」
「백석 이용목과 백석만성가」
「『초당문답가』의 지향과 창작기반」
「17세기 강호시조의 한 양상」 외 다수.

가사문학 장르론

2003년 10월 11일 초판인쇄
2003년 10월 17일 초판발행

저　자 / 박연호
발행인 / 김영환
발행처 / 도서출판 다운샘

주소 / 138-857 서울 송파구 오금동 48-8
전화 / (02) 4499-172~3 팩스 / (02) 431-4151
등록 / 1993. 8. 26. 제17-111호

값 13,000원
ISBN 89-86471-91-4　93810